KB177220

수학 잘하는 아이를 만드는
초등수학 심화 공부법

수학 잘하는 아이를 만드는

초등수학 심화 공부법

초중고로 이어지는 바른 공부습관 | 3

평범한 아이를
고등수학 1등급 만드는
결정적인 힘

류승재 지음

최신
개정판

블루무스

어떤 아이든
수학 잘할 수 있습니다

지난 2021년 3월에 출간된 《수학 잘하는 아이는 이렇게 공부합니다》가 많은 사랑을 받았습니다. 수학 교육에 대한 부모들의 갈증을 확인하고 나니 부모들에게 더 도움이 되고 싶다는 생각이 들었습니다. 출판사와 논의 끝에 좀 더 실천적이고, 아이를 지도할 때 직접적으로 도움을 주는 책을 만들어 보기로 했습니다.

제가 운영하는 유튜브와 네이버 카페에서 가장 많이 받는 질문은 크게 세 가지입니다.

가장 많이 나오는 질문은 단연코 수학 심화입니다. 《수학 잘하는 아이는 이렇게 공부합니다》를 읽고 문제해결력을 키우기 위해 수학 심화를 시켜야 한다는 사실을 알게 됐는데, 막상 심화를 아이에게 시키자니 어떻게 해야 할지 모르겠다는 것이었습니다. 특히 심화교재의 문제를 어떤 식으로 설명해야 할지 막막하다는 이야기를 많이 들었습니다.

두 번째는 수학이 매우 약한 아이의 지도법이었습니다. 돌아서면 잊어버리고, 연산조차 안 되는 아이의 지도법을 고민하는 부모가 많았습니다. 특히 자신의 아이가 당연히 심화를 하지 못할 거라고 생각하고 놓아 버리거나, 혹은 잘못된 방식으로 시키다가 아이가 수학을 더 싫어하는 부작용을 겪고 있었습니다.

세 번째는 교재와 커리큘럼, 학습 로드맵에 관한 것이었습니다. 부모마다 아이를 가르치는 방식은 다 다릅니다. 홈스쿨링으로 아이를 직접 지도하는 부모도 있고, 학원에 보내면서 아이의 공부 습관을 잡고 싶어 하는 부모도 있습니다. 아이의 수준도 다 다르니 고민의 결도 서로 달랐습니다. 이런 교재로 이렇게 공부하고 있는데 다음에는 어떤 교재를 써야 할지, 심화와 선행은 어떤 계획으로 균형을 맞춰서 공부를 시켜야 할지 아이의 상황에 맞는 커리큘럼 질문이 계속 들어왔습니다. 특히 교재에 대한 질문은 끝이 없었습니다.

이 책은 이런 질문들에 대한 대답입니다. 수학을 잘하지 못하는 아이도 실력을 올리고 수학 심화를 하게 이끄는 법을 친절하게 담았습니다. 전작에서 미처 담지 못했던 아이의 수준에 따른 맞춤 공부법을 다 담았습니다. 이런 책을 쓸 수 있는 사람은 나밖에 없다는 사명감을 가지고 집필했습니다.

1부는 구체적인 공부법을 소개합니다. 구체적인 개념 공부법과 심화 공부법을 모두 담았습니다. 아이의 수준별로 고등까지 커리큘럼 짜는 방법, 아이 상황별 학습 로드맵, 교재 선택법, 공부에 필요한 도구와 자료들까지 담았습니다. 특히 초등 교재의 경우 기초·기본·응용

교재는 물론이고 심화·사고력·도형·연산교재까지 모든 교재를 난이도별로 분류하고 정리해서 교재 선택에 도움을 줬습니다.

2부는 초등수학 학습 지도안을 실었습니다. 교과서와 교사용 지도서를 분석해 교과서에서 강조하는 학습 방향을 제시했습니다. 아울러 시중 심화교재들을 분석해서 심화 문제를 푸는 데 필요한 확장 개념(심화 개념)을 정리했고, 구체적으로 예시 문항을 들어 지도하는 법도 다뤘습니다. 부모뿐만 아니라 학원 강사들도 참고할 수 있을 정도로 양질의 지도안입니다.

이 책에서는 독자의 이해를 돕기 위해 부득이하게 성적을 기준으로 등급을 나누어 설명하고 있으며, 아이의 학습 태도나 특징을 설명하는 부분 역시 부모가 놓칠 수 있는 지점을 명확하게 설명하기 위해 다소 적나라하게 표현한 부분이 있습니다. 혹시나 있을 불편함에 대해 미리 양해를 구합니다. 아이 입장에서 수학이 더 이상 걸림돌이 되지 않기를 바라는 마음을 담아 솔직하게 집필했습니다.

작년 봄부터 집필을 시작해서 완성까지 1년이 걸렸습니다. 아무쪼록 이 책이 도움이 돼서, 아이들이 수학에 자신감을 가지고 수학이 좋아지면 좋겠다는 간절한 바람을 가져 봅니다.

마지막으로 이 책을 쓰는 데 많은 도움을 준 수학발전소 김효선 원장님과 조카 류경인에게도 감사의 말을 전합니다.

류 승 재

차례

1부

개념부터 심화까지
수학 공부 사용설명서

2부 | 아이의 공부를 돕는 초등수학 지도안

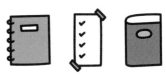

이 책의 활용법

이 책은 공부 계획 전반을 잡는 데 필요한 정보를 실은 1부와, 3학년부터 6학년까지 구체적인 학습 지도안을 실은 2부로 구성되어 있습니다. 이 책을 가장 잘 활용하는 법은 무엇일까요? 1부를 읽고 현재 아이의 수학 공부 상황을 파악한 후, 2부를 활용해 아이를 지도하는 것입니다. 단계별로 나누어 설명하겠습니다.

1단계

1부를 통독하며 내 아이의 현재 수준, 습관, 진도, 그 외 상황을 면밀히 체크하세요. 항목을 채우되, 가급적 서술형으로 아이의 상황을 묘사해 보세요.

체크리스트 예시

학년: 4학년 1학기 | 현재 속한 그룹: 2그룹

- **공부 습관**

  공부 시간: 정해진 시간은 없고 하루에 30분에서 40분 정도, 주말 빼고는 매일 한다.

  공부에 대한 태도: 공부를 하기 싫어하는 티는 내도, 시키면 하는 편이다.

  문제인 습관: 문제를 날림으로 풀고 조심성이 없다. 1시간 걸릴 단원평가를 25분 만에 다 풀어 버린다. 그래 놓고 정답을 못 맞히면 아쉬워한다.

- **개념 공부 상황**

  공부 형태: 코로나 때문에 수학 학원을 그만두고 학습지로 전환했다. 정해진 분량을 푸는 걸 지루해하며 스스로 이해하려는 노력을 그다지 하지 않는다.

  개념교재: 따로 없고 학습지로 진행하고 있다.

  아이 상황(정답률, 진도 등): 반 년 정도 선행을 나가고 있다. 학교 및 학원 수업을 잘 따라가고 개념도 전반적으로 잘 이해한다고 생각했는데, 최근 선행한 4학년 1학기에 나오는 개념들을 물어봤더니 대답을 잘하지 못했다. 3학년 개념들을 골라서 물어봤더니 그것들은 다 알고 있었다.

- **심화 공부 상황**
  심화교재: 《최상위》를 시키고 있다.
  아이 상황(정답률, 진도 등): 정답률이 50% 정도 되는데 오답을 하기 싫어하는 티가
  많이 난다. 이제 4학년 1학기에 들어갈 시점인데 아직 3학년 2학기를 다 끝내지 못
  했다.
  학원에 다닐 때도 심화는 안 시켜 줘서 집에서 해 왔는데 아이는 어려움을 호소한다.
  달래서 하고 있는데, 진행하려면 하나하나 문제와 답을 설명해 줘야 한다. 문제를 대
  강 읽을 뿐만 아니라 잘 읽어도 해석이 제대로 되지 않는 듯하다. 그러니 식을 제대
  로 세우지 못한다.

- **독서 습관**
  시켜서 하는 책 읽기. 스스로 책을 고르려 하지는 않는다. 학습만화도 글은 읽지 않
  고 그림만 보기에 현재는 금지한 상태다.

- **그 외**
  실패를 두려워하는 경향이 있고 다소 소심하다.

2단계

1단계에서 읽고 배운 것을 토대로 목표를 세웁니다. 물론 이 책을 읽는 모든 독자의 최종 목표
는 아이가 수학을 잘하게 되는 것이겠지만, 거기에 다다르기 전까지 자잘한 목표가 필요합니
다. 우선 아이의 습관, 진도 등의 목표를 쪼개어 세우고 거기에 맞는 계획을 써 보세요. 거시적
인 진도는 나중 일입니다.
목표를 세울 때 가장 고려할 것이 적절한 문제집입니다. 이 책의 내용대로 연습할 수 있도록
《열려라 심화》(블루무스에듀)를 만들었습니다. 처음 심화를 시작하는 아이들이나 심화가 어려
워 중도에 포기했던 아이들은 《열려라 심화》를 교재로 선택한다면 심화 성공의 초석이 될 것
입니다.

목표리스트 예시

학년: 4학년 1학기 | 현재 속한 그룹: 2그룹

- **공부 습관**

  목표: 매일 수학 공부 1시간을 당연한 것으로 만들고, 공부 습관을 제대로 잡는다.

  계획: 오후 4시부터 5시를 수학 공부하는 시간으로 정하고, 무슨 일이 있어도 지켜 나가게 한다. (*방학에는 하루 2시간으로 늘린다) 날림으로 푸는 걸 방지하기 위해 아이가 질리지 않는 선에서 오답 연습을 시킨다.

- **개념 공부**

  목표: 개념을 스스로 이해하는 아이로 만든다.

  계획: 《EBS 만점왕수학》 교재를 개념교재로 선택한다. 개념 공부법에 따라 공부한 후 개념 테스트 방식으로 아이를 확인한다. 해 오던 학습지는 계속 유지하되, 아이가 지루해하면 끊는다.

- **심화 공부**

  목표: 심화교재 정답률을 80%까지 끌어올린다.

  계획: 토요일 오후 1~2시를 《열려라 심화》 푸는 날로 정해, 심화 공부법에 따라 시간제 공부법으로 공부하게 지도한다. 개요 작성을 집중적으로 연습시킨다. 진도에는 구애받지 않는다. 정답률이 80% 이상 되면 《최상위》에 도전.

- **독서 습관**

  목표: 일주일에 1권은 스스로 책을 선택해 읽게 만든다.

  계획: 논술 학원에 가자고 설득해 보고, 실패하면 책 읽기 보상제를 만들어 본다.

- **그 외**

  끊임없이 격려하고 응원해 준다. 틀려도 제대로 고치면 되고, 열심히 하는 그 자체가 멋있는 거라고 자신감을 불어 넣는다.

목표를 세우고 그에 따른 계획도 짰다면, 그때부터 2부를 참고해 아이의 수학 공부를 돕기 시작합니다. 172쪽 '초등수학 지도안'을 먼저 읽고 감부터 잡으세요. '교과서 개념 지도법'을 읽고 개념 공부의 방향성을 잡아 주고, '심화 개념 지도법'을 이용해 아이가 심화를 잘하도록 이끌어 주세요.

※체크리스트 및 목표리스트 예시는 네이버 카페 〈공부머리 수학법〉에서 다운받으세요.

1부

**개념부터 심화까지
수학 공부 사용설명서**

수학력을 쌓는
진짜 공부

현재 우리나라 초등 교육은 아이들의 학습 부담을 많이 줄였습니다. 숙제나 과제물도 거의 없습니다. 학교 수업만 듣고 공부한다면 사교육 등으로 학습량이 많은 아이들에 비해 매우 뒤처지게 됩니다. 또한 수학은 충분한 복습을 통해 정확히 아는 것이 중요한데, 자발적 복습이 부족해서 학습 결손까지 생깁니다.

'학교에서 알아서 해 주겠지!'라고 생각하는 것은 거의 방치에 가깝고, 고등 등급으로 치면 6~9등급 정도의 학습 수준만 형성한다고 생각하면 됩니다. 초등 시절 따로 수학 공부를 안 하고 방치된 아이들은 중등 시절부터 수포자가 될 가능성이 아주 높습니다. 여기까지는 모든 부모들이 다 아는 사실입니다.

그렇다면 결국 사교육을 해야 한다는 뜻일까요?

수학을 잘하려면 '수학력'부터 키워라

사교육은 돈을 받고 가르치는 행위입니다. 따라서 끊임없이 가르침을 줄 수밖에 없습니다. 여기서 '가르침'이라는 것은 대부분 정보 전달이라고 생각하면 됩니다. 즉 선생님은 가르치고 아이들은 배우는 주입식 교육의 형태입니다.

이런 정보 전달은 지식의 확장이라는 측면에서 분명 긍정적인 부분이 있지만, 치명적인 단점이 존재합니다. 공부를 잘하기 위한 '력(力)'을 키워 주지는 못하다는 점입니다.

수학에서 특히 중요한 '력'에는 이해력, 문제해결력, 수학적 사고력, 추론 능력 등이 있습니다. 이해력은 이미 존재하는 것(개념이나 문제 풀이)을 이해하는 능력입니다. 문제해결력은 문제를 독해하고 분석하는 능력과 배운 개념들을 가지고 어떻게 문제를 풀어 나갈지 설계하고 전략을 세우는 능력입니다. 수학적 사고력은 분류하고 정리하는 능력, 추론 능력은 주어진 조건들을 보고 추론하는 능력입니다. 이 모든 것을 통틀어 '수학력'이라 하겠습니다. 고등학생이 되어 수학을 잘하려면 이 수학력이 반드시 필요합니다.

수학력을 키우기 위해서는 어떻게 해야 할까요?

아이가 생각해야 합니다. 스스로 생각하고, 고민하고, 찾아내야 합니다.

이런 습관은 어떻게 만들 수 있을까요?

자기주도적으로 수학을 공부하게 함으로써 가능합니다.

아이가 처음 수학 공부를 시작할 때 스스로 읽고 공부하게 합니다. 처음부터 이렇게 습관을 들이면 아이는 수학 공부는 원래 혼자 하는 것이라는 생각을 당연하게 받아들입니다. 처음 배우는 개념을 스스로 읽고 깨달아야 하기에, 이 과정에서 이해력과 추론 능력이 발달합니다. 이후 심화교재까지 학습하게 되면 어려운 문제를 오랫동안 고민하여 푸는 과정에서 문제해결력과 수학적 사고력이 발달합니다.

아이가 혼자 공부하는 습관을 들이기 위해 방치하라는 이야기가 아닙니다. 혼자 공부하는 올바른 방법을 가르쳐 주고, 잘하고 있는지 관리와 점검 및 지도가 반드시 필요합니다. 관리가 없는 자기주도 학습은 성립하지 않습니다. 혼자 공부하는 습관을 들여 주겠다고 아이를 방치하면 학습 결손이 일어날 가능성이 높습니다.

이 지점에서 선택할 수 있는 것은 두 가지입니다. 하나는 사교육이고 다른 하나는 소위 '혼공'이라 불리는 가정 학습입니다.

수학력 키우기, 학원이 정답은 아니다

우선 사교육을 살펴보겠습니다. 혼자 공부하는 습관을 들여 주면서 수학력을 키워 주는 학원을 찾으면 더할 나위 없이 좋습니다. 하지만 대부분의 학원 수업은 여러 아이를 대상으로 공통 진도로 개념 수업을 하고, 숙제를 낸 후 숙제풀이를 해 주고 가끔 시험을 보는 구조입니다. 개념 수업은 아이들이 모르는 개념을 설명하는 '가르치기' 방식이고, 숙제풀이 역시 아이들이 질문하는 문제를 '가르치는' 행위입니다.

가르치는 것은 정보와 지식을 전달하는 행위인데, 정보가 쌓인다고 실력이 느는 것은 아닙니다. 그러니 수학력을 키우는 데 대부분의 학원 구조는 적합하지 않습니다.

물론 지식의 전달뿐만 아니라 학습 능력까지 키워 주기 위해 노력하는 학원도 있습니다. 저 역시 스스로 공부하는 아이를 돕고 이끌어 주는 방식으로 지도하는 것이 대원칙입니다.

그러나 그런 학원들을 찾는 것은 만만치가 않습니다. 왜냐하면 대부분의 학원들은 눈에 안 보이는 학습 능력보다는 변화가 보이는, 즉 당장 부모에게 어필할 수 있는 지식의 전달(선행 학습으로 인한 빠른 진도)에 집중하기 때문입니다. 학원 강사들도 대부분 교과서나 교사용 지도서 분석 없이, 시중 문제집의 내용만 보고 정확한 원리 대신 계산 알고리즘이나 공식만 연습하도록 지도하는 경향이 있습니다.

초중등까지는 시험이 쉬워서 이런 지식의 전달만으로 어느 정도 성과가 나고, 아이가 수학을 잘한다는 착각을 만들어 내기도 쉽습니다. 사교육으로 초중등까지는 어느 정도 커버가 된다는 뜻입니다. 왜냐하면 사교육이 가장 잘하는 것이 정보 전달과 빠른 선행이기 때문입니다. 그러나 고등부터는 어려워진 학습 내용과 상대평가라는 장벽에 부딪칩니다. 이때 학습 능력이 부족한 아이들은 대부분 수학을 잘하지 못하게 됩니다. 장기적으로 봤을 때 사교육의 주입식 학습은 고등수학을 따라가게 만드는 개념 독해 능력을 길러 주지 못합니다.

결국 부모가 나서야 합니다. 개념을 혼자 공부하는 올바른 방법을 알려 줘야 하고, 이를 통해 수학력이 형성되도록 해 줘야 합니다. 부모는 돈을 받고 가르치는 학원 강사가 아니기에 누군가에게 보여 줄 당장의 성과를 낼 필요도 없습니다. 조력자의 역할을 하며 아이가 올바른 공부 습관을 가지도록 옆에서 도우면 됩니다. 아이가 힘들어할 때 조금씩 도와주며 궁극적으로 스스로 해결하도록 계속 유도할 수 있습니다. 아이가 올바른 습관을 형성하면 지금 당장은 학원을 다니는 아이들보다 뒤처지는 것 같아 보여도, 결국에는 학년이 올라갈수록 더욱 수학을 잘하게 됩니다. 왜냐하면 학원을 다니는 아이들은 지식을 쌓았지만, 혼자 공부한 아이들은 수학력을 길렀기 때문입니다.

혼공의 가장 큰 강점은 내가 공부하는 시간이 오롯이 내가 익히는 시간이 돼서 효율적이라는 것입니다. 학원에서 강의 듣고, 기본 문제 풀이 배우고, 숙제풀이를 듣는 시간은 내가 익히는 시간이 아닙니다. 말 그대로 배우는 시간입니다. 따라서 집에서 익히는 시간이 따로 필요합니다. 반면 혼공은 혼자서 공부하는 시간이 익히는 시간이 되어, 배움(學)과 익힘(習)이 동시에 이루어지기 때문에 효율적인 공부가 가능합니다.

이렇게 올바른 공부 습관으로 학습 능력을 기른 아이들이 중고등학생이 되어 학원을 다니게 되면, 학원의 수업 방식(빠른 정보 전달)과 시너지를 발휘하여 탁월한 학습 효과를 얻을 수 있습니다.

따라서 초등, 나아가 중등까지는 지식을 쌓는 학습이 아니라 수학력을 키우는 학습에 집중해야 고등까지 수학을 잘할 수 있습니다. 수학력을 키워 주는 학원을 찾을 수 없다면, 초등 때만이라도 집에서 아이의 수학력을 키워 줘야 합니다. 만약 시간이 부족해서 아이를 꼼꼼하게 관리할 여유가 되지 않아 학원을 보내더라도, 가정에서는 학습 능력을 키워 주는 습관을 쌓기 위한 활동들을 반드시 병행해야 합니다. 수학력을 키워 주는 학원을 찾기 위해서라도, 수학력을 키우는 공부가 구체적으로 무엇인지 부모가 정확히 알고 있어야 합니다.

평범한 아이는 혼자서 심화를 못 한다?

수학력을 키우기 위해 심화를 해야 한다는 건 이미 여러 경로를 통해 언급한 바 있습니다. 그런데 많은 부모들의 고민이 '심화를 해야 한다고는 하는데, 우리 아이는 실력이 안 돼서 학원에서도 안 시켜 준다'라는 것입니다.

강의식 학원은 구조상 실력이 안 되는 아이에게 심화를 시킬 수가 없습니다. 잘하는 아이와 못하는 아이가 같은 진도로 수업을 나가니 심화를 해 봤자 실력이 안 되는 아이는 못 따라가고, 오히려 수학에 흥미와 자신감을 잃어 수학을 멀리할 가능성이 높습니다. 또한 못하는 아이 중에 숙제를 못하거나, 베끼거나, 날림으로 대강 푸는 경우도 있습니다. 심지어 경시학원에서는 정기 평가 때 하위반으로 떨어지지 않으려고 답지를 통째로 외우는 아이까지 있습니다. 이처럼 공부가 제대로 되지 않으니, 학원에서는 실력이 되지 않는 아이에게 심화를 시키지 않는 것입니다.

그렇다면 수학 실력이 안 되는 아이는 영원히 심화를 하지 못할까요? 아닙니다. 저는 실력이 부족한 초등학교 4학년 셋째 아들과 디딤돌 출판사의 심화교재인 《최상위》로 심화를 진행했습니다. 아이를 믿어 주고, 시간제 공부법으로 최대한 스스로 심화를 풀어 갈 수 있도록 기다려 주고, 여유를 가지고 꾸준히 시켰습니다. 자세한 내용은 164쪽 '평범한 초등 4학년 아이, 이렇게 수학 심화 공부합니다'에 서술되어 있습니다.

그런데 이런 경험이 없고 강의식으로 수업하는 대부분의 강사들은 잘하는 아이만 심화가 가능하다고 생각합니다. 사실은 심화를 통해 아이의 실력이 느는 것인데 말입니다. 수학은 생각하고 몰입하고 집중해야 실력이 늡니다. 생각 없이 푸는 연산교재는 소용이 없고요. 암기식의 유형교재는 내신 대비에는 탁월하나 수학 실력 향상에는 그리 도움이 되지 않습니다.

일부 수학 강사들이나 부모들은 초등 때는 심화를 하지 말고, 중고등부터 심화를 시켜도 된다고 말합니다. 논지는 초등 때 심화를 무리하게 시키면 오히려 수학에 흥미를 잃어 '수포자'가 된다는 것입니다. 그러므로 초등 때는 개념과 원리만 충실히 하는 것이 좋다고요.

물론 어느 정도는 일리 있는 말입니다. 간혹 대치동같이 교육열이 높고 경쟁이 치열한 학군지의 부모들은 아직 준비가 되지 않은 초등 자녀에게 무리하게 심화를 시키곤 합니다. 초등 때 무리해서 심화를 하면 수포자가 되지는 않더라도 수학에 흥미를 잃고 수학을 싫어하게 되는 경우가 많습니다. 따라서 심화는 아이 상황을 주의 깊게 보면서 시켜야 합니다. 수학 실력이 많이 부족한 아이는 스스로 심화를 하도록 부모가 조급해하지 않고 여유 있게 기다려 줘야 수학을 싫어하는 부작용 없이 수학 실력을 향상시킬 수 있습니다. 또한 심화를 할 때 아이가 너무 힘들어한다면 우선 개념과 원리 위주로 공부하면서 서서히 실력을 쌓도록 기다려 줘야 합니다.

그러나 초등 심화는 결국 수학을 잘하기 위해 반드시 거쳐야 하는 관문입니다. 극소수를 제외한 대부분의 아이들은, 초등 때 심화를 하지 않으면 그 이후에도 심화를 하지 못합니다. 제 경험상 외고나 국제고 학생들 중에 초중등 때 심화를 안 하고 개념 위주로만 공부했던 학생들이 많습니다. 이 학생들이 고등학교 진학 후 내신을 준비하기 위해 심화를 하려 해도 심화 능력이 형성되지 않았고 시간도 부족해서 대부분 심화를 포기합니다. 고등수학부터는 상대평가이기에 시험에 변별력 있는 문제가 출제됩니다. 개념을 제대로 이해하고 유형을 암기하면 풀 수 있는 초중등 시험 문제와는 차원이 다릅니다. 그러니 고등학교 시험을 잘 치르기 위해서는 심화 문제까지 연습해야 합니다.

초중등 때 심화를 연습하지 않은 고등학생들은 심화 문제를 풀지 못하고 시간도 없다 보니 보통 해설지를 읽으며 심화교재를 풉니다. 이런 방식으로 공부하면 문제가 조금만 변형돼도 못 풀기 때문에 시험은 계속 못 봅니다.

어려운 문제를 풀기 위해서는 깊은 수학적 사고가 필요합니다. 깊은 수학적 사고는 충분한 시간을 가지고 연습을 해야만 얻어집니다. 심화 문제를 푸는 것은 지식이나 정보의 양이 아닌, 문제를 해결할 수 있는 '문제해결력'이 좌우합니다. 이러한 능력은 오랜 시간 동안 연습해야만 길러집니다.

간혹 초등 시기에 심화를 안 했어도 중고등부터 심화를 잘하는 학생들이 있습니다. 이 학생들은 수학·과학을 주제로 한 지식 도서를 많이 읽었거나 공부 자체를 많이 해서, 이러한 능력을 갖춘 학생들입니다. 어떤 방식으로든 깊게 생각하는 능력을 갖춘 학생들은 초등 때 심화를 안 해도 중고등 때 심화를 잘 해내는 경향이 있습니다. 그러나 이런 경우는 드뭅니다. 초중등 때 개념과 원리만 공부한 학생 대부분은 고등학교 때 아주 열심히 해 봤자 3~4등급의 성적을 받습니다. 따라서 가장 여유 있는 초등 시기에 한 문제를 오랫동안 고민하면서 수학적 사고력을 기르는 연습을 해야 합니다.

결론적으로, 실력이 되지 않아 학원에서 심화를 시켜 주지 않는 평범한 아이들은 집에서 심화를 해야 합니다. 개념은 현행 과정만 따라가게 진도를 나가고, 심화는 천천히 시키며 아이가 모를 때만 힌트를 줍니다. 한 학기 과정을 1년 동안 해도 되니 진도에 연연하지 말고 여유를 가지고 해 나갑니다. 구체적인 방법은 뒤에서 자세히 서술하겠습니다.

우리 아이와 제대로 수학 공부하려면

 Q 도저히 초등 아이를 집에서 공부 시킬 시간 여유가 없어요. 어떻게 하면 좋을까요?

A 시간 여유가 되지 않아 수학 학원을 보내야 한다면, 아이가 올바른 수학 공부를 하도록 도와주는 방식의 수업을 하는 공부방이나 소규모 학원을 찾아보세요. 즉, 개별 진도가 가능한 곳으로 보내면 됩니다. 개념은 현행 과정만 따라가는 수준으로 천천히 진도를 나가고, 선행 대신 심화를 시간제 공부법으로 천천히 시키는 학원입니다. 현행 개념 수업과 숙제 오답은 보통 30분 정도면 충분합니다. 그러니 나머지 시간은 학원에서 심화교재를 천천히 풀 수 있습니다. 학원 강사는 아이가 모를 때만 힌트를 주면 됩니다.

학원에는 한 학기 과정을 1년 동안 해도 되니 진도에 구애받지 말고 심화를 해 달라고 부탁하고, 숙제는 개념교재에서 내 달라고 합니다. 부모는 개념교재의 답지를 가지고 있다가 아이가 숙제를 끝내면 채점해 줍니다. 개념교재 오답이 많으면 집에서 채점하고, 1차 오답까지 해서 학원에 보냅니다. 사실 이런 방식의 학원은 대치동에 많습니다. 대부분 담당 선생님이 비율제로 수업하기 때문에 진도나 교재 등에 대한 협의가 가능합니다. 따라서 앞서 말한 방식대로 수업해 달라고 먼저 요청해도 됩니다.

명심할 점은, 학원을 보냈다고 해서 '학원에서 알아서 해 주겠지' 하고 안심하면 안 된다는 것입니다. 아무리 시간이 없어도 꾸준히 아이의 상태를 확인해야 합니다. 공부를 올바른 방식으로 하고 있는지, 개념과 심화를 제대로 진행하고 있는지 등을 점검해야 합니다. 올바른 수학 공부법을 알아야 하는 이유입니다.

 아이와 부딪치지 않고 집에서 수학 공부를 할 수 있을까요? 솔직히 자신이 없어요.

 많은 부모들이 아이와 집에서 공부하면 아이와 자꾸 부딪치게 된다는 말을 합니다. 이러다 아이와 관계가 영영 안 좋아질 것 같고, 아이가 공부를 싫어하게 될까 걱정을 많이 합니다.

결론부터 말하면 부모가 교습자의 역할을 하다 보니 아이와 부딪칠 수밖에 없습니다. 하지만 부모가 개념을 하나하나 알려 주는 교습자가 아니라 '아이 스스로 공부하는 혼공 습관 형성'과 '자기주도적인 수학 공부의 완성'을 위한 도우미가 되면 됩니다. 초등수학을 처음 시작할 때부터 스스로 개념을 읽고 공부하게 만들고, 그것이 익숙해지면 심화교재도 스스로 풀도록 습관을 만들어 주면 그런 걱정을 할 일이 없습니다.

초반에는 당연히 부딪칠 것입니다. 공부는 반복적이고 지속적인 습관으로 하는 것이기 때문에, 공부 습관이 형성되기 전에는 아이가 싫어할 수밖에 없습니다. 하지만 이를 이겨 내고 자기주도적으로 공부하는 습관과 태도를 체화하게 하고, 올바르게 수학 공부를 하는 방법을 알려 주면 부딪칠 일이 많이 없습니다.

저 역시 자녀들에게 수학 공부를 시킬 때, 처음 1년 정도만 옆에서 공부하는 방법들을 알려 줬고, 2년 차부터는 아이가 스스로 공부하다가 모르는 게 있을 때만 도움을 줬습니다. 이렇게 3~4년이 지나니 이제는 공부 시간이 되면 자습실로 들어가 혼자서 공부하고 가끔 검사만 받습니다. 교재가 마무리되면 다음 교재를 무엇으로 할지만 저에게 물어봅니다. 저는 정답률을 살펴보고 교재 오답을 1회 더 시킨 후 다음 교재를 선정해 줍니다.

중등 과정부터는 채점도 아이에게 맡깁니다. 가끔 시험을 보면서 공부가 제대로 되고 있는지 확인합니다. 수학 공부하는 법을 스스로 알기에 저와 부딪칠 일이 생기지 않습니다. 모르는 것이 있을 때만 알려 주면 됩니다.

결론적으로 초등 때 꾸준함과 성실함, 공부하는 습관, 공부는 당연히 해야 하는 것이라는 인식을 심어 주는 것이 중요합니다. 바꿔 말하면, 공부 자산을 심어 주는 것은 부모가 당연히 해야 할 일입니다.

수학력 쌓기, 어떻게 준비해야 할까

아이가 수학을 잘하기 위해서는 아이가 수학력을 쌓게 부모가 도와줘야 합니다. 아이를 도와주기 위해서는 수학이라는 과목의 특성, 아이의 발달 과정, 수학을 잘하기 위한 조건 등을 모두 알아야 합니다.

전체적인 초등수학 커리큘럼을 간단히 살펴보면, 2학년까지는 단순한 연산 위주고, 3학년 때 초등수학 전반에 대한 개념의 기초를 다집니다. 특히 자연수·분수·소수의 개념 및 나눗셈까지 수와 연산 영역의 모든 핵심 개념을 3학년 때 다 배웁니다. 4학년부터는 3학년 때 배웠던 유형을 계속 반복하고 복습하는 형태입니다. 수의 형태만 자연수에서 분수, 소수로 바뀔 뿐입니다.

따라서 초등수학은 크게 1~2학년과, 3학년 이후로 나누어 생각할 수 있습니다. 3학년은 본격적으로 교과 수학과 심화 수학을 시작하는 시기이고, 미취학 시기부터 2학년까지는 수학 공부를 위한 '준비기'로 봅니다. 즉, 2학년까지는 아이가 수학을 잘하기 위한 토대를 쌓고 기초 체력을 기르는 시기입니다.

초등 1~2학년 때는 심화를 시키지 마라?

이 책의 2부에는 초등학교 교과 수학 및 심화 수학을 돕기 위한 지도안을 실었습니다. 초등 3학년 과정부터 실은 이유, 다시 말해 초등 1~2학년 심화를 싣지 않은 이유는, 아이들의 인지 발달과 행동 발달 측면에서 서술형(문장제) 위주의 심화 수학은 초등 2학년 이하의 아이에게는 적합하지 않기 때문입니다.

뇌가 완전히 발달하지 않아 아직 심화 수학을 할 능력이 없는 아이에게 심화 수학을 시키면, 자칫 잘못하다간 '가르치기' 방식으로 아이를 지도하게 됩니다(사실 대부분 이렇게 지도하고 있습니다). 문장을 이해하지 못하는 아이에게 설명하기 방식으로 문제를 해석해 주고, 풀이까지 가르칩니다. 하지만 아이가 처음 수학을 시작할 때 이러한 가르치기 방식에 익숙해지면, 영원히 누군가 개념을 가르쳐 주고 문제를 해석해 줘야만 수학을 할 수 있게 됩니다.

물론 부모들은 조바심이 날 수밖에 없습니다. 이 시기에는 내 아이가 평범한지 뛰어난지, 혹은 부족한지 알 수 없기에 온갖 문제집과 학원을 찾아다니며 조금이라도 빠른 시기에 아이가 앞서가길 바라는 것입니다. 하지만 이때 중요한 것은 조바심을 버리고 기초 체력부터 길러야 한다는 것입니다.

고등학교를 가게 되면 대략 40%의 학생들이 수포자가 됩니다. 37%의 학생들은 현행을 힘겹게 따라갑니다. 나머지 23%의 학생들만 수학을 제대로 공부하며 그들만의 대학 리그를 만들어 갑니다. 내 아이가 지금은 상위권이라도 막상 고등학교에 들어가서 상위 23%가 아닌 77%에 속한다면 초중등 때 쏟은 노력은 아무런 의미가 없어집니다. 따라서 당장의 욕심을 버리고 장기적인 시야를 가져야 합니다. 확률적으로도 23%보다 77%에 속하기가 훨씬 쉽습니다.

그러니 아직 준비가 되지 않은 아이의 뇌에 무리한 선행이나 심화 등을 시켜 아이가 수학에 흥미를 잃게 해서는 안 됩니다. 반복적인 연산으로 수학에 질리게 해서도 안 됩니다. 잘못된 수학 공부 습관을 들여서도 안 됩니다. 이 시기 아이의 뇌는 말랑말랑해서 부모의 노력과 방향에 따라 수학 천재도 수포자도 될 수 있습니다. 도자기를 빚는 마음으로 장기적인 시야를 가지고 아이에게 접근해야 합니다.

그렇다면 본격적인 수학 공부를 시작하기 전 준비기에는 어떤 것들을 어떻게 해야 하는지 알아보겠습니다.

수학 공부를 위해 필요한 활동

독서 습관은 반드시 잡는다

독서를 통한 언어 능력 형성은 복잡한 수학 개념을 이해하고 체계적으로 정리하는 데 필수적입니다. 아울러 오랫동안 몰입해서 책을 읽는 습관은 어려운 수학 문제를 풀 때 그대로 적용됩니다. 따라서 수학을 잘하기 위해서는 초등 저학년 때 독서 습관을 필수적으로 길러야 합니다. 특히 수학·과학 지식 도서를 즐겨 읽는 아이들은 고등학교에서도 수학을 잘하므로, 초등 저학년 때부터 지식 도서를 즐겨 읽는 습관을 길러 주면 더욱 좋습니다.

독서로 언어 능력이 형성된 아이들은 3학년 이후 심화를 할 때 서술형 문제를 쉽게 이해하여 수식으로 잘 표현하고, 반대로 수식을 서술형 문제로 바꾸는 작업도 잘합니다. 만약 아이가 서술형 문제에 약하다면 언어 능력이 부족한 것이므로, 독서에 더욱 신경을 쓰도록 합니다.

사실 독서 습관만 잡아 주면 수학 공부의 50%는 완성했다고 해도 과언이 아닙니다. 아이는 절대로 수포자가 되지 않으며, 사춘기 때 잠깐 수포자가 되더라도 금방 극복합니다. 그러니 미취학부터 초등 2학년까지, 부모와의 책읽기는 당장의 수학 공부보다 훨씬 중요합니다. 아이가 스스로 일주일에 책 1권씩만 읽게 하면 성공입니다.

그 외에 도움이 되는 활동들

보드게임, 블록, 레고, 종이접기 등등 손으로 조작 체험을 하면서 생각도 해야 하는 놀이를 하면 좋습니다. 초등 2학년 전까지는 추상적 사고에 취약하기에, 이렇게 수학적 사고를 구체물과 손을 사용해서 할 수 있는 놀이들이 수학적 사고력 향상에 큰 도움이 됩니다. 수학을 잘하는 아이들의 공통점 중 어렸을 때 이런 놀이를 즐겨 했다는 점이 있습니다.

특히 보드게임 중 바둑, 장기, 체스와 같이 상대를 두고 대전하는 종류의 게임들은 앉아서 오랫동안 집중하는 연습도 저절로 됩니다. 특히 바둑을 추천합니다. 수학적 감각을 기르는 데 꽤나 도움이 됩니다. 제 경험상 수학 전공자나 수학 선생님 중에 바둑을 싫어하거나 못 두는 분들을 거의 본 적이 없습니다.

그런 맥락에서 악기를 배우는 것도 좋습니다. 최근 연구 결과에 의하면 피아노가 수학 공부에 많은 도움을 준다고 합니다. 두 손을 동시에 쓰면서 좌뇌와 우뇌를 동시에 사용하는 연습을 할 수 있습니다. 또한 악보를 보고 이해하는 행위 자체가 수학과 상호 보완적이라고 합니다. 학원에 오는 수강생들을 관찰해 본 결과, 수학을 잘하는 아이들 중에 피아노를 배운 경우가 꽤 많았습니다.

초등 1~2학년 수학 공부는 이렇게

독서, 바둑, 악기 등 제가 추천하는 것만 해도 시간이 빠듯할 것입니다. 그렇다고 2학년까지 수학을 아예 놓으라는 이야기는 아닙니다. 2학년까지 필수적으로 배우고 갖춰야 하는 것들이 있습니다. 2학년까지 어떤 방향성을 가지고 수학 공부를 시켜야 하는지 알아보겠습니다.

학교 수업에 집중하게 한다

초등 저학년은 수학 내용이 쉽다 보니 대부분의 아이들이 학습지, 엄마표 혹은 유치원에서 진행하는 선행학습을 통해(누리과정 진도 이상으로 진도를 나가는 유치원이 있습니다) 수학을 어느 정도 미리 배우고 초등학교에 입학하는 경우가 많습니다.

이런 아이들은 학교 수업을 제대로 듣지 않을 가능성이 높습니다. 이미 배운 내용이 나오니 수업을 따분해하며 혼자서 교과서 문제를 풀거나 떠들고 산만하게 구는 등 좀처럼 수업에 집중하지 않습니다. 기초와 원리부터 꼼꼼하게 가르쳐 주는 학교 수업을 주의 깊게 듣지 않는 것입니다. 이러면 수학의 기초를 절대 제대로 다질 수 없습니다. 심지어 숫자를 올바른 방법으로 쓰지 못하는 경우도 생깁니다. 또한 초등 저학년은 최초의 공부 습관을 형성하는 중요한 시기인데, 이때부터 집중하지 못하면 앞으로 모든 학교 수업에서 제대로 집중하기 어려울 수 있습니다.

태도 관리를 해 줘야 합니다. 아이에게 학교 수업을 소홀히 하지 않고 선생님 말씀을 잘 듣고 배우도록 지도합니다. 그래야 아이가 바른 학습 태도를 가지고 수학의 기초를 단단하게 다질 수 있습니다.

조작 체험이 중요하다

인지 발달 단계상 구체적인 조작 체험 활동이 필요한 시기입니다. 계산할 때도 손가락을 이용하거나, 연산 수 모형 같은 도구를 이용해서 실제로 해 보고 느끼는 과정을 거치게 합니다. 시계 문제를 풀 때도 실제 시계를 조작하며 체험합니다. 도형은 말할 것도 없습니다. 쌓기나무로 쌓아 보고, 직접 도형을 그리고 오리고 붙여 보는 등 실제로 경험하는 것이 중요합니다. 이러한 조작 체험은 수학이 재미있고 놀이 같다고 생각하게 만들어 수학에 대한 좋은 정서를 만드는 데 중요한 역할을 합니다.

자연수의 사칙연산은 정확히 연습시킨다

이 시기에 자연수의 사칙연산 중 덧셈, 뺄셈, 곱셈까지 배웁니다. 1학년 때 등호의 개념을 처음 배웁니다. 2학년 때는 곱셈에 대한 정확한 개념과 연산 연습이 필요합니다.

그렇다고 무수히 많은 문제로 수학을 질리게 만드는 연산교재를 풀게 할 필요는 없습니다. 교과서와 교과서 익힘책으로도 충분합니다. 남는 시간에는 독서나 예체능을 시키는 것을 추천합니다.

부모가 할 일은, 아이가 교과서에 나와 있는 설명대로 개념을 정확하게 이해했는지 확인하는 것입니다. 예를 들어 등호의 정확한 의미(답을 구하라는 의미가 아니라, 좌우를 기준으로 값이 같다는 뜻)를 알게 해야 합니다. 등호의 정확한 의미에서 식, 등식, 항등식, 방정식, 부등식의 의미가 확장되기 때문입니다. 곱셈 역시 '동수누가'(같은 수를 반복해서 더한다)의 개념이 곱셈임을 정확히 알아야 합니다. 그래야 추후 $3 \times 2 = 3 + 3$, $\frac{1}{3} \times 2 = \frac{1}{3} + \frac{1}{3}$, $\square \times 2 = \square + \square$ 라는 것을 쉽게 이해합니다.

초등 저학년은 연산이 빠르면 수학을 잘한다고 착각할 수 있는 시

기입니다. 그러나 이 시기는 연산의 빠르기보다 연산의 정확한 개념
(덧셈, 뺄셈, 곱셈의 의미와 원리)을 형성하는 게 중요합니다. 이를 놓
치면 안 됩니다.

도형은 쉽다고 소홀히 넘어가지 않는다

저학년 때 평면도형과 입체도형의 기초를 다집니다. 정확히 공부하지
않으면 4학년 도형을 배울 때 어려움을 겪습니다. 교과서 도형 단원에
나오는 용어와 정의를 정확히 알고(이해와 암기) 넘어가도록 합니다.

교과서 이외의 교과 수학 및 심화 수학은 시키지 않는다

이 시기의 교과 수학은 교과서와 교과 익힘책만으로도 충분합니다.
또한 교과서 내용을 아이가 제대로 아는 게 가장 중요합니다.

교과서 이외의 교과 수학이나 심화 수학을 시키면 안 되는 이유로
가르치기 방식에 익숙해져 공부 습관이 망가지기 때문이라고 언급한
바 있습니다. 또 다른 이유는, 저학년 때는 개념 자체가 적어 심화교재
문제의 질이 많이 떨어지기 때문입니다. 따라서 심화를 할 경우 오히
려 부작용이 생길 수도 있습니다.

만약 시중 문제집을 풀게 한다면, 창의 사고력 수학이나 핀란드 수
학 같은 교재를 풀게 하거나 주 1회 정도 사고력 수학 학원을 보내는
것을 추천합니다.

심화 대신 사고력 수학

교과서 외의 교과 수학이나 심화 수학을 추천하지 않으면서, 사고력 수학은 추천하는 이유는 무엇일까요? 주로 미취학~초등 2학년 부모가 사고력 수학을 시킬지 고민하므로, 사고력 수학 이야기를 조금 더 자세히 하겠습니다.

사고력 수학은 굳이 시킬 필요가 없다?

사고력 수학을 꼭 해야 하는지 묻는 부모들이 많습니다. 교과 수학에 비하면 집에서 지도하기도 어렵고 교육 관련 유튜버들이 '사고력 수학은 굳이 필요 없고 상술이다'라는 말도 많이 한다면서 묻습니다.

실제로 사고력 수학이 필요 없다고 이야기하는 사람들은 크게 두 부류로 나뉩니다.

첫 번째 부류는 아이들에게 수학을 지도해 보지 않은 교육 유튜버들입니다. 사실 그분들은 사고력 수학을 알지도 못하고, 남들이 필요 없다고 하는 말을 반복하며 왜 필요가 없는지에 대한 논리적 이유는 명쾌하게 제시하지 못하는 경우가 많습니다. 왜냐하면 사고력 수학이 무엇인지도 잘 모르고 실제 교재도 보지 못한 경우가 많기 때문입니다.

두 번째 부류는 수학 선생님들입니다. 그중에서 고등부, 특히 고등 3학년 및 재수생 위주로 수업하는 선생님들이 이런 말씀을 합니다. 저도 예전에는 필요 없다고 생각했기 때문에 그분들이 그렇게 생각하는 이유를 잘 알고 있습니다. 고등 3학년 위주로 수업하는 강사들은 추상화된 개념을 쉽게 이해하는 고등학생 위주로 가르치니 사고력 수학을 이해하지 못합니다. 더군다나 초등 교과서와 초등 교사용 지도서를 보지 않았기 때문에 초등수학이나 올바른 초등수학 지도법을 모릅니다. 사고력 수학을 실제 가르쳐 보지도 않았습니다. 또한 학생들의 수능 수학 점수를 쉽게 올리는 능력을 갖추고 있다 보니 사고력 수학 같은 것은 필요 없다고 생각합니다.

반면 저는 초등 1학년부터 6학년까지 모든 학년 사고력 수학을 다 가르쳐 봤습니다. 수학 전공자로서 사고력 수학 교재의 우수성에 깜짝 놀라곤 합니다. 제 자녀들이 개념교재 1권y심화교재 1권+사고력 수학 교재 1권의 3권 구성으로 초등수학을 해낼 수 있었던 원동력에 사고력 수학을 병행한 것이 있을 수도 있습니다. 사고력 수학에는 수학적 사고력, 추론 능력, 심지어 서술형 식 세우기 능력까지 모든 수학력을 키울 수 있는 내용들이 있습니다. 교과 심화교재를 2권 푸는 것보다 사고력 수학교재 1권+심화교재 1권을 푸는 것이 더 좋습니다. 좋은 교재를 제대로 가르치기 위해 직접 사고력 수학 교사 자격증까지 취득했습니다.

사고력 수학이 필요 없다는 논리의 핵심은 고등 3학년 학생들 중 초등 시절 사고력 수학을 하지 않았어도 수학을 잘하는 아이들이 많다는 것입니다. 맞습니다. 사고력 수학을 하지 않아도 수학을 잘할 수 있습니다. 그러나 초등 시기 사고력 수학을 하면 수학을 더 잘할 수 있습니다. 비유를 하자면 독서를 하지 않아도 수능 국어 1등급을 받을 수는 있지만, 독서를 한 아이들은 훨씬 쉽게 수능 국어 1등급을 받을 수 있습니다.

사고력 수학의 장점

초등 교과서 교사용 지도서를 보면 초등학생들의 인지 및 행동 발달에 맞춰 서술되어 있습니다. 추상적인 개념을 이해하지 못하는 나이에는 직접 손으로 조작하고 이해하는 조작 체험을 강조합니다. 이것에 가장 최적화된 교재가 사고력 수학입니다. 조작 체험을 통해서 원리를 정확하게 이해할 수 있습니다. 예를 들어 정다면체의 면의 개수와 꼭짓점의 수를 표로 배우고 외우는 것이 아니라, 스스로 정다면체를 만들고 원리를 체험해서 배워야 한다는 것입니다. 초등 1~4학년까지는 구체적 조작기에 머물러 있기 때문에 조작 체험 위주의 사고력 수학이 큰 도움이 됩니다.

또한 수학을 제대로 하기 위해서는 스스로 생각하고 공부해야 합니다. 그러나 대부분의 사람들은 수학을 많이 알고 배우면 수학을 잘한다고 생각합니다. 이 생각이 현상으로 나타난 것이 바로 잘못된 선행과 심화입니다. 부모들은 선행을 통해 많이 알기를 원하기에 진도를 무리하게 빼고, 심화도 누군가 가르쳐 준 풀이법을 외우도록 강요합니다. 그러나 이는 잘못된 방식입니다. 스스로 사고하여 개념을 이해하고 기본 개념으로 심화 문제까지 풀어내는 능력(문제해결력)을 기르는 방식으로 공부해야 제대로 수학을 공부했다고 말할 수 있습니다. 이런 '스스로' 공부에 최적화된 방식이 사고력 수학입니다.

사고력 수학, 가장 바르게 시키는 방법

그렇다면 아이에게 어떻게 사고력 수학을 시킬까요?

우선 66쪽을 참고해 적합한 사고력 교재를 선택합니다. 이때 쉬운 레벨을 선택합니다. 만약 선택한 레벨을 아이가 어려워하고 교습자가 일일이 설명해 줘야 한다면, 아이가 스스로 해낼 수 있는 정도까지 레벨을 낮춰 다시 선택합니다. 사고력 수학의 목적은 이미 만들어진 내용을 가르치는 게 아니라, 아이들이 그 내용을 만들 수 있는 능력을 키우는 데 있기에 쉽게 시작해야 합니다.

그 후, 사고력 수학의 교습자가 해설지를 미리 참고하여 적당한 발문을 준비합니다. 사고력 수학은 학습 순서와 좋은 발문("왜?"나 "어떻게?")이 중요합니다. 아이 스스로 생각해서 찾아내게 하기 위해서입니다.

그러므로 사고력 수학을 할 때, 교습자가 미리 설명하고 가르치면 안 됩니다. 아이가 스스로 문제를 풀며 왜 그런지 생각하고, 어떻게 할지 고민해야 합니다. 그 과정에서 조작 체험이 들어갑니다. 교습자는 철저히 조력자 역할만 해야 합니다. '엄마표'로 일일이 문제 푸는 방법을 가르치는 식으로 사고력 수학을 잘못 가르치면 조력자가 아니라 교습자가 됩니다. 그렇게 사고력 수학을 가르치면 말 그대로 사고력이 자라지 않습니다. 좋은 재료를 가지고 오히려 아이를 망치는 꼴이 됩니다. 대부분 해설지에 올바른 교습 방향을 잘 설명하고 있으니 따르면 됩니다.

가르치지 않고 아이 스스로 생각하게 하는 목적을 달성하려면 부모는 중간중간 발문의 형태로 질문을 던지며 아이가 생각하고 대답하게 해야 합니다. 발문은 대부분 해설지에 나와 있으므로 너무 걱정하지 않아도 됩니다. 만일 발문이 너무 힘들다면 아이 스스로 풀게 하고 채점을 해 준 다음 질문은 해설지를 보며 설명해도 상관없습니다.

제 자녀들의 경우 사고력 수학도 자기주도적으로 풀게 했고, 모르는 것만 힌트를 주는 방식으로 시켰습니다. 따로 발문을 하지는 않았습니다. 보통 사고력 수학 교재 자체에 발문이 나옵니다. 아이들은 교재를 푸는 과정에서 그 발문을 생각하며 풀게 되고, 다 풀고 나면 학습한 내용을 글로 정리하게 구성되어 있습니다. 따라서 자연스럽게 서술형 연습도 가능해지고, 배운 것을 끄집어내는 '인출 연습'도 경험하게 됩니다. 인출 연습이란 이후 설명할 '회상하기' 방법 중 하나로 백지 개념 테스트를 생각하면 됩니다.

지금까지 설명한 교습 방식은 미취학부터 1~4학년까지 동일합니다. 다만 2학년까지는 조작 체험할 것이 상대적으로 많기에 오리거나 붙이는 등 조작 체험을 할 때 교습자가 적절히 개입해 도와주면 좋습니다.

사고력 수학을 시키는 적합한 시기

사고력 수학은 초등수학에 가장 최적화된 형태라, 1학년이나 2학년뿐만 아니라 4학년까지 구체적 조작기에 있는 아이들이 하면 가장 좋습니다. 미취학 아이를 대상으로 하는 사고력 수학 교재도 있습니다. 교구 중심의 사고력 수학도 있고요. 아이들을 사고력 수학에 '감염'시키는 것이 중요하기에 사고력 수학은 초등 1학년부터 시작하면 좋습니다. 초등 1학년부터 사고력에 수학에 감염된 아이들은 3~4학년이 되면 사고력 수학을 교과 심화 수학보다 더 재미있어 합니다. 그러지 못한 아이들은 3~4학년이 되면 생각하기 싫다고 사고력 수학을 싫어하게 됩니다.

　기본적으로 사고력 수학을 시키는 적기는 초등 1학년부터이지만 미취학 시절부터 플레이팩토 같은 교구 중심 사고력 수학을 시키는 것도 추천할 만합니다. 미취학 시절부터 초등 저학년까지 보드게임이나 블록 등을 사고력 수학과 병행하는 것도 좋습니다.

　한편 초등 5학년부터는 사고력 수학을 그만두는 것을 추천합니다. 그 이유는 다음과 같습니다. 첫째, 5학년부터는 형식적 조작기에 접어들어 논리적 추론이 가능한 발달 단계에 진입하므로 사고력 수학식으로 공부하는 것이 필요하지 않습니다. 교과 수학 위주의 추상적인 수학으로 이동해도 아이는 잘 이해하고 따라옵니다. 둘째, 5학년 이후의 아이들을 대상으로 하는 사고력 수학은 사고력 수학의 탈을 쓴 서술형 문제집 혹은 〈3% 올림피아드〉 시리즈 같은 심화 경시 형태라 굳이 할 필요가 없습니다. 그러니 이 시기부터의 사고력 수학은 경시대회를 준비하는 아이, 영재원 입학 혹은 훗날 과학고나 영재고 진학을 희망하는 학생들에게 추천합니다. 그렇지 않은 아이의 경우, 4학년까지 사고력 수학을 시키고 5학년부터는 중등 선행을 조금씩 나가거나 〈문제 해결의 길잡이〉 시리즈 같은 서술형 문제집을 시키는 것이 좋습니다.

내 아이 파악하기가
먼저다

초등 2학년까지 성실하게 보냈다면, 3학년이 되었을 때 심화를 쉽게 할 수 있는 상태가 되어 있을 것입니다. 그러나 변수는 항상 존재합니다. 막상 3학년이 되어 보니 아이가 학습 능력이 부족하다면 어떻게 해야 할까요? 아이의 수준에 맞게 어떻게 아이를 이끌 수 있을까요?

그룹별 학습 능력

일단 아이의 수준을 판단하기 위해 시중 교재들 중 소화 가능한 교재를 가지고 판단하는 방법을 알려 드리겠습니다. 2학년까지 교과서 외의 교과 수학을 하지 않았다는 가정 하에, 3학년부터 교과 수학을 시작했을 때의 상태로 판단하는 방법입니다. 크게 세 그룹으로 나뉩니다.

구분	학습 능력
1그룹	기본교재나 응용교재 정도는 개념 독학이 가능하며, 80~90% 이상의 정답률이 나온다. 준심화교재나 심화교재도 80% 이상 정답률이 나오고, 심화교재를 푸는 데 크게 스트레스를 받지 않는다. 개념교재, 응용교재, 심화교재 1권을 끝내는 데 각각 1~3개월 정도 걸린다.
2그룹	기본교재와 응용교재까지는 80% 이상의 정답률로 소화하나, 준심화나 심화를 매우 어려워한다. 준심화교재 및 심화교재 1권을 끝내는 데 4~9개월 정도 걸리며 정답률도 70% 이하이고, 못 푸는 문제가 많다. 또한 아이가 심화교재를 푸는 데 굉장히 스트레스를 받는다.
3그룹	기초교재와 기본교재까지 소화한다. 《쎈수학》 등의 응용교재부터는 소화하지 못한다. 배운 것을 금방 잊어버리고, 기본 연산부터 잦은 실수를 한다. 연산교재가 필요하다.

1그룹

고등학교 때 1~3등급(~23%)을 받을 아이들입니다. 이 아이들은 초등학교 때 《최상위S》나 《최상위》 등의 심화까지 경험합니다. 중학교 때는 《일품》 정도의 준심화교재 이상의 학습을 하며, 고등학교 때는 《쎈》 C단계 이상을 소화합니다.

이 아이들의 특징은 매우 성실하다는 것입니다. 고등학교에서는 거의 공부만 합니다. 1그룹 아이라면 누구나 노력하고 열심히 하기 때문에 그룹 내에서 노력만으로 성적을 올리는 것이 만만치 않습니다. 1그룹 아이의 부모들은 자녀가 중학교 때 거의 100점을 받았는데 고등학교에서 3등급을 받는 것을 잘 이해하지 못합니다.

이 그룹의 아이들은 철저하게 심화 능력에 따라 세부적인 고등 등급이 나뉩니다. 물론 학교 내신의 경우 선행도 영향을 끼칩니다. 선행을 몇 바퀴 회전했는지에 따라 심화교재까지 풀 여유가 있는 아이가 있고, 유형교재에서 멈추는 아이도 있습니다.

2그룹

고등학교 기준으로 4~5등급(23~60%)을 받을 아이들이 2그룹입니다. 초등학교 때 심화까지는 못해도 기본과 응용까지는 여유 있게 소화합니다. 중학교 때까지는 80점대 이상의 성적을 받습니다. 선행까지는 못해도 중등 현행 개념까지는 잘 따라옵니다. 고등학생이 되면 수포자를 가까스로 면하면서 힘겹게 개념 학습을 따라옵니다. 고등수학을 많이 어려워하는데, 아주 쉬운 개념교재(《개념원리》 등)와 아주 쉬운 유형교재(《라이트쎈》 등)도 버거워합니다. 그러니 고등 과정 선행은 꿈도 못 꾸며 현행을 나가기에도 벅찹니다. 이유는 간단한데, 그 정도 수준의 수학을 학습할 능력이 부족해서입니다.

다만 이 아이들은 올바른 공부법을 만나면 1그룹으로 진입할 가능성이 올라갑니다. 실제로 많은 2그룹 아이들을 수능 1~2등급까지 올려 봤습니다.

3그룹

6~9등급(60~100%)의 수포자 그룹입니다. 초등학교 연산부터 힘들어하고, 기본교재까지만 소화 가능한 아이들입니다. 중학교 때 수학 점수는 70점대 이하로 받습니다. 학습 능력 부족으로 배운 것을 금방 잊어버려서 개념 학습부터 어려움을 겪습니다. 그래도 초등까지는 학습

량이 적어 버티다가, 중등부터 수학이 어려워지니 차츰 포기하기 시작합니다. 고등수학은 아예 엄두를 못 냅니다. 아주 쉬운 교재로 수업을 해도 잘 이해하지 못하고 따라오기 힘들어합니다. 과외를 해도 스스로 할 수 있는 것이 거의 없어서 성적 향상이 힘듭니다. 게다가 대부분 열심히 하지 않아서 영원히 수학을 극복하지 못하는 게 일반적입니다. 평범한 일반고 3학년 교실에 가면 40% 이상의 아이들이 수학을 포기하고 수업시간에 잠을 자는데 이 아이들이 바로 3그룹입니다.

그룹별 학습 방향(초등~고등)

1그룹: 고등학교 때 3등급이 아닌 1등급을 받으려면

1그룹 아이들은 초등 시절 성실하며 공부를 잘하지만 고등학교에 가면 1~3등급까지 분화가 되므로, 1등급을 받기 위해서는 초등 때부터 전략적인 노력이 필요합니다. 고등학교에서 1~3등급을 받는 학생들의 공통점은 성실성이지만, 차이점도 명확합니다.

첫 번째 차이점은 수학 심화 능력입니다. 1등급과 3등급은 심화 능력에서 차이가 많이 납니다. 1등급 학생들은 보통 고등수학 교재 중 어렵다고 여겨지는 모든 교재를 풀 수 있습니다. 그러나 3등급 학생들은 《쎈》 C단계나 《기본 정석》 연습 문제 등에서 한계를 느낍니다.

두 번째 차이점은 개념 이해 능력입니다. 1등급 학생들은 3등급 학생들에 비해 처음 배우는 것을 받아들이는 속도가 빠릅니다. 그리고 한번 배운 것은 잘 잊어버리지 않습니다. 이러한 차이는 메타인지와 언어 능력의 차이에서 비롯됩니다. 특히 언어 능력이 있어야 처음 배우는 개념을 쉽게 이해합니다.

세 번째 차이점은 문제를 파악하고 푸는 속도입니다. 1등급 학생들은 3등급 학생에 비해 3~6배 정도 많은 학습량을 자랑하는데, 이런 학습량의 차이는 성실함이 아닌 뇌 속에 형성된 강력한 수학 연결고리와 높은 메타인지에서 기인합니다. 뇌 속 연결고리가 탄탄한 학생들은 문제를 보자마자 어떤 개념으로 문제를 풀지 파악할 수 있는 힘을 만들어 냅니다. 이러한 힘이 빠른 속도를 만들어 내고, 빠른 속도는 많은 학습량과 빠른 선행 진도를 만들어 냅니다.

그렇다면 초등 시절 1그룹의 자녀가 고등 시절 3등급이 아닌 1등급을 받기 위해서는 어떤 방식으로 공부해야 할까요?

첫 번째, 심화 능력을 높이기 위해 올바른 방법으로 심화 공부를 해야 합니다. 심화 능력은 벅찬 문제들을 스스로 힘겹게 해결하면서 높아집니다. 따라서 힘겹더라도 조금씩 난도를 높여 가면서 심화 능력을 길러야 합니다. 112쪽 '심화교재 공부는 이렇게' 꼭지를 참고합니다.

두 번째, 개념 이해 능력을 높이려면 언어 능력을 길러야 합니다. 그러려면 독서가 절대적으로 중요합니다. 초등 때부터 일주일에 단행본 1권 정도 스스로 책을 선택해 읽는 습관을 들여야 합니다.

세 번째, 평가하면서 마무리하는 습관을 일상 속에서 길러야 합니다. 메타인지를 높이기 위한 중요한 연습입니다. 가령 라면을 끓였는데 맛이 없었다면 왜 맛이 없는지를 평가해 보는 겁니다. 이렇게 일상 속에서 평가하는 습관을 들이며, 수학 문제를 풀 때도 평가하면서 마무리하도록 지도합니다. 틀린 문제를 보고 왜 틀렸는지 스스로 분석할 수 있어야 합니다. 이게 가능해야 수학 공부를 하며 스스로 개념과 원리를 제대로 알고 있는지 그렇지 않은지를 판단할 수 있습니다. 그런 판단을 할 줄 알아야 문제를 풀 때 하나씩 따지면서, 왜 성립하는지 정확히 알고 넘어가는 습관이 형성됩니다.

네 번째, 더 많은 학습과 복습을 열심히 할 수 있는 성실성을 길러야 합니다. 수학은 추상적인 언어로 되어 있는 학문이라, 공부한 내용이 장기기억에 저장되어 강력한 뇌 연결고리를 형성하려면 충분한 연습과 반복이 필요하기 때문입니다.

2그룹: 도약을 위해 심화부터 시켜라

초등 시기는 선행이 가능하지만 중등으로 올라가면서 점점 구멍이 생기고 선행이 늦어지다가 고등부터는 현행도 따라가기 힘들어 4~5등급을 받는 상태가 됩니다. 수학을 포기하진 않지만 선행은 꿈도 못 꾸고 현행 따라가는 것도 힘들어합니다. 학원을 보내도 성적이 오르지 않고, 전기 요금만 내고 다닌다는 착각이 들기도 합니다.

이 아이들의 특징은 개념 이해 능력과 심화 능력이 부족하다는 것입니다. 또한 나름 열심히는 하는데, 1그룹만큼 성실하지는 않습니다. 초등부터 중등, 고등까지 똑같은 노력으로 공부해 왔습니다. 자기들 기준에서는 고등수학이 어렵고 상대평가라 성적이 나쁜 것인데, 마치 열심히 안 해서 수학을 못한다고 오해받는 것을 억울해합니다.

2그룹 아이가 초등 시기에 어떻게 공부를 해야 고등 시기에 1그룹에 진입할 수 있을까요? 그걸 알기 위해서는 1그룹과 가장 큰 차이점 세 가지를 알고, 이를 극복하기 위해 노력해야 합니다.

첫 번째, 개념을 스스로 읽고 공부하는 공부법을 제대로 익혀야 합니다. 2그룹 아이들은 개념 이해 능력이 부족하기 때문에 고등부터 선행은 꿈도 못 꿉니다. 남이 설명해 주고, 답을 떠먹여 주는 가짜 공부에 길들여져 있을 가능성이 높습니다. 초등 때부터 '진짜 개념 공부'하는 법을 익혀야 합니다. 95쪽 '개념 공부하는 법, 이렇게 지도하라'를 참고합니다.

두 번째, 어려워도 심화를 해야 합니다. 심화 능력이 부족하면 조금만 낯설거나 어려운 문제가 나오면 손도 대지 못하는데, 이를 극복하지 못하면 영원히 1그룹으로 진입하지 못합니다.

세 번째, 공부 습관을 잡아야 합니다. 자기 딴에는 열심히 한다고 하지만 1그룹보다 열심히 하지 않아서 1그룹과의 격차가 줄어들지 않습니다. 그러니 학습 능력을 높이는 연습을 하고, 계획을 짜고 실천하는 습관을 들이며, 엉덩이의 힘을 길러야 합니다.

3그룹: 수학이 문제가 아니다

3그룹 아이들이 수포자가 되는 이유는 단순합니다. 아이가 어려워지는 수학을 따라갈 능력을 제대로 키우지 못했기 때문입니다. 다른 이유는 없습니다. 고등학생을 실제 지도해 보지 못한 사람들은 다른 이유를 갖다 붙이지만, 실제 고등학생들을 지도해 보면 아이들이 수포자가 되는 이유는 수학이 어려워서라는 걸 알 수 있습니다.

초등수학은 쉽다 보니 수포자가 많이 발생하지 않습니다. 중등수학부터 차츰 어려워져서 수포자가 생기기 시작합니다. 중등수학에 비해 고등수학은 소위 '넘사벽'이다 보니 대부분 수포자가 됩니다. 그래서 학교 선생님한테 배워도 학원을 다녀도 수포자가 되는 것입니다.

이 그룹의 아이들은 빠르면 초등 5학년, 늦어도 고등학생이 되면 수포자가 될 운명입니다. 고등 3학년이 되면 수학 시간에 아예 엎드려 자느라 바쁠 것입니다. '수학 시간＝수면 시간'이 되는 것이죠. 그렇다면 어떻게 해야 할까요?

우선 과제는 학습 능력을 높이는 것입니다. 중등부터 수학을 못 따라간다는 것은 중등수학조차 이해하기 어려워한다는 뜻입니다. 그렇다면 학습 능력은 어떻게 높여야 할까요? 어디서부터 시작해야 할까요? 무엇이 우선순위일까요?

단순히 연산을 시키고, 학원을 보내고 과외를 시키는 것은 수포자가 되는 시기만 조금 늦출 뿐입니다. '깨진 독에 물 붓기'에 불과합니다. 수학 공부가 아닌 다른 것부터 시작해야 합니다.

다음에 언급하는 과제들은 29쪽 '수학력 쌓기, 어떻게 준비해야 할까'에 나오는 것들로, 2학년까지 완성됐어야 하는 일들입니다. 초등 3학년이 되었는데 학습 능력이 떨어진다면 처음부터 시작해야 합니다. 다음의 과제들을 통해 공부의 기초부터 쌓아 주세요. 수학 공부 자체는 초등 5학년~중등 1학년 사이에 시작해도 늦지 않습니다.

첫 번째, 독서부터 시킵니다. 당연히 독서를 싫어할 것입니다. 이미 게임이나 영상에 노출되어 활자 자체를 싫어할 가능성이 높습니다. 뇌

과학자들에 따르면, 독서를 싫어하는 아이들의 전두엽을 살펴보면 대개 변형되어 있다고 합니다. 독서는 뇌를 돌려 놓는 중요한 활동입니다. 전두엽을 발달시키고 뇌의 회전 속도를 높여 줍니다. 독해력과 이해력, 책의 내용을 기억하며 정보를 저장하는 능력, 뒤의 내용을 예측하고 추론하는 능력을 높여 줍니다. 그리고 오랫동안 앉아 있는 습관 형성에도 도움이 되고 활자에 익숙해지게 함으로써 쉽게 공부에 적응하게 만들어 줍니다.

따라서 수학 공부보다 중요한 건 독서입니다. 수학 공부 대신 독서를 하자고 아이들과 타협하는 것도 좋습니다. 아니면 독서 논술 학원에 보내 책을 읽고 글을 쓰게 하는 것도 좋습니다.

당장 수학은 어떻게 하냐고요? 어차피 수포자가 될 건데 지금 수학 공부를 하는 것이 의미가 있을까요? 언어 능력이 있어야 개념 이해 능력이 형성되어 최소한 수학을 포기하지 않습니다. 설령 수포자가 되더라도 극복이 가능합니다. 당장의 수학 공부는 일시적으로 수학 지식을 늘릴 수 있어도 학습 능력은 높이지 않습니다. 책을 읽어야 지식을 쉽게 이해하고 오랫동안 저장할 수 있는 학습 능력을 높일 수 있습니다. 뇌는 어떻게 활용하느냐에 따라 변형이 가능합니다(이를 '신경가소성'이라 부릅니다). 그러니 포기하지 말고 책을 읽혀야 합니다.

두 번째, 예체능을 시키십시오. 수학에 도움을 줄 수 있는 예체능으로 피아노를 추천합니다. 피아노는 두 손을 써야 하는 악기이므로 자연스럽게 좌뇌와 우뇌를 동시에 활용하게 됩니다. 이것은 좌뇌와 우뇌를 연결하는 뇌량을 발달시켜 수학을 잘하게 하는 학습 능력을 길러 줍니다.

세 번째, 바둑이나 장기, 보드게임같이 집중하면서 머리를 쓸 수 있으면서 재미도 있는 활동을 추천합니다. 특히 추천하는 것은, 수학 학원 대신 바둑 학원(가장 추천하는 활동입니다)을 다니자고 제안하는 것입니다. 거듭 말씀드리지만 당장의 수학 학원이 중요한 게 아닙니다. 언젠가 수포자가 될 텐데, 지금 당장 학원을 보내는 것은 아무 의미가 없습니다. 학원을 보낸다고 해도 3그룹들은 학습 능력 부족으로 효과가 거의 없습니다. 어떻게든 아이의 학습 능력을 길러 주는 게 우선입니다.

일주일에 책 1권은 읽는 습관을 들였고, 예체능 진도도 나갔으며, 엉덩이의 힘도 어느 정도 길러졌다면, 이때부터 이 책을 참고해 공부하는 방법을 알려 줍니다. 이때도 주의할 것은 공부를 시키는 것이 목적이 아니라, 공부하는 방법을 익히고 활용하는 것이 목적이라는 것을 잊어서는 안 됩니다.

만약 정말 공부가 되지 않는다면, 초등 5학년 이상 아이의 경우 121쪽 '3그룹: 수학이 매우 어려운 아이들을 위한 수학' 꼭지를 참고해 공부시킵니다.

지금까지 1그룹부터 3그룹까지의 학습 방향에 대해 설명했습니다. 필요한 부분으로 찾아가기 쉽게 표로 정리했으니 참고하기 바랍니다.

그룹	과제	꼭지
1그룹	• 심화 능력 높이기 • 언어 능력 높이기 • 메타인지 능력 높이기 • 성실성 기르기	• 공부 습관부터 들여라(81쪽) • 개념 공부하는 법, 이렇게 지도하라(95쪽) • 심화교재 공부는 이렇게(112쪽) • 혼공을 완성하는 기술(138쪽)
2그룹	• 개념 이해 능력 높이기 • 심화 능력 높이기 • 언어 능력 높이기 • 성실성 기르기	• 공부 습관부터 들여라(81쪽) • 개념 공부하는 법, 이렇게 지도하라(95쪽) • 심화교재 공부는 이렇게(112쪽) • 혼공을 완성하는 기술(138쪽)
3그룹	• 언어 능력 높이기 • 집중력과 학습 능력 기르기 • 공부하는 방법 익히기	• 수학력 쌓기, 어떻게 준비해야 할까(29쪽) • 3그룹: 수학이 매우 어려운 아이들을 위한 수학(121쪽) • 혼공을 완성하는 기술(138쪽)

아이의 수준을 어떻게 판단할까

Q 중등 자녀들의 현재 수준과 미래를 파악할 수 있는 방법도 구체적으로 알려 주세요. 그리고 중등부터 수포자가 많이 발생한다고 하는데 구체적으로 어떤 아이들이 수포자가 되나요?

A 중학생은 학교 시험을 보기 때문에 더 정확한 판단이 가능합니다. 다만 이 경우에도 학군지 등 고려해야 할 요소가 있습니다. 제가 가르치는 서로 다른 중학교에 다니는 학생들의 성적을 분석해 보겠습니다.

학생 A는 학군지 지역에서 가장 공부를 잘하는 중학교에 다니고 있습니다. 이 학생은 《블랙라벨》과 《최상위》까지 공부했는데, 그 학교 시험 문제가 어렵다 보니 3개를 틀립니다. 그런 와중에도 한 반에 2명씩은 100점을 받았다고 합니다. 전체 인원수를 기준으로 100점을 받은 학생의 백분위를 구해 보면 6%가 넘습니다. 즉 100점을 받아도 2등급인 셈이죠. 그렇다면 3개를 틀린 A는 아마 4등급 수준일 가능성이 높습니다. 물론 이 중학교가 공부를 잘하는 중학교이므로, 평균적인 일반고에 진학하면 3등급, 공부를 잘하지 못하는 일반고에 진학하면 2등급 수준을 받을 수도 있을 것입니다.

학생 B는 문제를 쉽게 내고, 공부를 잘하는 학생들이 많지 않은 중학교에 다닙니다. 《쎈》 B단계까지 소화 가능하며, C단계는 50% 이하의 정답률이 나오고 언어 능력 부족으로 배운 것을 빨리 잊어버려 선행은 거의 못하고 현행 위주로 복습을 많이 하는 학생입니다. 시험에서 1개를 틀렸지만 공부를 잘하지 못하는 중학교임을 감안했을 때, 고등학교 가면 4등급 수준의 실력이고, 아이가 학습 능력이 부족한데 노력으로 극복했기 때문에 5등급을 받을 수준일 수도 있습니다. 고등학교에 들어가면 학습량이 많아지기 때문에 같은 4등급 수준이라도 중학교 때 노력을 많이 해서 4등급을 받은 학생은 사실은 그게 최대치라는 판단을 내릴 수 있기에 고등학교 때 5등급으로 떨어질 수가 있습니다.

교재 선택도
전략이다

서점에 가서 초등 교재들을 살펴보며 든 생각은 초등 교재의 종류가 너무 많다는 것입니다. 특히 천재교육 출판사의 경우 초등 교재 분류가 너무 세분화되어 있어서 '이렇게까지 할 필요가 있을까?' 하는 생각이 들 정도입니다.

그 다음으로 든 생각은 출판사들이 교재를 만들 때 서로 참고하다 보니 내용이나 문제 구성 면에 있어 상당히 유사하다는 점입니다. 따라서 초등 교재를 선택할 때 사실 어떤 출판사를 선택해도 교재의 완성도 면에서는 크게 차이가 나지 않습니다. 또한 이 책에서 소개할 교재들은 실제 학원이나 학부모들이 믿고 선택하는 교재들이므로 전체적으로 신뢰할 만합니다.

물론 그렇다고 해서 초등 교재를 선택할 때 아무 정보 없이 서점에 가는 것은 추천하지 않습니다. 교재가 너무 많고 각각 특징도 조금씩 다르기에, 아무런 정보도 없으면 수많은 교재들 중 무엇이 내 아이에게 적합한지 알 수 없어 결국 제대로 선택하기 힘들기 때문입니다.

초등 교재의 정보를 얻는 가장 좋은 방법은 우선 원하는 출판사부터 선택하고 그 출판사 홈페이지에 들어가는 것입니다. 각 교재에 대한 설명 및 교재 선택 가이드가 있으므로 그것을 참고하면 됩니다.

예를 들어 디딤돌 출판사의 경우, 출판사 홈페이지에 각 교재의 난이도와 대상 학년, 특징, 교재 활용법 등을 자세히 소개하고 있습니다. 《원리》는 학교 교과서 수준의 교재로서 연산도 힘들어하는 아이들이 쓰면 좋은 교재입니다. 《기본》은 교과서 수준보다 약간 높은 개념 교재로 생각하면 되며, 《응용》은 《기본》을 뗀 후에 풀 만한 응용 문제집입니다. 또한 《기본》과 《응용》 사이에 《쎈》과 유사한 유형 문제집인 《문제 유형》이라는 문제집이 있고, 여기에 개념과 응용을 한번에 끝내고 싶은 학생들을 위한 《기본+응용》도 있습니다. 한편 심화교재로 《최상위S》와 그것보다 더 어려운 《최상위》가 있습니다. 여기까지가 디딤돌의 교과 수학 교재고, 《최상위 사고력》과 《3% 올림피아드》는 영재원이나 경시대회 준비를 위한 최고난도 문제집입니다.

이러한 사전 정보를 충분히 머릿속에 담고, 서점에 방문하여 실제로 교재를 보며 선택하면 됩니다.

그런데 출판사 간 교재는 어떻게 비교가 가능할까요? 똑같은 개념 교재라도 문제의 질이나 난도를 비교하는 것은 수학 교육 전문가가 아닌 이상 힘든 일입니다. 아이의 수준과 상황, 그리고 목적에 따라 어떤 출판사의 어떤 교재를 선택해야 하는지 알려 드리겠습니다.

기초·기본·응용교재

기초·기본·응용교재를 난이도별로 분류하면 다음과 같습니다. 난도 옆에 붙은 숫자가 커질수록 더 어려운 교재입니다.

· 기초교재 출판사별 난이도 ·

	난도1	난도2	난도3
디딤돌	《원리》		
에듀왕	《원리 왕수학》		
천재교육	《개념클릭》 《개념꿀꺽》	《개념 해결의 법칙》	《수학리더 개념》
신사고	《일일수학》		
동아			
비상	《교과서 개념 잡기》	《교과서 유형 잡기》	《개념+유형 라이트》
미래엔			《수학중심》

· 기본교재 출판사별 난이도 ·

	난도1	난도2	난도3	난도4
디딤돌	《기본》		《문제유형》	
에듀왕			《포인트 왕수학 기본》	
천재교육	《교과서 다품》	《수학리더 기본》	《우등생 해법》	《수학의 힘 알파》
신사고		《개념쎈》	《우공비》	《라이트쎈》
동아	《큐브수학 개념》			
비상		《완자 초등수학》		
미래엔		《유형맞짱》		
EBS	《EBS 만점왕》			
시매쓰	《개념이 쉬워지는 생각수학》			

	난도1	난도2	난도3
디딤돌	《기본+응용》		《응용》
에듀왕			
천재교육	《유형 해결의 법칙》		《응용 해결의 법칙》
신사고		《쎈》	
동아	《큐브수학 개념응용》		《큐브수학 실력》
비상		《개념+유형 파워》	
미래엔			《문제 해결의 길잡이 원리》
시매쓰	《유형이 편해지는 생각수학》		

사교육이나 엄마표 도움 없이 '혼공'으로 공부하려는 아이들에게 추천할 만한 교재는 《EBS 만점왕》과 《큐브수학 개념》 그리고 《완자 초등수학》입니다. 교과서 수준으로 쉽고 설명도 많고 문제도 쉬워서 처음 수학을 공부하는 시작 교재로 적합합니다. 이런 매우 쉬운 개념교재와 더불어, 앞선 표에는 없지만 매우 쉬운 문제풀이 교재로는 학교 교과서 수준의 단원 평가 준비용으로 《동아 백점》이 있습니다. 수학이 매우 약한 아이들에게 문제 연습용으로 좋습니다. 다만 너무 쉬워서 어느 정도 수학에 감이 있는 아이들은 지루해할 수 있습니다. 그러니 아이가 개념을 공부하고 문제를 푸는 모습을 지켜보며 너무 쉽게 푸는 것 같으면 난도가 높은 교재로 옮겨가야 합니다.

그 외에는 출판사별로 특징이 뚜렷하기에, 출판사를 기준으로 소개하겠습니다.

천재교육 출판사에서 발행하는 교재는 대부분 도입부에 스토리텔링

만화가 있습니다. 아이들은 대부분 도입부 내용을 읽지 않는데, 만화로 되어 있으니 웬만하면 읽게 됩니다. 그러면 단원의 흐름을 잡는 데 도움이 됩니다. 또한 과도할 정도로 교재를 세분화했는데, 출판사 홈페이지에 교재 선택 가이드가 있어서 각 교재별 특징을 살펴볼 수 있습니다. 우선 교과서 수준의 개념정리교재인 《개념클릭》, 교과서 수준의 문제풀이교재인 《교과서 다품》, 그리고 일반 기본교재 형태인 《우등생 해법》과 《수학 리더》가 있습니다. 《수학리더 개념》은 연산+개념 형태의 기초교재고, 《수학리더 기본》은 일반 개념교재입니다. 유형교재 중 혼자서 해 볼 만한 교재는 〈해결의 법칙〉 시리즈입니다. 같은 출판사의 타 교재에 비해 설명이 많아서 혼자서 공부하기에 적합합니다.

　비상 출판사의 〈개념+유형〉 시리즈는 난이도에 따라 라이트편과 파워편으로 분류합니다. 기본 개념 설명도 잘 되어 있고 단계별로 문제 난이도도 잘 나뉘어 있습니다. 특히 3단계 응용 다잡기는 예제 문제를 한 번 더 풀고 같은 유형을 유제로 다시 한 번 풀 수 있어서 완전 학습에 효과적입니다. 이 시리즈의 큰 특징은 한 시리즈가 진도책, 복습책, 평가책으로 구분되어 있어서 문제집을 2권 살 필요 없이 한 권으로 개념과 문제풀이까지 끝낼 수 있다는 점입니다. 특히 학원 교재로도 널리 쓰이는데, 복습책에 있는 단순 연산 문제 연습은 내용이 쉽고 배운 내용을 간단히 복습할 수 있어서 숙제로 내 주기도 편하기 때문입니다. 학원에서 진도책으로 수업하고, 복습책으로 숙제를 내 주고, 평가책으로 테스트를 볼 수 있습니다.

　미래엔의 《수학중심》과 《유형맞짱》은 개념교재가 아닌 문제풀이 교재로 상대적으로 개념 설명이 적어 개념을 혼자 읽고 이해하는 데는 적합하지 않습니다. 그러나 난도는 낮기 때문에 학원 수업용으로 많이 쓰고 있으며, 개념교재의 부교재로 활용해도 좋습니다.

신사고의《우공비》도 혼공에는 적합하지 않습니다. 개념을 읽고 이해하는 부분은 잘 되어 있으나, 문제 해결 비법에서 갑자기 어려워져서 누군가의 도움 없이 혼자 공부하는 학생에게 힘들 수 있기 때문입니다. 그러나 서술형 평가 문제가 잘 되어 있다는 장점이 있습니다. 천재교육의《수학리더》와 구성이 비슷합니다. 한편《쎈》은 문제량도 많고 단계별로 잘 나뉘어 있습니다. 특히 교과 통합 유형 문제가 잘 되어 있는 게 큰 장점입니다. 교과 통합 유형 문제의 경우 문장이 길어서 아이들이 문제를 읽기도 전에 어렵다고 생각하는 경향이 있습니다. 그러나 실제로는 문제만 독해하면 어려운 문제가 아니기 때문에 이 문제집으로 연습을 많이 시키면 좋습니다. 중간 중간 경시문제도 섞여 있어 상위권 아이들이 기본교재 다음 단계로 풀기 좋습니다. 그러나 하위권 아이의 경우, B단계까지 소화하고 C단계 문제는 거의 못 풀기 때문에 선택에 주의가 필요합니다.

디딤돌 출판사 교재는 가장 널리 쓰이는 교재입니다. 우선《원리》는 연산도 느리고 이해력도 느린, 학교 단원 평가 성적 기준 70점대 이하의 아이들이 기본 원리부터 공부하기 좋습니다.《기본》은 학교 단원 평가 70점대 이상인 중위권 학생들에게 적합합니다.《응용》은 유형별로 문제를 잘 정리했으나 후반부로 가면서 갑자기 난도가 올라가기 때문에, 실력이 되지 않는 아이들은 단원 뒷부분을 풀 때 어려움을 느끼니 선택에 주의가 필요합니다. 한편《문제유형》은《최상위S》나《최상위》같은 심화를 하기 전 유형 굳히기를 할 때 좋습니다.

마지막으로 시매쓰 교재들을 소개합니다. 〈생각수학〉 시리즈는 교과 수학과 사고력 수학이 결합된 형태입니다. 따라서 교과 수학에서 강조하는 문제풀이와 사고력 수학에서 강조하는 원리라는 두 마리 토끼를 다 잡을 수 있으며 여기에 스토리텔링 수학의 효과도 누릴 수 있습니다. 기존 사고력 수학이 학교 교과 순서와 독립적이라면, 이 책은 교과 과정에 맞추어져 있습니다. 따라서 교과 수학과 사고력 수학을 한번에 접해 보고 싶다면 선택할 만합니다.

준심화·심화·경시교재

교과 심화교재는 교재의 구성이나 문제 유형이 출판사별로 상당히 유사합니다. 따라서 교재를 선택할 때 너무 신중하게 고르기보다 다음 63쪽의 출판사별 교재 난이도 분류표를 보며 아이 수준에 적합한 교재를 선택하면 무리가 없습니다. 기초·기본·응용교재와 마찬가지로 난도 옆에 붙은 숫자가 커질수록 더 어려운 교재입니다.

준심화·심화·경시교재를 선택할 때 가장 주의해야 할 점은, 아이의 수준에 맞는 교재를 선택하는 것입니다. 교재별 난이도 차이가 크므로 꼼꼼하게 살펴보고, 처음부터 너무 무리한 난도의 교재를 쥐어 주지 않도록 합니다. 특히 경시교재로 분류된 교재들은 극상위권만 소화 가능하므로 선택에 신중을 기해야 합니다. 자칫 잘못하다가

	난도1	난도2	난도3
블루무스 에듀			《열려라 심화》
디딤돌			《최상위S》
에듀왕			《포인트 왕수학 실력》
천재교육	《수학리더 응용심화》 《수학의 힘 베타》	《수학의 힘 감마》	《일등 해법수학》
신사고			《최상위쎈》
비상		《개념+유형 최상위탑》	
EBS	《EBS 만점왕 플러스》		

• 심화교재 출판사별 난이도 •

	난도1	난도2	난도3
디딤돌		《최상위》	
에듀왕			《점프 왕수학》
천재교육	《최고수준》		
동아	《큐브수학 심화》		
미래엔		《문제 해결의 길잡이 심화》	
EBS	《EBS 만점왕 고난도》		
시매쓰	《1031 최상급 생각수학》		

• 경시교재 출판사별 난이도 •

	난도1	난도2	난도3
디딤돌	《최상위 사고력》		《3% 올림피아드》
에듀왕	《응용 왕수학》		《올림피아드 왕수학》
천재교육		《해법수학 경시 기출》	《최강 TOT》
에이급	《에이급 수학》		
시매쓰		《영재사고력 1031》	

는 아이들이 수학에 대한 자신감과 흥미를 잃게 만드는 시발점이 될 수 있습니다.

또한 부모 욕심에 아이에게 여러 권의 심화교재를 풀게 하는 경우도 있는데, 심화 유형을 암기해서 푸는 것과 같기에 별 효과가 없습니다. 문제해결력을 기르기 위해서는 한 학기당 1~2권 정도만 푸는 것이 적당합니다. 특히 심화에 처음 도전하는 아이의 경우 시중의 두꺼운 심화교재를 하다가 수학 정서가 나빠지고 심화에 질릴 수 있기 때문에 핵심 심화 유형 문제만으로 구성된 《열려라 심화》를 선택하면 좋습니다.

학원에서 가장 많이 쓰는 심화교재는 《최상위》, 《점프 왕수학》, 《최고수준》, 《큐브수학 심화》 등이 있습니다. 이 중 어느 것을 선택해도 무난합니다. 많이 쓰는 준심화교재는 《최상위S》, 《포인트 왕수학 실력》, 《수학리더 응용심화》, 《최상위쎈》 등이 있습니다. 극상위권들은 경시 대비 교재로 《3% 올림피아드》와 《최강 TOT》를 많이 봅니다.

교재별로 살펴볼 만한 몇 가지 특징이 있습니다. 디딤돌의 《최상위S》는 많은 유형이 반복되는 형태고, 부교재(워크북)가 있어 숙제용과 다지기로 적합합니다. 반면 신사고의 《최상위쎈》은 복습책이 없어 아쉽습니다. 이런 경우는 오답을 시켜 다시 풀게 하는 방법이 있습니다. 한편 디딤돌의 《최상위》는 워크북이 없어 비슷한 유형을 반복해 연습시키기에는 힘들지만, 교재 뒤에 단원별 모의고사 형식의 문제가 붙어 있어 단원마다 아이들이 제대로 이해했는지 점검하는 데 좋고 경시대회 문제까지 포함하고 있어서 난도 높은 문제를 연습시킬 수 있습니다. 한편 블루무스에듀의 《열려라 심화》는 개념 테스트가 갖추어져 있고 답지에 3단계 힌트가 있어 엄마표 수학에 최적화되어 있고, 인터리빙 방식의 모의고사를 통해 인출 연습을 충분히 할 수 있도록 구성되어 있습니다.

사고력 수학 교재

사고력 수학 교재는 교과 수학보다 내용이나 구성, 문제가 더욱 비슷합니다. 사고력 수학이라는 주제가 특수하다 보니, 교재를 만들 때 서로 타 출판사 교재를 참조해서 만들기도 하고 집필진 자체가 겹치는 경우도 많습니다. 출판사별로 내용은 큰 차이가 없다고 봐도 무방합니다. 따라서 사고력 수학 교재는 편집이나 난이도에 따라 선택하면 됩니다.

다음 66쪽의 표는 기초부터 심화까지 다양한 사고력 수학 교재를 출판사별로 분류한 것입니다. 표의 상단으로 갈수록 어려운 교재라고 보면 됩니다.

사고력 수학은 크게 학원 수업용 교재와 시중 교재로 나뉩니다. 학원 수업용 교재는 보통 한 달에 한 권씩 끝내는 방식이고, 시중 교재는 한 학년 또는 한 레벨 당 몇 개의 주제가 주어지는 형태로 3~4권씩 구성되어 있습니다. 학원 교재와 시중 교재를 비교하면, 학원 교재가 조금 더 어렵고 구성은 더 좋습니다. 특히 학원에서는 교구를 활용해 조작 체험도 많이 진행하기 때문에 아이들이 재미있어 합니다. 또한 학원에서는 사고력 수학 전문 선생님이 적절한 발문을 함으로써 아이들

• 사고력 수학 교재 출판사별 난이도 •

	메스티안	시매쓰	매쓰러닝	와이즈만	천재교육	디딤돌
초6 극심화						《3% 올림피아드 4과정》
초6 심화						《3% 올림피아드 3과정》
초6 준심화						《최상위 사고력 6》
초6 응용	《팩토 6》					《3% 올림피아드 2과정》
초6 기본		《1031 고급》	《필즈수학 고급》			《최상위 사고력 5》
초5 응용	《팩토 5》					《3% 올림피아드 1과정》
초5 기본		《1031 중급》	《필즈수학 중급》			《최상위 사고력 4》
초4 응용	《팩토 4》				《사고력 노크 D》	
초4 기본		《1031 초급》	《필즈수학 초급》	《즐깨감 4》		《최상위 사고력 3》
초3 응용	《팩토 3》				《사고력 노크 C》	
초3 기본		《1031 입문》	《필즈수학 입문》	《즐깨감 3》		《최상위 사고력 2》
초2 응용	《팩토 2》				《사고력 노크 B》	
초2 기본		《1031 pre》		《즐깨감 2》		《최상위 사고력 1》
초1 응용	《팩토 1》				《사고력 노크 A》	
초1 기본				《즐깨감 1》		

의 생각을 확장시킬 수 있는 반면 가정용 사고력 교재는 이를 보완하기 위해 해설지가 친절하게 잘 구성되어 있습니다.

생각 주머니를 넓혀 주고 수학에 대한 흥미와 재미를 돋우는 것이 목적이라면 〈즐깨감〉 시리즈, 〈사고력 노크〉 시리즈, 〈팡세〉 시리즈(난이도는 〈즐깨감〉과 비슷한 정도로 추측됩니다), 〈팩토〉1~4 등을 활용해 4학년 수준까지 사고력 수학을 시키면 됩니다. 특히 〈즐깨감〉 시리즈의 경우, 편집에 호불호가 있지만 그림이 많아 처음 사고력을 접할 때 접근이 쉽고 아이들이 대체로 재미있어 합니다.

가장 유명한 브랜드인 팩토에서 내는 교재를 살펴보면, 미취학 시절에 하는 교재 중심의 '킨더팩토', '키즈팩토'가 있고 교구 중심의 '플레이 팩토'가 있습니다. 초등학생 대상으로 하는 팩토는 초등 1~6학년 과정까지 있습니다. 다양한 사고력 교재로 수업해 보면 아이들은 팩토를 가장 좋아한다고 합니다. 문제를 풀어 가도록 하는 과정이 상대적으로 친절하고, 아이 입장에서 쉽게 접근할 수 있도록 구성되어 있기 때문이라고 보입니다.

한편 〈1031〉 시리즈와 〈필즈수학〉 시리즈는 집필진이 같아 내용과 난이도가 서로 비슷합니다. 앞서 언급한 〈즐깨감〉 시리즈, 〈수학 노크〉 시리즈, 〈팡세〉 시리즈보다 난도가 높고 한 유형을 익히기 위해 제시된 문제 수도 많아서 유사한 유형을 연습을 통해 다지기 좋습니다. 〈1031〉과 〈필즈〉보다 좀 더 난도가 높은 교재가 최근에 나온 디딤돌의 〈최상위 사고력〉 시리즈입니다. 그보다 더 어려운 것은 디딤돌의 〈3% 올림피아드〉 시리즈로, 사실 사고력 수학보다는 경시교재에 더 가깝습니다.

사고력 수학을 잘하는 아이들은 〈1031〉 시리즈를 마무리하고 〈3% 올림피아드〉로 갈아타서 영재고와 과학고 입시를 준비합니다. 그러니 경시대회, 영재원, 과학고, 영재고 등을 목표로 하는 최상위권이라면 〈1031〉 시리즈, 〈필즈수학〉 시리즈, 〈최상위 사고력〉 등의 교재를 선택해 공부하고 〈3% 올림피아드〉에 도전하는 코스를 추천합니다.

기타 교재

도형교재

도형교재는 연산교재의 도형 버전이라고 생각하면 됩니다. 여러 가지 도형 문제들을 반복 연습해서 익히게 하는 교재입니다. 사실 개인적으로는 이러한 형태의 단순 반복 연습을 시키는 도형교재들을 추천하지는 않습니다. 단순한 문제들을 수동적·반복적으로 내용을 주입하는 방식은 가장 원시적인 학습 형태로 고등수학을 잘하기 위한 학습 능력을 키워 주지 못합니다.

따라서 별도로 도형교재를 구입해 푸는 것보다는 사고력 수학 교재에 소개되는 도형 문제를 학습하길 추천합니다. 여러 학생들을 가르쳐 본 결과 이것만으로도 충분했습니다.

그럼에도 불구하고 여러 필요성 때문에 도형교재를 찾는다면,《플라토 도형》과《빨라지고 강해지는 이것이 도형이다》(흔히들 '빨강 도형'이라고 부릅니다)를 많이 보니 참고하면 좋습니다.

스토리텔링 교재

간단히 말해 이야기 수학입니다. 만화 등이 들어간 형태가 많아 아이들이 좋아하고 재미있어 합니다. 교구 수학이나 보드게임과 병행해서, 일주일에 1회 정도 교과 수학과 병행하는 것도 좋습니다. 통합 교과 유형 연습하는 데도 도움이 됩니다. 아이가 사고력 수학을 너무 어려워하고 싫어하면 스토리텔링 교재를 기본으로 여기에 교구 수학이나 보드게임을 붙여 대체하는 것도 괜찮습니다.

디딤돌, 천재교육, 비상 등 주요 출판사 책들은 다 추천할 만하며 실제로 많이 활용하고 있습니다. 초등 5학년까지 활용해 볼 만합니다.

단원 융합 교재

수학적 사고력을 기를 수 있도록 단원별이 아닌 영역별로 구성한 교재를 흔히 단원 융합 교재라 일컫습니다. 문제를 맞닥뜨렸을 때 해결하는 전략을 세우고 푸는 과정을 거치게 함으로써 문제해결력을 키우는 교재입니다.

흔히 '문해길'로 부르는 〈문제 해결의 길잡이〉 시리즈는 학기별로 '원리'가, 학년별로 '심화'가 있습니다. 학교 교육과정 순서가 아닌, 문제 해결 전략에 따라 내용을 분류했습니다. 주로 식을 세우며 문제에 접근하고 푸는 방법을 친절하게 알려 주는 형태입니다. 한 마디로 정리하면 '식 세우는 방법을 알려주는 교재'라 할 수 있습니다. 혼자서 수학을 공부하는 아이는 다양한 방식으로 식을 세워 푸는 방법을 모르는 경우가 많습니다. 학원에서는 선생님이 문제풀이 절차나 다양한 풀이법을 설명해 주지만, 혼자 공부하면 자기가 푼 풀이만 알기 때문입니다. 이런 경우 이 교재가 도움을 줄 수 있습니다. 식 세우는 연습뿐만 아니라 다양한 문제풀이 전략을 연습하도록 구성되어 있기 때문입니다.

따라서 이 책은 교과 수학을 마무리하고 복습용으로 하면 좋습니다. 혹은 사고력 수학을 4학년까지 진행한 후, 5학년부터는 중등 과정을 준비할 겸 '원리' 또는 '심화'로 식 세우는 연습을 하는 것도 좋습니다. 단 '심화'는 꽤 어려우므로, 중하위권의 학생이 식 세우기 연습을 목적으로 한다면 '원리'를 추천합니다. 다양한 방식으로 식을 세우는 연습은 중등 과정에서 문자와 식을 이용한 복잡한 활용 문제를 해결하는 데 도움을 줍니다.

한편 《수능까지 이어지는 초등 고학년 수학》은 학교 교육과정 순서가 아닌 영역별로 내용을 묶은 교재입니다. 크게 대수편과 기하편으로 나뉘고 난이도에 따라 개념편과 심화편으로 분류됩니다. 따라서 개념부터 복습하고 싶다면 개념편부터 보고, 개념이 튼튼한 아이들은 심화편만 봐도 무방합니다. 다만 양이 꽤 많기 때문에 초등 과정을 빠르게 복습하는 데는 적합하지 않습니다. 또한 중등 선행 개념과 선행 문제가 상당히 많고 심화편의 경우 난도도 굉장히 높은 편입니다. 따라서 이 부분은 호불호가 갈릴 수 있습니다. 또한 중등 및 고등수학과의 연계성은 잘 잡았으나, 초등 과정을 마무리한 아이들은 대부분 중등 선행을 나가고 있으므로 중등 선행 교재와의 차별성이 없다는 특징이 있습니다. 즉, 중등 선행 교재인 《쎈》 정도를 풀고 있다면 굳이 이 책을 풀 필요가 있을까 하는 생각이 들 정도로 중등 교재와 상당히 중복됩니다.

따라서 양이 많고 선행 개념이 많은 이 책의 특성상 초등 3~4학년 때 초등 과정을 빠르게 마무리하고 중등 과정에 들어가는 아이들이 다시 한 번 초등 과정을 중등 연계성의 관점에서 오랜 시간(1~2년 이상) 복습하고자 할 때 적합하다고 할 수 있습니다.

연산교재

연산교재는 문제의 양(양이 많은 것을 선택할 것인지 아니면 적은 것으로도 충분한지), 편집(개인 취향에 따라 보기 편한 것), 아이의 상태에 따라 선택하면 됩니다. 교재 자체에 심오함이나 특별함은 없습니다.

《쎈연산》은 양이 많고 글씨도 작아 지루하나 연산을 잘하지 못하는 아이들을 위한 반복 훈련이 많아 좋습니다. 단, 아이의 끈기와 인내심이 많이 필요합니다. 대부분 풀다가 질려서 안 풀려고 들지만, 아주 못하는 아이들의 실력 향상에는 도움이 됩니다.《기탄 연산》과《소마 연산》,《기적의 계산법》등은 양이 적당해 무난합니다. 특히《소마 연산》은 편집이 좋습니다.

천재교육 출판사는 연산교재도 다양하게 출간했는데,《빅터 연산》은 일반 연산교재로 편집이 좋고《빅터 창의 융합 연산》은 사고력과 연산을 접목했습니다.《계산 박사》는 교과과정에 맞춰 학기별로 구성되어 있고 양이 적어서 간단하게 연습하는 데 좋습니다.

동아 출판사의《초능력 수학연산》은 글씨가 커서 시원시원하고 아이들이 덜 지루해합니다. 계산력 향상보다는 처음 기본 개념을 익힌 후 단순 계산을 연습시킬 때 좋으므로, 연산이 많이 부족한 아이에게는 추천하지 않습니다.

사고력 수학 교재로 유명한 시매쓰의 연산교재는 사고력 수학의 내용을 접목하여 응용과 서술형이 많이 첨가된《상위권 연산》이라는 독특한 교재, 그리고 단순 연산교재인《빨강 연산》이 있습니다.

핀란드 수학 교과서

최근 '핀란드 수학 교과서'라는 타이틀이 붙은 교재가 많아졌습니다. 사고력 수학에 실생활 교과 통합 서술형을 접목한 형태로 구성되어 있습니다. 핀란드에서는 단순 연산과 반복되는 문제풀이를 지양하고 실생활에 수학을 활용해 수학 교육을 펼치고 있는데 거기에서 착안한 교재들입니다. 대부분 번역서로, 사고력을 넓히고 실생활에 접목된 수학 문제를 풀며 문제를 해결하는 방법을 배우고 싶은 아이에게는 실용적인 수학 교재로 보입니다.

몇 권 사서 얼마나 풀게 해야 할까

교재를 선택할 때는 아이의 수준과 학습 소화 속도에 맞춰서 적정 난이도와 학습량을 선택해야 합니다.

수준면에서 보면, 너무 어려운 교재는 아이의 실력을 높여 주지만 한편으로는 수학에 자신감을 잃게 하고 수학을 싫어하게 할 수 있습니다. 반대로 너무 쉬운 교재는 깊은 생각을 할 필요가 없어, 실력이 늘지 않고 아이들이 질려합니다.

양적인 면에서 보면, 너무 많은 교재는 지금 당장은 좋지만 중등 및 고등수학까지 바라보는 관점에서는 과도하게 많은 양을 하는 셈이 되고, 너무 적은 양은 완전학습에 도움을 주지 않습니다. 이 사이에서 균형을 잡는 것이 중요합니다.

고등수학까지의 학습량 분배는 초등(15~25%), 중등(25~35%), 고등(50%) 정도가 적당합니다. 즉, 고등수학에 가장 많은 시간과 양을 투자하도록 학습량을 분배하고, 적정 난이도를 고민해야 합니다.

　종합적으로 판단할 때, 한 학기 평균 3권 정도의 교재 학습을 추천합니다. 특히 평범한 아이의 경우 이 정도 학습량이 적당합니다. 타 과목 및 예체능, 독서, 놀이 등을 할 시간이 확보되어 균형 잡힌 초등 생활을 할 수 있습니다. 학습적인 측면에서는 심화를 오랫동안 생각하면서 도전할 수 있고, 동시에 선행을 할 여유도 생깁니다.

　아이의 수준별로 교재를 어떻게 조합해야 할지 간단한 가이드라인을 제시합니다. 중등 아이도 보고 활용할 수 있도록 등급을 조금 더 세분화했는데, 초등 아이의 경우 앞서 이야기한 1~3그룹 기준으로 보면 됩니다. 1그룹은 극상위권~중상위권, 2그룹은 중위권~중하위권, 3그룹은 중하위권~하위권에 해당합니다. 아이의 정답률에 따라 문제집을 바꿔 주면 됩니다.

하위권(7~9등급: 77%~)

연산+기초+기본(3권) 구성을 추천합니다. 기초가 부족한 경우가 많습니다. 따라서 개념을 설명해 줘도 잘 이해하지 못하고, 가장 기본적인 연산부터 안 되는 경우가 많습니다. 연산부터 안 되는 이유는 어떤 개념이나 규칙이 머리에 저장되지 않고 사라지기 때문입니다. 그렇기 때문에 보통 연산교재를 사용합니다. 연산교재는 아이의 수준이나 성향에 따라 적당한 것을 선택합니다.

　다만 학습 시 연산교재만 독립적으로 시키지 말고, 개념교재를 병행해야 합니다. 연산교재는 말 그대로 연산교재이므로 개념이나 원리 설명이 부족하기 때문입니다. 따라서 개념교재로 개념을 잡고, 연산교재로 반복 연습하며 개념을 숙달합니다.

정리하면 시작 교재는 개념(기초)교재+연산교재를 병행하고, 이것이 마무리되면 난도를 한 단계 높여 기본 난이도의 개념교재로 복습합니다. 하위권 학생들은 일단 기본 연산부터 차분히 잡고, 개념교재로 반복하여 수포자가 되는 것을 막는 것이 우선입니다. 이 과정을 진행하는 동시에 학습 능력을 높이는 방법을 꾸준히 실천합니다.

중하위권(5~6등급: 50%~77%)

기초+기본+응용(3권) 구성을 추천합니다. 따로 연산교재를 쓰지 않고 기초교재에 있는 연산 문제만으로 극복할 수 있도록 합니다. 아이가 공부하는 것을 지켜볼 수 있다면, 연습장에 식을 세워 풀게 하면서, 틀린 문제를 처음부터 다시 풀게 하지 말고, 연습장에 푼 식을 같이 점검하면서 어디에서 실수가 있었는지를 인식시켜 줍니다. 그런 과정을 몇 번 반복하면 연산교재 없이 기초교재만으로도 연산 부분은 극복할 수 있습니다.

기초교재가 끝나면 기본교재와 응용교재로 난도를 높여 다시 한 번 개념을 튼튼히 다집니다. 기본교재는 개념교재로 선택하며, 응용교재는 디딤돌의《응용》같은 응용교재나《쎈》같은 유형교재, 혹은 시매쓰의〈생각 수학〉시리즈를 선택합니다.

중위권(4~5등급: 30%~50%)

기본+응용+준심화(3권) 구성을 추천합니다. 기본교재부터 시작하여 준심화교재까지 도전합니다. 처음 준심화교재를 접하면 매우 힘들어 하지만, 올바른 심화교재 학습법을 이용하여 극복해 나갑니다.

　뇌는 어떻게 활용하느냐에 따라 스스로 구조를 바꾼다고 합니다. 아이들이 어려운 문제를 오랫동안 생각해서 푸는 연습을 하면, 새로운 뉴런들이 생기고 시냅스에 의해 연결되어 뇌 구조 자체가 바뀌게 됩니다. 그러면 더욱 어려운 문제들을 잘 풀게 되고 속도가 빨라집니다. 따라서 처음 심화에 도전할 때, 시간이 오래 걸리더라도 스스로 해결할 수 있도록 기다려 주는 것이 중요합니다. 처음 1권을 제대로 끝내면 그다음부터는 속도가 점점 더 빨라질 것입니다.

중상위권(3~4등급: 15%~30%)

기본+준심화+사고력(3권) 혹은 5학년 이상이라면 기본+준심화+심화(3권) 구성을 추천합니다. 준심화교재까지 소화할 수 있는 수준이라면, 추가 교재로 사고력 수학이나 심화교재를 진행합니다. 사고력 수학은 초등 4학년까지 추천하므로, 5학년 이상이라면 심화교재를 추가하면 됩니다.

상위권(2~3등급: 7%~15%)

기본+심화+사고력(3권) 구성, 혹은 5학년 이상이라면 기본+심화+서술형(3권) 구성을 추천합니다. 아이가 혼자 공부를 잘 할 수 있다면 가장 추천하는 커리큘럼입니다. 5학년부터는 〈문제 해결의 길잡이〉 시리즈 같은 서술형 교재나 중등 선행을 추가하면 됩니다.

최상위권(1~2등급: 2~7%)

응용＋심화＋사고력(3권) 구성을 추천합니다. 우수한 아이라면 개념 교재를 건너뛰고 응용교재부터 시작해도 정답률이 90% 가까이 됩니다. 따라서 최상위권이라면 개념을 응용교재부터 시작합니다. 5학년부터는 일반 사고력 수학 교재보다는 〈3% 올림피아드〉 시리즈 같은 경시＋사고력 수학 교재나 중등 선행을 추천합니다.

극상위권(1등급: ~2%)

준심화＋심화＋경시＋사고력(4권) 구성을 추천합니다. 이 아이들은 문제풀이 속도도 빠르고, 동기부여도 되어 있어서 공부에 대한 열정이 남다릅니다. 4권 구조라 해도 극상위권은 학습 속도가 매우 빨라 중간에 경시대회 준비 및 출전 등으로 시간 조정을 해야 선행 속도를 조정할 수 있습니다. 첫 개념교재로 준심화교재를 선택해도 대부분 소화합니다. 대부분 영재고나 과학고를 도전하는 아이들이기에 경시교재까지 학습하는 것을 추천합니다.

연산교재, 그래도 고민이 된다면

 수학 연산에 대해서는 왜 부정적인가요? 대부분 연산을 다 시키는 분위기인데요.

제가 연산 연습에 다소 부정적인 데는 몇 가지 이유가 있습니다.

우선 연산교재의 필요성입니다. 상위 50%의 아이들은 연산교재를 안 쓰고, 기본교재에 있는 연산만으로도 충분히 잘합니다. 연산교재를 풀게 할 시간에 사고력 수학을 추천합니다. 연산교재를 해야 한다는 것은 편견일 수 있습니다.

만약 초등학생 아이가 개념 숙지가 안 돼 연산교재를 통해 배워야 할 정도면, 모든 면에서 학습 능력이 현저히 떨어지는 아이일 것입니다. 아이가 연산 규칙을 배웠는데 적용을 제대로 하지 못하고 연산교재를 꼭 써야 연산의 규칙을 익히고 적용할 수 있다면, 사실 연산이 문제가 아니라 언어 능력이 가장 문제입니다. 물론 연산도 병행해야겠지만, 언어 능력을 키우는 게 최우선이 되어야 합니다. 경험상 독서와 글쓰기 등을 통해 언어 능력이 충분히 형성된 대부분의 아이들은 굳이 연산교재를 사용하지 않아도 기본 연산을 잘 해낼 수 있습니다. 특히 언어 능력이 높은 아이들은 초등뿐만이 아니라 중등도 연산교재를 필요로 하지 않습니다.

연산교재의 특징도 우려되는 부분 중 하나입니다. 연산교재의 특징이 반복해서 수동적으로 개념을 머릿속에 집어넣는 것입니다. 따라서 한번 연산교재에 길들여지면 중등수학 심지어 고등수학까지 연산교재를 쓰며 개념을 수동적으로 머릿속에 집어넣으려고 합니다. 바꿔 말하면, 적극적이고 능동적으로 개념을 머릿속에 집어넣는 연습을 하지 못합니다. 그런 상태에서 고등수학부터 양이 많아지면 개념 습득 능력 부족으로 수학을 못하게 될 가능성이 높고, 특히 새로운 개념을 배울 때 오래 걸리고 배운 것도 빨리 잊습니다. 즉 연산교재 때문에 제대로 된 학습을 하지 못할 수도 있다는 뜻입니다.

게다가 연산은 훗날 중고등학교 때 아주 크게 필요한 부분도 아닙니다. 고등수학에서 필요한 초등수학 연산은 자연수와 분수의 간단한 사칙연산이며 중등 연산도 교과서 수준일 뿐입니다. '수포자' 수험생들에게는 개인별로 개념 결손을 메우는 개인 학습 커리큘럼을 짜 줍니다. 이때 초등수학은 아예 다루지 않고, 중등은 개념교재 1권 또는 고등 입문 수학 1권(중등 3년 과정을 총 정리한 교재)만 시킵니다. 고등 1학년 과정부터 본격적으로 개념교재로 복습을 시킵니다. 초등 시절 연산도 안 하고 학원도 안 다니고 수학 교재도 안 풀었던 수포자들도 그런 방식으로 시켜도 고등수학을 따라붙고, 많은 아이들이 아주 높은 점수는 아니어도 수능 3~4등급까지는 성적이 오르며, 특별히 더 노력을 기울인 아이들은 상위권에 들어갑니다. 고등수학 자체가 세 자리 수 연산이 거의 존재하지 않고, 소수의 연산은 아예 없으며, 분수의 연산도 가볍게 나옵니다. 왜냐하면 연산은 수학이 아니기 때문입니다. 연산은 계산기가 대체할 수 있는, 즉 아이의 수학적 사고력을 측정하는 데 큰 의미가 없는 존재이기 때문입니다.

중고등학생을 가르쳐 보면 문제 푸는 속도가 느려 시험을 망치는 아이들은 수학 연산이 부족한 아이들이 아니라, 심화 문제를 많이 풀어 보지 못한 아이들입니다. 처음 보는 문제를 보고 그것을 해석하고 이해하고, 문제를 풀어 가는 과정 자체가 오래 걸리는 것이지 계산이 느린 아이들이 아닙니다. 이런 이유들 때문에 초등 아이가 아주 떨어지는 수준이 아니라면, 연산교재에 시간을 투자하기보다는 독서나 사고력 수학 등에 초점을 두는 것이 낫다는 결론을 내릴 수 있습니다.

우리 아이는 연산이 안 돼서 수학을 못하는데, 연산교재를 시켜야 할 것 같아요.

연산이 안 되는 아이들은 크게 두 부류로 나뉘며 원인과 대처 방법이 다릅니다. 첫 번째는 학습 능력 자체가 부족한 경우입니다. 앞서 이야기한 3그룹에 해당하는 아이들로, 수학뿐만 아니라 전 과목을 못합니다. 이런 아이들은 지금 기초나 기본 교재도 따라가지 못하니 중고등학교에 올라가면 더 많은 양의 학습을 못 따라가고 과외와 학원을 왔다 갔다 하다가 수포자가 됩니다. 그러니 초등부터 어쩔 수 없이 연산교재를 통해 기초 수학을 따라가야 합니다.

그러나 이때 아무 생각 없이 '하루에 1쪽' 하는 식으로 무작정 연산교재를 풀게 하고, 채점하고 고치게 하는 것은 비효율적인 방법입니다. 교습자의 적절한 개입이 필요합니다. 가급적 양이 적은 연산교재를 선택합니다. 그리고 식을 세워 풀게 하세요. 문제를 풀 때 어떻게 풀지를 생각하며 이를 말로 표현하게 한 다음 문제를 풀게 함으로써 개념과 공식, 규칙들을 머릿속에 집어넣게 만들어 줘야 합니다. 수학을 잘하는 아이들은 이 과정이 자연스럽게 이루어집니다. 반면 수학을 못하는 아이들은 그런 경험을 하지 못해 자기가 개념을 정확히 아는지를 모르는 상태이므로, 그런 학습이 되도록 도와줘야 합니다. 그리고 아이의 풀이를 보며 틀린 부분을 교정해서 아이가 무엇을 잘못하고 있는지 스스로 인식하고 교정하도록 해 주세요. 이런 방식이 시간도 절약되고 아이도 질려하지 않으면서 자신의 문제점을 빠르게 고쳐 나갈 수 있습니다.

그리고 가장 중요한 건, 또한 독서 등 근본적인 학습 능력을 높이는 활동들을 반드시 병행해 나가야 한다는 사실입니다.

두 번째는 연산(계산)만 못하는 경우입니다. 예들 들면 연산은 못하지만 활용은 잘하거나, 연산이 많이 없는 단원은 잘하는 케이스입니다. 중학교로 치면 계산이 복잡한 연산은 못하지만, 개념이나 응용이 많고 연산이 적은 함수나 도형은 잘합니다.

이 아이들이 연산을 못하는 원인은, 연산 자체가 안 되기보다는 평소 공부 습관이 문제인 경우가 많습니다. 연습장을 사용하지 않고 암산을 하고 문제집에 숫자를 대강 끄적이며 수학 문제를 푸는 버릇이 든 것이죠. 대개 글씨도 엉망이라 본인도 못 알아보곤 합니다. 이러니 계산이 조금만 복잡해지면 실수가 나옵니다.

따라서 연산교재를 풀 게 아니라, 넓은 연습장에 식을 세워서 풀게 하고, 글씨도 알아볼수 있게 예쁘게 쓰도록 지도해야 합니다. 아울러 반복적으로 어디서 실수하는지를 알 수 있도록, 아이가 푼 풀이에서 틀리는 부분을 체크해 줘야 합니다. 스스로 해설지를 보고 자신의 풀이에서 틀린 부분을 직접 고치라고 하면 더 효과적입니다. 자기의 풀이를 점검하며, 파란 볼펜으로 틀린 부분을 표시하게 하고, 빨간 볼펜으로 교정하게 합니다. 아이가 교정한 답이 틀렸을 경우 교습자가 교정해 줍니다.

간혹 빛의 속도로 잊어버리는 아이가 있습니다. 연산이든 새로운 수학 개념이든 뭐든지 빨리 잊어버립니다. 이런 경우는 엄마가 옆에서 계속 물어보고 아이가 대답하는 '개념 회상하기' 방법을 사용하여 장기기억에 들어가도록 유도하면 좋습니다. 연산 문제를 풀 때도 이 문제를 어떻게 풀어야 할지 말로 설명하게 하고 풀게 해 주세요. 회상 방법은 '개념 공부하는 법, 이렇게 지도하라'의 95쪽에 나와 있으니 참고하면 됩니다.

공부 습관부터 들여라

공부 습관이 탄탄히 잡힌 1그룹과 달리 2~3그룹은 언어 능력이 떨어지고 몰입하고 집중하는 습관을 기르지 못한 상태입니다. 이를 극복하기 위한 다양한 방법들을 살펴보겠습니다.

공부 습관은 단호하게 들여라

간혹 공부가 싫은 아이들은 "공부는 왜 해야 해? 꼭 해야 해? 그리고 수학은 왜 공부해야 해?"라는 질문을 하곤 합니다. 이런 질문에는 어떻게 대답해야 할까요?

공부를 잘하는 아이들에게 똑같은 질문을 던져 보세요. "왜 수학을 공부해야 해?"라고 물어보면 딱히 뾰족한 대답을 내놓지 못합니다. 즉, 그렇게 열심히 하는 아이들도 딱히 무슨 이유가 있는 게 아닙니다. 공부를 하게 됐고, 습관이 됐고, 그중 수학도 하게 되어서 한 것입니다.

공부는 동기부여가 아닌 반복적이고 지속적인 습관으로 하는 것입니다. 공부가 하나의 일상이 되면, 아이는 공부를 당연하게 여깁니다. 아이에게 칫솔질을 처음 시킬 때를 생각해 보세요. 처음에는 아이가 하기 싫어하고 빼먹기도 합니다. 하지만 어느새 습관이 되면 당연히 해야 하는 것으로 느끼며 때가 되면 하고, 오히려 안 하면 찝찝합니다. 모든 것이 일상이 되면 힘들지 않습니다.

그러니 이런 질문에 너무 반응하거나 이유를 찾을 필요가 없습니다. 살다 보면 하기 싫어도 해야 하는 것이 있습니다. 바깥에서 실컷 뛰어 놀고 왔으면 목욕을 해야 하고, 밥을 먹었으면 이를 닦아야 합니다. 그러니 공부도 수학도 해야 한다고 하는 정도로 답하면 됩니다. 혹은 "네가 수학을 공부하는 게 많이 힘든가 보구나!" 하면서 위로하고 격려하는 것도 좋은 방법입니다.

초등부터 재수생까지 가르쳐 본 경험에 따르면, 공부를 해야 하는 이유(진로, 미래의 가능성, 금전적 이유 등 아이들이 혹할 만한 내용)를 완벽한 논리에 담아 아이들에게 얘기해 줘 봤자 그렇게 생긴 동기는 하루 이상 못 갑니다. 물론 중고등학생이 되고 꿈이 생기면 그게 공부의 원동력이나 동기로 작용할 수 있지만, 이 역시 공부 습관이 제대로 잡혀 있을 때 시너지를 발휘할 뿐 결국엔 공부 습관이 더 큰 힘으로 작용합니다.

계획표 짜고 지키는 법

공부 습관을 들이는 첫걸음은 계획표입니다. 주먹구구식이나 즉흥적으로 일정을 만들지 않습니다. 초등 3학년이 되는 1월부터 공부를 시작한다는 것을 인지시키고 앞으로는 일정이 어떤 식으로 진행될지를 알려 줍니다. 계획표는 아이와 함께 짜는 것이 좋습니다. 아이와 합의해 일단 계획표를 만들었으면, 이제는 이렇게 공부해야 한다고 얘기를 해 줍니다. 예측 가능한 일상은 아이를 편하게 만들고 관성적이고 지속적인 행동은 습관을 만들어 줍니다.

다음은 초등 2학년 2그룹 아이가 겨울방학, 즉 초등 3학년 1월에 짠 주간 계획 예시입니다.

• 초등 3학년 1월(방학중) 주간 계획 예시 •

	월	화	수	목	금	토	일
10시~12시(오후)	교과 수학	사고력 수학	교과 수학	사고력 수학	교과 수학	한자 (1시간)	자유 시간
12시~2시	점심 식사 및 자유 시간					자유 시간	
2시~4시	예체능 or 자유 시간						
4시~6시	자유 시간						
6시~9시	저녁 식사 및 자유 시간, 영어 공부 or 영어 TV 1시간					TV	TV
9시~10시	책 읽기 또는 읽어 주기						

3학년 1월에 처음 습관을 잡을 때, 방학 중 평일 오전에 2시간 동안 수학 공부하는 것은 반드시 지키게 했습니다. 잘한 경우 포인트를 지

급해도 되고, 상을 줘도 좋습니다. 그러나 **학습량이 부족하거나 집중**하지 않았다고 약속된 시간을 넘겨서 더 공부하게 하면 안 됩니다. 아이와 같이 짠 시간표는 서로의 신뢰고 약속입니다.

저녁 6시 이후에는 1시간 이하로 공부시킬 것을 추천합니다. 또한 주말에는 간단한 한자 공부만 시킵니다. 한자는 아이의 문해력을 높여 주므로 질리지 않게 꾸준히 시킵니다. 중학교 이후부터 큰 위력을 발휘할 것입니다.

이렇게 평일은 공부, 주말은 휴식의 리듬을 만들어 갑니다. 나중에는 아이가 주어진 자유시간 내에서 스스로 주말 놀이 계획을 짜기 시작할 것입니다.

참고로 TV나 태블릿PC 등 전자기기를 이용하는 시간은 주말에만 허용합니다. 평일에는 줌 수업 등 필요한 경우가 아니면 되도록 전자기기를 만지지 않도록 합니다. 만약 아이에게 휴대폰을 사 줘야 한다면 통화와 문자만 되는 폴더폰을 사 주고 스마트폰을 사용하는 시점을 최대한 늦춥니다. 제 첫째 아이는 중학교 입학하는 시점에 스마트폰을 구입했습니다. 친구들과 단체 대화방을 만들어 학교 조별 과제를 진행해야 할 때도 있고 학교 선생님과 소통할 것도 많아 중등부터는 스마트폰이 필요하긴 합니다. 그래도 중등까지 최대한 늦춰서 그런지 스마트폰을 손에 끼고 있지 않고 거실에 뒀다가 필요할 때만 사용하는 경향이 있습니다.

과제물이나 줌 수업 때문에 개인 노트북과 태블릿PC는 초등 때 구입해야 합니다. 이때 사소한 정보 검색 등도 스마트폰이 아닌 노트북이나 태블릿PC를 주로 이용하도록 합니다. 스마트폰은 중독성이 강하기 때문에 최대한 손에서 떨어지게 하는 것입니다.

처음 습관을 만드는 2주간은 아주 단호하게 지켜 나갑니다. 힘들더라도 2주 동안 잘 지켜내면 그다음부터는 점점 쉬워집니다. 인간은 2주 동안 동일한 행동을 반복하면 습관을 만들 수 있다고 합니다. 따라서 2주간 계획대로 공부를 시키면 아이는 습관이 되어 루틴대로 움직입니다. 물론 하기 싫은 마음은 있겠지만, 이것도 6개월 정도 단호하게 밀어붙이면 적응합니다.

· 초등 3학년 3월(학기중) 주간 계획 예시 ·

	월	화	수	목	금	토	일
9시~1시(오후)	학교 수업	학교 수업	학교 수업	학교 수업	학교 수업	한자 (1시간)	자유 시간
1시~2시	점심 식사	점심 식사	점심 식사	점심 식사	점심 식사	자유 시간	
2시~4시	교과 수학	사고력 수학	교과 수학	사고력 수학	교과 수학		
4시~6시	예체능 or 자유 시간						
6시~9시	저녁 식사 및 자유 시간, 영어 공부 or 영어 TV 1시간					TV	TV
9시~10시	책 읽기 또는 읽어 주기						

계속 강조하지만 학습량이 부족하거나 아이가 집중력이 떨어진다고 혼내지 않습니다. 아이가 그 시간 동안 공부하는 것에만 의미를 둡니다. 당연히 처음이니 집중력도 떨어지고, 학습량도 적을 수 있습니다. 그러나 점점 늘어나고 빨라지니 걱정하지 않아도 됩니다. 일단 앉

아 있는 것만으로 성공입니다.

공부 습관은 시간제 공부법으로 잡아라

예시로 제시한 계획표는 모두 공부를 시간 단위로 표시하고 있습니다. '사고력 수학 몇 쪽부터 몇 쪽까지'가 아니라, '2시부터 4시까지 사고력 수학 공부'입니다.

초등부터 학원이나 집에서 강제로 일정한 학습량을 마무리해야 공부가 끝나는 식으로 공부한 아이들은 중등 시절 여러 가지 부작용을 겪습니다. 빨리 공부를 끝내려고 하니 올바른 개념 공부법을 체화하지 못하고, 숙제를 날림으로 하여 오답이 많고, 집중력 없게 푸는 게 습관이 되며, 특히 어려운 문제는 도전하지 않고 건너뛰거나 질문으로 해결하기에 심화 능력이 생기지 않습니다.

따라서 처음 혼공을 시작할 때는 시간제 공부법이 바람직합니다. 혼공은 숙제를 내 줄 필요가 없으므로 일정한 시간만 수학을 공부하게 하면 아이들이 수학 학습에 대한 부담이 줄어들고, 수학에 대한 나쁜 정서(학습이 노동이 되어 수학을 싫어하는 감정)를 갖지 않게 하는데 도움이 됩니다. 또한 자기주도적인 공부 습관을 만드는 데도 도움을 줍니다. 개념교재를 독학할 때, 어려운 문제가 있으면 앞의 내용을 복습하고 유사 유형도 찾아보며 스스로 해결해야 하는데 정해진 시간만 공부하면 되니 이런 행위들을 여유 있게 할 수 있습니다.

특히 심화교재를 풀 때 시간제 공부법으로 공부하면, 아이들은 어려운 문제를 스스로 오랫동안 고민하여 해결하려 합니다. 어려운 문제를 한 번에 못 풀어도, 다시 고치는 과정에서 거의 대부분 풀어내는 것을 발견할 수 있습니다. 초등 아이들에게 어려운 문제는 별표 치고 설명 듣는 대상이 아니라 시간이 걸리더라도 스스로 풀 수 있는 대상이라는 인식을 갖게 하는 게 중요합니다.

물론 시간제 공부법의 단점도 존재합니다. 시간 단위로 시키면 진도가 느려지는 경우도 있고, 시간 때우기 식으로 멍 때리다가 시간만 보내는 경우도 있습니다. 특히, 처음 공부할 때부터 양 단위로 공부하며 나쁜 습관이 든 아이들은 나중에 시간 단위로 시켜도 긍정적 효과를 보지 못하는 경우도 있습니다. 모든 학습이 수동화된 아이들 역시 시간제 공부법을 악용하곤 합니다.

이때는 어쩔 수 없이 관리가 들어가야 합니다. 시간제로 여유 있게 공부해야 효과가 있는 파트(개념 공부나 심화 공부)는 교습자가 보는 앞에서 시간제 공부를 시키고, 반면에 양제로 풀어도 크게 무리가 없는 단순 문제풀이 등을 할 때는 일정한 양을 끝내는 방식을 병행합니다.

양 단위로 시킬 때 아이가 대충 풀어 정답률이 떨어지거나 자주 질문하는 경우는 몇 가지 약속을 정해서 해결하게 합니다. 오답이 많으면 틀린 문제 개수만큼 학습량이 늘어난다고 규칙을 정합니다. 가령, 오늘 20문제를 풀기로 했다면, 채점 이후 틀린 문제는 당연히 고치고, 추가로 틀린 문제 개수만큼 더 풀게 시킵니다. 그러면 정확히 풀어야 하므로 정답률이 올라갑니다.

시간제로 제대로 공부하는 습관을 잡기 위해 '포모도로 공부법'

을 이용해도 좋습니다. 자신이 집중할 수 있는 최적의 시간 동안 아주 집중해서 하고, 휴식으로 보상하는 방법입니다. 초등 아이는 대개 20~25분 정도 집중할 수 있습니다. 타이머로 20~25분을 맞추고 집중해서 공부합니다. 그 시간이 지나면 5~10분 정도 쉬는 시간을 줍니다. 단, 주의할 것은 쉴 때 말 그대로 뇌를 쉬게 해야 합니다. 산책, 스트레칭, 낙서, 바깥 풍경 보기, 음악 듣기, 멍 때리기 등이 좋습니다. 뇌를 써야 하는 게임, 대화, 독서, TV 시청, 전자기기 사용 등은 적절하지 않습니다.

각종 계획표 예시

진도표

아이의 학습 상황에 따라 전체적인 거시 계획을 잡으면 좋습니다. 아이와 함께 상의하여 3~4년 단위 거시 계획을 잡고, 1년 단위 학습 계획을 짜고, 월 단위 구체적 계획을 만듭니다.

　다음은 초등 5학년 진도표입니다. 4년 진도표를 기준으로 1년 진도표를 밑에 붙이고, 그 밑에 다시 4개월 단위로 끊어 1월부터 4월까지의 진도를 붙인 것입니다. 현재 진도와 앞으로의 진도를 한번에 살필 수 있습니다.

	초5	초6	중1	중2
4년 진도표	① 5-1 심화 ② 5-2 개념/심화 ③ 6-1 개념/심화	① 6-2 개념/심화 ② 중 1-1 개념/유형 ③ 중1-2 개념/유형	① 중1-1/1-2 심화 ② 중2-1/2-2 개념/유형 ③ 중3-1 개념/유형	① 중2-1/2-2 내신/심화 ② 중3-2 개념/유형 ③ 고1(상) 개념/유형

	1월~2월	3월~6월	7월~8월	9월~12월
1년 진도표	① 5-1 심화 ② 5-2 개념	① 5-2 심화 ② 6-1 개념	① 6-1 개념	① 6-1 심화

	1월	2월	3월	4월
4개월 진도표	① 5-1 심화	① 5-2 개념	① 5-2 개념 ② 5-2 심화	① 5-2 심화
비고	초등 주 10시간, 중등 주 15시간 학습 기준 진도표			

월간 계획표

스스로 일정을 정리할 수 있도록 달력 모양의 월간 계획표를 만들어서 책상에 붙여 줍니다. 그러면 아이가 빈 달력에 스스로 자기 일정을 정리하는 습관이 만들어집니다. 검색으로 쉽게 다운받을 수 있으며, '공부머리 수학법' 카페에서도 다운 가능합니다.

방학 계획표

둘째 자녀와 상의하여 함께 짠 방학 계획표를 예시로 보여 드립니다. 예체능은 여러 가지로 도움이 되기에, 아이 스스로 원하는 예체능을 다 넣었습니다. 국어와 수학은 중고등학교 때 양치기 학습으로 형성되는 과목이 아니기에 초등 때부터 꾸준히 토대를 잡을 수 있도록 비중을 크게 뒀습니다. 반면 영어는 능력보다는 노력과 학습량이 좌우하는 과목이라 거의 비중을 두지 않았으며 학원에 보내지 않고 집에서 시키고 있습니다. 중고등으로 갈수록 비중을 차츰 늘릴 예정입니다. 이것은 제 생각이 아니라 재수종합반 영어 선생님들이 조언해 준 방법입니다.

만약 변수가 많아 안정적인 주간 계획표가 힘들다면 이틀 단위 일일 계획표를 만들어 줍니다. 특히 주말의 경우 가족 행사 등 변수가 많아 일일 계획표가 효과적입니다. 다음의 양식을 출력해서 책상에 붙이고 스스로 계획을 짜도록 유도합니다.

• 초등 5학년 둘째 딸 방학 계획표 예시 •

	월	화	수	목	금	토	일
8시~9시	기상 및 씻기						
9시~10시	아침 식사 및 준비 시간						
10시~11시	피아노 연습	수학 학원	자유 시간	수학 학원	자유 시간	수학 학원	종교 활동
11시~12시	피아노 준비	수학 학원	피아노 준비	수학 학원	자유 시간	수학 학원	종교 활동
12시~1시(오후)	피아노 가기	수학 학원	피아노 가기	수학 학원	자유 시간	수학 학원	종교 활동
1시~2시	점심 식사	점심 식사	점심 식사	점심 식사	점심 식사	점심 식사	점심 식사
2시~3시	수학 학원	자유 시간	수학 학원	자유 시간	자유 시간	엄마표 영어	자유 시간
3시~4시	수학 학원	자유 시간	수학 학원	자유 시간	미술 학원	엄마표 영어	자유 시간
4시~5시	수학 학원	피아노 연습	수학 학원	피아노 연습	미술 학원	피아노 연습	자유 시간
5시~6시	자유 시간	자유 시간	피아노 연습	자유 시간	자유 시간	자유 시간	자유 시간
6시~7시	저녁 식사	저녁 식사	저녁 식사	저녁 식사	저녁 식사	저녁 식사	저녁 식사
7시~8시	피아노 연습	자유 시간	자유 시간	자유 시간	논술 학원	자유 시간	자유 시간
8시~9시	엄마표 영어	엄마표 영어	엄마표 영어	엄마표 영어	논술 학원	자유 시간	자유 시간
9시~10시	자유 시간	자유 시간	자유 시간	자유 시간	자유 시간	자유 시간	자유 시간
10시~	취침	취침	취침	취침	취침	취침	취침

· 이틀 단위 일일 계획표 ·

	토요일	일요일
7시~8시(오전)		
8시~9시		
9시~10시		
10시~11시		
11시~12시		
12시~1시(오후)		
1시~2시		
2시~3시		
3시~4시		
4시~5시		
5시~6시		
6시~7시		
7시~8시		
8시~9시		
9시~10시		
10시~11시		

습관을 통해 아이가 공부를 잘하게 되는 과정

초등 저학년까지 독서를 통해 활자를 읽고 집중하는 습관은 초등 중학년부터 공부 습관으로 자연스럽게 옮겨 갑니다. 아이가 공부하는 습관이 들어, 공부하는 것을 당연하게 여기고 꾸준히 공부하게 되면, 실력이 늘고 성적이 오릅니다. 주변 사람들에게 칭찬을 듣게 되고 그것은 다시 공부를 열심히 하게 만드는 내적 동기가 됩니다. 드디어 선순환이 만들어지는 것입니다. 아이는 공부를 열심히 하고, 그것을 보는 부모님들은 자연스럽게 잔소리가 아닌 칭찬을 하게 되고, 칭찬을 들은 아이는 더욱 열심히 하게 됩니다.

이 상태에서 한 가지만 더 만들어 주면 금상첨화입니다. 바로 명확한 목표입니다. 미국 예일대학교 졸업생을 대상으로 한 인생의 목표와 꿈에 대한 설문조사에서 단 3%만이 명확한 목표와 그 목표를 달성하기 위한 계획을 가지고 있다고 답했습니다. 20년이 지난 후, 설문조사에 참여했던 대학생들을 다시 조사했는데, 명확한 목표가 있었던 3%가 나머지 97%가 성취한 것보다 큰 성공과 부를 얻었다고 합니다.

그렇다면 이러한 명확한 목표와 계획은 어떻게 만들 수 있을까요?

직업 체험을 하거나 진로 강연을 듣는 등 여러 가지 방법이 있겠지만, 가장 쉬운 것은 독서입니다. 거기에 덧붙이면 독서 토론 학원을 보내는 것도 도움이 됩니다. 왜냐하면 혼자서 책을 선택하면, 자기가 좋아하는 분야만 편식하기 때문에 다양한 간접 경험을 하기가 어렵습니다. 다양한 분야의 책을 접하면 꿈도 계속 바뀌고 직업도 계속 고민하게 됩니다. 제 큰아이는 독서 토론 학원을 다니며 여러 분야의 책을 읽고 발표하면서 꿈도 계속 바뀌고 있습니다. 처음에는 여성 정치인이 되겠다며 세계의 위대한 여성과 관련한 책을 탐독했습니다. 한참 시간이 지난 후에는 환경운동가가 되겠다고 했습니다. 지구가 기후 온난화와 환경오염으로 멸망 직전인데, 다른 것을 하는 것은 의미가 없다며 당장 지구를 살리는 것이 중요하다고요. 강아지를 키우면서는 수의사나 사육사가 되겠다고 또 꿈을 바꿨습니다. 환경운동은 직업이 아니어도 할 수 있다면서요. 그렇게 아이가 명확한 꿈을 가지게 됐다면 의견을 지지하고 응원하는 것도 중요합니다. 제자들 중에서도 주로 다독을 한 아이들이 일찍 진로를 찾거나 자신이 원하는 분야를 찾아 진취적으로 일하고 있습니다.

개념 공부하는 법,
이렇게 지도하라

2그룹 이하 아이들이 중학교 그리고 고등학교에 진학하면, 선행은 꿈도 못 꾸고 현행을 따라가기도 힘들어한다고 말씀드렸습니다. 이런 현상은 왜 벌어지는 걸까요? 결론부터 말하면 제대로 개념 공부하는 법을 모르기 때문입니다.

고등수학은 초등수학이나 중등수학에 비해 양도 많고 난도도 높습니다. 아이들은 고등수학 한 학기 분량이 중등수학보다 훨씬 많다고 느낍니다. 중등수학도 마찬가지입니다. 아이들은 초등수학 심화교재보다 중등수학 개념 학습이 더 어렵고 이해하기 힘들다고 토로합니다.

학년이 올라갈수록 한 단원에서 알아야 할 개념과 유형은 계속 많아집니다. 아이들의 입장에서는 그전 개념이 충분히 체화되지 않은 상태에서 너무 많은 유형이 쏟아지는 느낌일 것입니다. 익숙하지 않은 개념을 가지고 문제에 적용하다 보니 잘되지 않고, 알고 있던 개념도 금방 잊어버립니다. 숙제를 내 주면 거의 못 풀어 옵니다. 못 풀어 오면 당연히 다음 수업을 따라가기 힘듭니다. 모르는 것이 누적되다 보니 더욱더 숙제를 못 하게 됩니다. 따라서 강의식 학원 수업을 못 따라가게 되어 개별 맞춤식 학원이나 과외를 찾습니다. 하지만 개별 맞춤식 학원이나 과외는 아이의 상태를 파악하며 진도를 나가기 때문에 진도를 빨리 나갈 수가 없습니다. 계속 앞부분을 복습하면서 진도를 천천히 나가다 보면 현행도 못 따라가는 상황이 발생하게 됩니다.

양으로 비유하자면, 중등에서는 10 정도의 개념을 배우고 문제를 풀고 숙제를 했다면, 동일한 시간에 고등에서는 50 정도의 개념을 배우고 문제를 풀어야 하는 상황으로 느껴집니다. 50의 개념을 완벽히 소화하지 못하고 문제를 풀면 제대로 못 풀게 되고, 배웠던 50의 개념도 금방 잊어버립니다.

그렇다면 이것을 방지하는 방법은 무엇일까요?

학원 선생님이나 학교 선생님께 계속 질문할 수는 없습니다. 일주일 내내 오는 과외 선생님을 섭외할 수도 없고요.

결국 스스로 개념을 공부하는 올바른 방법을 알아야 합니다. 스스로 개념을 독해하고 이해할 수 있는 능력을 길러야 합니다. 이 능력을 초등 시기 2그룹 아이들이 기른다면, 중고등부터는 1그룹으로 도약할 가능성이 있습니다. 개념 독해 능력을 기르고, 그렇게 익힌 개념을 완벽하게 본인의 것으로 만들어 주는 개념 공부법을 소개합니다.

개념 독해하기

처음 수학 공부를 시작할 때, 스스로 개념교재에 나와 있는 개념을 읽고 문제를 풀어 나가도록 지도하세요. 아이에게 원래 수학 공부는 이렇게 하는 것이라고 알려 줍니다.

"아이가 혼자 개념을 제대로 이해할 수 있을까?" 혹은 "개념을 오독하지 않을까?" 하는 걱정이 들 수도 있습니다. 그러나 다시 학교에서 선생님께 배운다는 사실을 기억하세요(물론 아이가 학교 수업을 성실히 듣도록 부모가 제대로 지도해야 합니다). 고등까지 바라보는 관점에서 개념 독학 능력을 키우는 게 더 중요합니다. 나아가 스스로 개념을 독해하면 일일이 왜 그런지 따지면서 공부하는 습관이 형성됩니다. 그렇게 공부하면 나중에는 수동적으로 개념을 듣는 아이들보다 더 정확하게 개념을 알고 오랫동안 기억합니다.

아이가 2그룹 이하라면 언어 능력이 그다지 높지는 않을 것입니다. 따라서 처음 시작할 때는 개념을 읽고 잘 이해하지 못하는 것도 많고, 한번에 못 푸는 문제들도 많을 수 있습니다. 그러나 이 과정을 1년 동안 꾸준히 하면, 그 이후에는 스스로 개념교재 정도는 가뿐하게 해결합니다. 아이를 믿으십시오. 제 자녀들뿐만 아니라, 학원생들 역시 이런 방식으로 가르쳐서 얻은 결과로 말씀드리는 것입니다.

개념을 읽고 이해가 안 되는 것은 질문하게 하세요. 그때만 교습자가 개념을 설명해 줍니다. 시간이 지날수록 질문하는 횟수가 줄어들 것입니다.

여기서 주의할 것은, 교습자가 옆에서 아이를 지켜보고 있으면 안 된다는 것입니다. 불안한 마음이 있어도 멀리 떨어져서 독서나 공부 혹은 집안일 등 자신의 일을 하십시오. 아이가 도와 달라는 요청이 있을 때만 도와주세요. 사실 아이가 편하게 도움을 요청할 수 없는 상태를 만드는 것이 중요합니다. 교습자가 옆에서 지키고 있으면, 아이는 조금만 몰라도 생각하지 않고 바로 질문할 것입니다. 이렇게 해서는 자기주도 학습이 완성되지 못합니다. 반면 편하게 물어볼 상황이 아니면 아이는 물어보기 귀찮아서라도 스스로 해결하려 합니다.

개념 회상하기

올바른 방법으로 개념 독해를 하는데도 진도가 원활하게 안 나갈 수도 있습니다. 이런 경우는 개념을 좀 더 정확하게 이해하고 장기기억에 저장하는 데 도움을 주는 전략이 필요합니다. 바로 '회상하기'입니다.

회상하기는 아주 간단히 말하면 공부를 한 후 그 내용을 떠올리는 방법입니다. 회상하기와 복습은 큰 차이가 있습니다. 복습은 다시 개념을 읽거나 정리하는 행위를 뜻합니다. 반면 회상하기는 개념을 보지 않고 머릿속으로 떠올리는 행위로, 수동적인 복습보다 훨씬 더 효과적으로 공부한 개념을 장기기억에 집어넣을 수 있습니다.

일반적으로 하는 회상하기는 배운 개념을 머릿속으로 떠올리는 행위인데, 이는 적극적이고 자발적인 노력이 없이는 이루어지기 힘들고 제대로 했는지 교습자가 확인하기도 힘듭니다. 따라서 초등 아이가 개

넘 회상하기를 하려면 교습자의 도움이 필요합니다.

묻고 답하기

간단하게 약식으로 진행할 수 있습니다. 아이가 그날 정해진 분량의 개념 독해를 끝내면 개념교재를 수거합니다. 교습자는 개념교재의 개념 파트를 보면서 주요 개념들을 말로 물어봅니다. 아이는 교습자가 물어본 개념을 최대한 상세하게 설명합니다.

이때 아이가 그냥 말로만 설명하게 하지 말고, 넓은 연습장이나 화이트보드 등에 쓰면서 설명하게 하세요. 손으로 적는 행위를 통해, 아이는 잊어버리기 직전의 개념들을 머릿속에 더욱 효과적으로 넣을 것입니다.

백지 개념 테스트

교습자의 손길이 조금 필요한 활동입니다. 교습자는 미리 문제집의 개념 파트를 보며 순서대로 소제목을 문제 형태로 바꾸어 테스트지를 만듭니다. 아이는 개념을 공부하고, 만들어 놓은 개념 테스트를 봅니다. 개념 테스트가 끝난 후, 개념 파트를 보며 부족한 부분을 메워 나가면서 테스트지를 완성합니다.

3학년 1학기 평면도형을 예시로 테스트지를 만드는 법을 알려 드리겠습니다.

선의 종류 알아보기

선분: 두 점을 곧게 이은 선

ㄱ   ㄴ

선분 ㄱㄴ 또는 선분 ㄴㄱ

└ 도형에서의 선분을 변이라고 합니다.

반직선: 한 점에서 한쪽으로 끝없이 늘인 곧은 선

ㄱ   ㄴ

반직선 ㄱㄴ
점 ㄱ에서 시작하여 점 ㄴ을 지나는 반직선

ㄱ   ㄴ

반직선 ㄴㄱ
점 ㄴ에서 시작하여 점 ㄱ을 지나는 반직선

직선: 양쪽으로 끝없이 늘인 곧은 선

ㄱ   ㄴ

직선 ㄱㄴ 또는 직선 ㄴㄱ

두 점을 지나는 직선   한 점을 지나는 직선

선분, 반직선, 직선의 특징

선분	반직선	직선
• 두 점 사이의 가장 짧은 길이입니다. • 선분의 양쪽에는 시작점과 끝점이 있습니다. • 선분은 직선의 일부분입니다.	• 한 방향으로만 늘어나므로 시작점만 있습니다. • 반직선은 직선의 일부분입니다.	• 양방향으로 늘어나므로 시작점과 끝점이 없습니다.

선분이 무엇인가요? 예를 들어 설명하세요.

반직선이 무엇인가요? 예를 들어 설명하세요.

직선이 무엇인가요? 예를 들어 설명하세요.

선분, 반직선, 직선의 특징과 공통점, 차이점을 설명하세요.

아이가 회상하기를 활용하는 데 익숙해지면, 중고등학교에 진학해서도 이 방법을 사용해 개념을 장기기억에 집어넣을 수 있습니다. 이렇게 백지 개념 테스트를 할 수도 있고, 스스로에게 공부한 개념을 설명하는 방식으로 진행할 수도 있습니다. 혹은 수업이 끝난 후 집에 가면서 오늘 배운 내용이 뭐였는지 떠올리거나, 잠을 자기 전에 오늘 공부한 것을 떠올릴 수도 있습니다.

개념 문제 풀기

개념을 다 읽고 이해했으면, 개념교재에 나오는 문제들을 풀게 시킵니다. 이때 모든 문제는 스스로 풀게 합니다.

개념교재에서 모르는 문제가 나온다는 것은 아이가 개념을 잊어버렸거나 정확히 모른다는 것을 의미합니다. 다른 말로 하면, 모르는 문제를 교습자가 굳이 미주알고주알 가르쳐 주지 않아도 아이가 스스로 개념을 복습하면 풀 수 있습니다. 공부를 잘하는 아이들은 문제를 풀거나 숙제를 하는 과정에서 잊어버린 개념들을 개념교재를 복습하면서 다시 이해하고, 이해한 내용을 바탕으로 문제에 적용해 풀어냅니다. 그렇게 쏟아지는 개념들을 전부 소화하는 거죠.

하지만 공부 습관이 갖추어지지 않은 아이가 모르는 문제에 맞닥뜨리면 바로 교습자에게 질문할 것입니다. 이때 개념 부분을 다시 읽어 본 후 풀어 보라고 지도합니다. 혼자 개념교재를 읽다가 어디를 읽어봐야 할지 모르겠다고 질문하면, 어떤 부분을 복습해야 할지 알려 줍니다. 그렇게 복습을 한 후 문제에 다시 손을 댔는데 그래도 못 풀 때, 그

제야 설명해 줍니다. 이것이 '혼공 수학'에서의 교습자의 역할입니다.

개념 정리하기

개념이 어려워지는 5학년 과정부터, 개념 독해와 더불어 개념 정리 과정을 추가합니다. 개념이 복잡하고 어려워지면 금방 개념을 잊어버리기 때문에, 손으로 한 번 써 보는 과정을 추가하는 것이죠. 아이는 문제를 풀다가 막히면 개념교재를 찾아보지 않고, 자연스럽게 자기가 정리한 개념 노트를 보며 문제를 풀게 됩니다.

개념 정리는 다음과 같이 진행합니다.

우선 5학년부터 1년간 개념교재의 개념을 노트에 필사하게 합니다. 읽으면서 이해하고, 동시에 필사하도록 지도합니다. 손과 뇌는 여러 경로로 연결이 되어 있기에, 손으로 글자를 쓰면 엄청난 양의 정보가 뇌와 손 사이를 오간다고 합니다. 그래서 어떤 내용은 손으로 적기만 해도 이해되지 않은 부분이 이해되기 시작하는 것입니다. 따라서 개념 필사나 해설지 필사는 그 자체로 의미가 있는 학습 활동입니다.

이렇게 개념 필사를 하고 1년 가량이 흐르면 어떻게 될까요? 개념 필사에서 '개념 요약 및 정리' 단계로 스스로 발전합니다. 즉 개념을 본인이 가장 잘 이해하는 방식으로 능동적으로 정리하기 시작하는 것입니다. 보통 아이들은 개념 필사를 시작한 지 1년, 늦어도 2년 정도가 지나면 개념 요약 및 정리 단계로 발전합니다. 이 단계부터는 억지로 개념 필사 혹은 정리를 시킬 필요가 없습니다.

다만 개념 공부를 처음 시작할 때부터 개념 필사를 시키지 않습니다.

처음 1~2년 동안은 개념 독해만 시키세요. 개념 독해에 개념 필사까지 얹어 버리면 아이가 수학 공부에 질리고 결국 수학 공부 자체를 싫어하게 됩니다.

가장 이상적인 루트는 다음과 같습니다. 초등 3학년부터 개념 독해를 시작하고, 5학년부터 개념 독해와 개념 필사를 병행합니다. 6학년 혹은 중등 1학년 시기에 개념 독해와, 개념 필사에서 한 단계 발전한 개념 정리를 합니다. 특히 중등 과정부터는 반드시 개념 정리를 하는 것을 추천합니다.

개념교재를 선택하는 법

첫 개념 독학을 할 때는 가급적 쉬운 개념교재를 선택합니다. 이후 아이의 상태를 보면서 난도를 조금씩 올려 갑니다. 기초교재에서 기본교재로, 기본교재에서 응용교재까지 난도를 올릴 수 있습니다.

제가 가르친 아이 중에 개념교재로 처음에는 기본교재를 사용하다가 나중에 응용교재, 그 이후에는 준심화교재를 사용했던 아이가 있었습니다. 이 아이의 경우 학습 능력이 계속 발전했고 부모는 불안해했지만, 제가 난도를 계속 올려서 첫 개념교재로 《최상위S》를 사용했습니다. 준심화나 심화교재를 개념교재로 사용해도 우수한 아이라면 아무 문제가 없습니다.

아이가 첫 개념교재로 응용교재를 소화하는 순간, 아이는 더 이상 2그룹이 아니라 1그룹에 해당합니다.

개념 공부의 핵심은 무엇일까

간혹 교재는 잘 푸는데 시험만 보면 성적이 안 좋은 아이들이 있습니다. 이 아이들은 개념 파트 정답률은 높기에 가르치는 선생님들도 수학을 잘한다고 착각하기도 합니다. 사실 수학을 못하는데 잘한다는 착시현상을 불러일으키는 대표적인 유형으로, 꼭 시험에서 뒤통수를 칩니다. 학교에서 보는 단원 테스트 점수가 안 좋거나, 학원에서 보는 학원 레벨테스트 혹은 월례고사 점수가 안 좋습니다. 이런 현상은 문제집을 풀 때도 발견할 수 있습니다. 분명히 해결한 유형인데, 개념이 없는 중단원 문제에서 다시 나오면 어떻게 풀어야 할지 모르는 경우도 많습니다. 개념 파트에서 충분히 해결하고 문제도 다 풀었는데 뒤의 연습 문제 파트에서는 마치 처음 보는 것인 양 못 풀면, 도대체 이 아이의 문제점이 무엇인가 하는 생각이 듭니다.

이런 현상은 개념교재에 나와 있는 순서대로 마치 그림을 대고 똑같이 그리듯이 문제를 풀기 때문에 일어나는 현상입니다. 장난감을 설명서대로 조립해서 만드는 상황을 생각하면 됩니다. 하라는 대로만 하고 원리를 이해하거나 이를 암기하지는 않습니다. 설명서가 없어지면 조립을 못 하겠죠.

이런 아이들에게 개념을 제대로 이해했는지 물어보면 단 하나도 제대로 대답하지 못합니다. 당연히 개념이 적혀 있지 않은 중단원 문제나 학교 단원 평가에서 성적이 안 좋을 수밖에 없습니다.

아이가 이런 상황이라고 감지되면, 개념을 제대로 이해했는지 물어보면 됩니다. 하나씩 원리를 질문하고 본인이 대답하게 합니다. 정확히 원리를 깨달았으면 암기시켜야 합니다. 그렇게 문제점을 극복해야 합니다.

개념 공부의 핵심은 이해와 암기입니다. '개념을 모른다'의 동의어는 '이해한 개념을 암기하지 못했다'입니다. 즉, 정의와 정리를 이해한 후 암기하는 행위를 하지 않아 잊어버려 이상한 방법으로 푸는 것을 뜻합니다.

암기하지 않으면 개념을 모르는 것과 마찬가지입니다. 예를 들어 "비가 무엇이냐?" 혹은 "비율이 무엇이냐?", "평행사변형의 정의와 성질은 무엇이냐?"와 같은 질문에 대해 대부분의 아이들은 대답하지 못합니다. 기본 게임의 법칙을 암기하지 못하고 게임을 하는 셈이죠. 축구를 하는데 축구의 룰을 모른 채 뛰어다니는 것과 같습니다. 따라서 이해했으면 암기하는 행위가 반드시 따라가야 합니다. 이것을 다른 말로 "정확히 알아야 한다."라고 표현할 수 있습니다.

거꾸로 개념을 암기하긴 했는데 이해하지 못한 경우도 있습니다. 원리는 모른 채 공식만 암기해서 문제를 푸는 것입니다. 예를 들어 분수의 나눗셈의 원리는 모른 채 '분모와 분자의 위치를 바꿔서 곱한다'라는 계산 알고리즘만 아는 것입니다. 특히 선행 학습을 한 아이에게 이런 일이 흔합니다. 대부분 공식의 증명과 원리를 잊어버렸거나, 혹은 아예 처음부터 이해하지 못한 채 공식만 암기해서 풉니다. 당연히 이것도 문제입니다. 개념과 공식이 왜 성립하는지를 인지하면서 암기해야 오랫동안 기억할 수 있고 나아가 여러 문제에 응용할 수 있습니다.

다각형의 내각의 합을 예로 들어 보겠습니다. 사각형은 360°, 오각형은 540°, 육각형은 720° ··· 이런 식으로 무작정 외우면 정말 힘듭니다. 이렇게 원리는 모른 채 공식만 암기하면 그 단원 학습이 끝나면 바로 잊어버립니다.

하지만 삼각형의 내각의 합을 통해 내각의 합을 구하는 원리를 이해한 아이들에게는 너무 쉽습니다. 사각형의 내각의 합은 360°입니다. 이유는 사각형의 대각선을 연결하면 삼각형이 2개가 생기고, 삼각형의 세 내각의 합이 180°이므로 180°×2=360°이기 때문입니다.

같은 방법으로 오각형의 내각의 합도 구할 수 있습니다. 대각선을 연결하면 삼각형이 3개 나오므로 180°×3=540°입니다. 이런 식으로 삼각형의 내각의 합이 180°라는 원리를 이해하면 다각형의 내각의 합은 자연스럽게 이해되고 암기됩니다.

그러니 이해와 암기는 서로 붙어 다니는 관계입니다. 개념을 스스로 읽고 이해한 후, 암기하는 것을 습관으로 들여야 합니다. 고등학생들에게 개념교재에 나와 있는 정의, 공식, 증명과 필수 예제 및 그 풀이를 자주 읽어 보라고 하는 이유가 여기에 있습니다. 자주 읽어 보면서 이해하고 자연스럽게 암기하라는 뜻이죠.

공부법이 고민될 때

 아이가 너무 느립니다. 개념을 이해하는 속도도 문제 푸는 속도도 느립니다. 어떻게 해야 하나요?

느린 아이들을 구분하면 다음과 같습니다.

첫 번째, 느리면서 수학을 못하는 아이들입니다. 그냥 학습 능력이 부족한 것입니다. 다른 과목도 다 느리고 못할 가능성이 높습니다. 배우는 것은 느리지만, 반대로 배운 것을 잊어버리는 속도는 엄청 빠릅니다. 머릿속에 수학 개념이 제대로 정리되어 있지 않으니 문제를 푸는 속도는 더욱 느려집니다. 매 순간 어떻게 풀어야 할지 생각하기 때문입니다.

이런 아이들은 수학만이 문제가 아니므로 장기적으로 학습 능력을 키우는 연습을 해야 합니다. 특히 또래보다 인지 능력이나 언어 능력이 2년 이상 뒤쳐질 가능성이 높으므로 독서와 글쓰기 등의 활동을 해서 언어 능력부터 갖추는 게 시급합니다.

단기적인 수학 공부 방법은, 복습을 자주 시키는 방식으로 학습 계획을 잡는 것입니다. 만약 학원에서 수업한다면, 오늘 학원에서 수업한 내용을 그대로 숙제로 내 줍니다. 개념 수업한 것을 노트에 필사하게 시키고, 학원에서 푼 문제들을 다시 풀어 오라고 합니다. 다음 시간에는 숙제 해 온 것을 일일이 물어보면서 제대로 이해했는지 확인합니다.

집에서도 마찬가지입니다. 여러 권의 문제집을 풀게 하지 않습니다. 가령 매일 2시간씩 주5일 수학 공부를 한다면, 1시간은 교습자와 함께 수학을 공부하고, 나머지 1시간은 수업한 내용을 설명하게 시킵니다. 다음 날에 수학 공부를 할 때, 전날 풀었던 문제를 연습장에 다시 풀어 보게 시킵니다. 5일 중 마지막 날은 진도를 나가지 않고, 4일간 학습한 내용을 복습시킵니다. 시험도 자주 봅니다. 하루에 5문제 정도 풀었던 문제와 똑같거나 숫자만 바꾼 문제로 시험을 봅니다. 한 학기 동안 개념교재 1권을 이해 및 암기시킨다는 생각으로 수업을 진행합니다. 똑같은 문제집을 3권 사서 3번 돌리는 것도 좋은 방법입니다.

두 번째, 속도는 느리나 수학은 그럭저럭 하는 아이들이 있습니다. 보통 말이나 행동도 느리고 어떤 것을 물어봐도 대답하는 데까지 시간이 오래 걸립니다. 어떤 정보가 뇌까지 도달한 후 해석되고 처리되는 데 오래 걸리는 것입니다. 속도가 느리기 때문에 문제집을 많이 풀지 못합니다. 보통 개념교재나 유형교재를 풀다 보면 시간이 없어서 심화교재는 손도 못 대고, 선행도 못 나갑니다. 하지만 정답률도 높고, 개념도 이해하고, 문제도 곧잘 풉니다. 나름 성실하기도 합니다. 단지 속도가 느릴 뿐입니다.

그렇다고 착각하지 말아야 합니다. 이 아이들이 수학을 잘하는 것이 아닙니다. 고등학교에 진학하면 3~4등급 정도의 성적을 받습니다. 쉬운 문제집만 정답률이 높고, 심화교재 문제들은 거의 못 풀거나 풀더라도 시간이 너무 오래 걸립니다. 쉬운 문제집을 풀 때 속도는 느리지만 정답률이 높은 이유는 천천히 풀어서입니다. 만약 시간 제약이 있다면 정답률이 형편없이 떨어집니다. 시험을 보면 천천히 여유 있게 절반만 풀어 50점을 받거나, 모든 문제를 다 풀려고 시도하다 실수가 많아져 50점을 받게 됩니다.

왜 그럴까요? 수학에 관련한 뇌 속 연결고리가 약하기 때문입니다. 그 원인은 수학을 제대로 공부하지 않았기 때문입니다. 뇌 속 연결고리를 강하게 만들려면 몰입해서 수학을 공부하는 수밖에 없습니다.

따라서 수학에 많은 시간을 투자해서 여러 권의 문제집을 풀고, 심화교재까지 도전해야 문제점들이 극복됩니다. 만약 그렇지 않고 한 학기에 쉬운 문제집 2권 정도만 푸는 수준을 유지한다면, 영원히 수학 실력은 그대로이고 문제 푸는 속도도 늘지 않게 됩니다.

간혹 수포자들이 수학을 극복하기 위해서 1년 동안 다른 과목은 공부하지 않고 수학만 몰입해서 공부해 수학 실력을 엄청나게 끌어올리곤 합니다. 초등 아이들도 마찬가지입니다. 문제 푸는 속도가 갑자기 확 빨라질 때를 관찰해 보면, 한 학기에 5~7권의 문제집을 집중해서 풀었을 때입니다. 이런 행위를 통해 수학을 해 나가는 데 필요한 기본 능력들이 자라난 것입니다.

Q 혼자 개념 공부할 때 채점은 아이가 스스로 하나요, 아니면 부모가 해야 하나요? 그리고 매번 정확한 풀이를 알려 주며 교정해 줘야 하나요?

A 결론부터 얘기하면 초등 과정에서는 엄마가 채점을 해 주고, 이상한 방법으로 답만 맞은 것도 그냥 놔둡니다. 중등 과정부터는 아이가 직접 채점하게 하며, 적극적으로 교정하도록 지도합니다. 고등 과정부터는 스스로 교정할 수 있도록 해설지 독해를 시킵니다.

혼공을 하다 보면 정확한 풀이가 아닌 이상한 방법으로 풀고 답만 맞은 경우가 있습니다. 혼공의 대표적인 약점으로 꼽힙니다. 반면 학원 수업은 비효율적이고 수동적인 대신 선생님이 정확하게 아이를 끌어 준다는 장점이 있습니다.

혼공을 하면서 학원 수업의 효과를 누릴 수 있는 방법이 바로 해설지를 독해하는 작업입니다. 문제풀이가 끝나면 채점을 하고, 틀린 문제를 다시 풀어 보고 다시 채점을 합니다. 그래도 안 풀리는 문제들은 해설지를 한 줄씩 읽어 가며 스스로 풉니다. 모든 오답을 고치는 행위가 끝나면, 틀린 문제와 맞은 문제의 해설을 읽어 가며 정확한 풀이를 익힙니다. 이런 식으로 수학을 공부하면, 개념 오독을 했더라도 해설지를 독해하는 과정에서 교정이 가능하며, 이상한 방법으로 문제를 풀었어도 정확한 풀이법을 익히는 것이 가능해집니다.

그러므로 고등수학을 바라보는 장기적 관점에서는 스스로 채점하고 해설지 독해까지 하는 습관을 만들어 주는 것이 중요합니다. 특히 해설지 독해를 반드시 해야 하는 시점은 고등 과정에 들어갈 때부터입니다. 고등수학은 개념도 어렵고, 문제도 복잡하여 정석 풀이를 아는 것이 특히 중요합니다. 대부분의 개념 오독은 해설지 독해만으로 해결됩니다. 이상한 방법으로 답만 맞고 문제가 조금만 변형되도 틀리는 현상도 해설지 독해로 해결됩니다. 심지어 학원을 다니더라도 해설지 독해는 많은 도움이 됩니다.

그런데 해설지를 독해하는 것에 대해 대부분의 부모들은 부정적입니다. 그 이유는 공부에 대한 동기부여가 되어 있지 않은 아이들, 수동적으로 공부하는 데 익숙한 아이들, 일정한 양을 끝내야만 공부가 마무리되는 아이들은 숙제를 내 주면 답을 베끼거나 날림으로 푸는 경향이 강합니다. 여기에 해설지 독해까지 시키면 아예 수학 문제를 풀지도 않고 엉망으로 수학을 공부할 것이라고 우려하기 때문입니다.

그러므로 공부 습관이 안 잡힌 초등까지는 엄마가 채점해 주고, 아이가 이상한 방법으로 풀어 답만 맞아도 교정하지 않는 것을 추천합니다. 초등까지는 개념이 적어 개념 오독도 적고, 아이가 정확한 풀이를 아는 것보다는 스스로 일단 푸는 습관을 갖는 것이 더 중요하기 때문입니다. 그리고 아직 어리기에 해설지 독해까지 시키면 아이들이 수학에 질려하는 부작용이 생길 수도 있습니다.

중학생이 되거나 중등 과정에 들어가면서부터는 아이에게 채점을 맡깁니다. 처음부터 시간제 공부법으로 공부 습관을 들였다면, 진도를 빨리 빼거나 문제를 많이 푼다고 공부 시간이 줄어들지 않습니다. 따라서 채점을 맡긴다고 답을 베끼는 부정행위 등을 할 가능성이 거의 없습니다.

스스로 채점하는 과정만으로도 메타인지 능력이 좋아집니다. 어디가 틀렸고 무엇을 반복적으로 실수하는지를 스스로 알게 됩니다. 여기서 주의할 것은 채점을 스스로 하다 보면, 어려운 문제가 있으면 빨리 포기하고 해설을 보고 이해하고 넘어갈 수도 있다는 점입니다. 따라서 문제 푸는 행위와 채점 사이에는 간격을 두며, 모르는 문제는 교습자에게 힌트를 받아 풀어 보라고 말해야 합니다.

고등 과정부터는 해설지 독해까지 시킵니다. 역시 주의할 것은, 모르는 문제는 충분히 고민하고 풀고, 오답까지 마무리한 후 해설지를 봐야 한다는 것입니다. 모를 때마다 질문하고 해설을 보는 행위는 문제해결력을 저하시키는 주범이라는 것을 기억해야 합니다.

마지막으로 재수생들을 지도하는 방법을 간단히 소개하겠습니다. 하루는 문제만 풀고, 다음 날 채점하고 틀린 것을 고치고, 그다음 날 혼자서 해결을 못한 것은 선생님들께 질문하거나, 해설지를 한 줄씩 읽어 가며 풀라고 합니다. 이 모든 것이 마무리되면 해설지 독해를 하면서 맞은 문제는 나의 풀이와 해설지 풀이를 비교하라고 하고, 틀린 문제는 해설지를 필사 또는 정리하라고 시킵니다. 절대로 모를 때마다 바로 해설을 보지 말고 최소 3일이 지난 후에 해설을 보라고 주의시킵니다.

심화교재 공부는
이렇게

올바른 개념 공부와 함께 심화교재 공부를 병행하는 법을 소개합니다. 상위권으로의 도약을 위해서 심화는 초등 시절부터 필수라고 강조했습니다. 초등 시절 심화를 경험해 보지 못한 아이 대부분은 중고등 시절에도 심화를 하지 못하는 경우가 일반적이고 영원히 1그룹에 진입할 수 없게 됩니다. 또한 초등 시절 심화를 했어도 대부분의 아이들은 중고등학교에 진학해 심화를 하지 못합니다. 심화를 올바르게 하지 않았기 때문입니다.

초등 2그룹에 속한 아이들은 심화 능력이 부족하기에 심화교재를 무리하게 풀게 하면 심화를 포기하거나 오히려 수학에 자신감을 잃어 3그룹으로 떨어지는 경우도 있기 때문에 주의가 필요합니다.

그러면 어떻게 해야 할까요? 심화교재를 다 풀겠다는 생각을 내려놓고, 양에 신경 쓰지 않고, 조금씩 도전하는 것입니다. 일주일에 1~3

시간 정도 심화교재에 도전하는 시간을 배정합니다. 아이가 시간이 부족하다면 최소한 일주일에 1시간만이라도 시도하도록 합니다.

심화교재 선택 및 활용법

아이가 많은 시간을 심화교재 학습에 투자하기 힘든 경우 세 가지 방법이 있습니다. 1년에 한 학기 과정만 진행하거나, 1권을 선택하고 부분적으로 문제를 선택해 풀거나, 양이 적은 심화교재를 선택해 통으로 푸는 것입니다. 대부분 1권을 선택하고 부분적으로 문제를 풀 것이므로, 그 방법을 설명하겠습니다.

심화교재는 가급적 학교에서 현행 과정을 나갈 때 병행합니다. 즉, 만일 아이가 4학년 1학기라면 1학기 기간(3월~7월)동안에 4학년 1학기 심화교재를 풀어 나갑니다. 아이의 수학 실력과 학습 속도에 맞춰서 심화교재를 선택한 후, 각 단원별로 적당량의 문제를 선택해서 풀게 합니다.

대부분의 심화교재는 단원별로 기본 문제, 유형 문제, 준심화 문제, 심화 문제로 구성되어 있고, 맨 뒤에는 모의고사 형태의 문제가 있습니다. 그러면 아이가 다른 수학 공부(개념, 유형, 사고력 등)를 하면서 심화교재를 푸는 데 투자할 수 있는 시간을 계산합니다. 만일 일주일에 1시간 정도 투자가 가능하다면, 한 학기 과정 6단원을 한 학기 동안 끝내기 위해서 한 단원 영역별로 몇 문제 정도를 풀면 적당할지 계산합니다. 만약 2문제 정도 가능하다면 단원 당 기본 문제, 유형 문제,

준심화 문제, 심화 문제를 각각 2문제씩 총 8문제, 6단원이니 48문제 풀게 합니다. 가급적 해설지를 살피며 계산이 너무 복잡하지 않고 괜찮아 보이는 문제들을 선택합니다.

그렇게 선택한 문제들을 일주일에 1~3시간씩 연습시킵니다. 심화 단계 역시 양제 공부법보다는 시간제 공부법을 추천합니다. 심화교재를 푸는 목적은 스스로 생각하는 능력을 키우는 데 있습니다. 다시 말해 문제해결력을 기르기 위해서 하는 것이므로, 문제를 고민할 충분한 시간을 확보해 주는 것입니다. 너무 빠른 속도로 많은 양을 끝내는 데 집중하기보다는 적은 양이라도 아이가 충분히 생각해서 풀도록 합니다. 충분한 시간이 주어지면 아이는 오랫동안 생각하고 다양한 시도를 할 것입니다.

심화교재 푸는 법

아이가 여유 있게 심화 문제 풀 시간을 배정했다면, 아이에게 한 문제에 충분한 시간을 투자해도 된다는 것을 인지시킨 후 문제를 풀도록 합니다. 다음의 절차를 밟게 지도합니다.

개요 작성하기

문제를 읽고, 넓은 무지 연습장에 문제의 개요를 작성하게 합니다. 문제에서 주어진 조건은 무엇이고, 구하라는 것은 무엇인지 간단하게 요약합니다. 때에 따라 그림을 그릴 수도 있습니다. 아이가 연습장에 정리한 개요만 보고 스스로 문제를 풀 수 있을 정도로 자세히, 깔끔하게 정리하게 합니다.

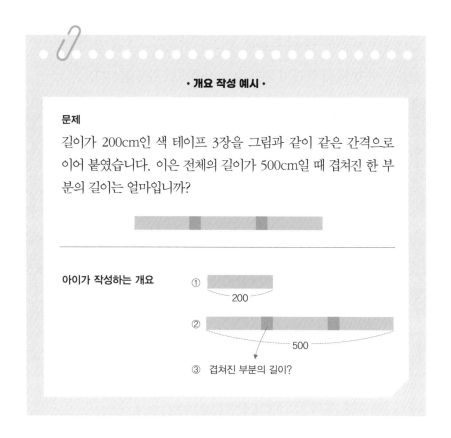

· 개요 작성 예시 ·

문제

길이가 200cm인 색 테이프 3장을 그림과 같이 같은 간격으로 이어 붙였습니다. 이은 전체의 길이가 500cm일 때 겹쳐진 한 부분의 길이는 얼마입니까?

아이가 작성하는 개요

① 200

② 500

③ 겹쳐진 부분의 길이?

문제 풀기

시간이 얼마가 걸려도 좋으니, 문제를 직접 풀게 합니다. 문제를 풀다가 막혔을 때는 개념교재를 복습시킵니다. 그 단원의 개념교재의 개념을 읽게 하고 풀었던 개념 문제들도 훑어보게 합니다. 그리고 다시 도전시킵니다. 그래도 못 풀 때는 단계별 힌트를 줍니다.

단계별 힌트는 교습자가 수학 실력이 좋아 바로 줄 수 있으면 바로 줍니다. 그게 힘들면 해설지를 보며 한 줄씩 읽어 줍니다. 이때 2부 학습 지도안의 '심화 개념 지도법'을 미리 읽고 해당 내용을 숙지하고 있다면 힌트를 주는 데 더 도움이 됩니다. 가급적 스스로 풀 수 있도록 힌트는 한 번에 너무 많이 주지 않고 단계별로 줘야 합니다.

· 힌트 예시 ·

해설지 풀이

겹쳐진 부분의 길이를 □(cm)라고 하면, $500 = 200 \times 3 - \square \times 2$에서 $500 = 600 - \square \times 2$이고, $\square \times 2 = 100$에서 $\square = 50$입니다. 따라서 겹쳐진 부분의 길이는 50cm입니다.

힌트 1단계: 마지막 줄에 있는 내용이 네가 구해야 할 것이잖아. 그럼 겹쳐진 한 부분의 길이를 □라고 놓고 다시 생각 해 볼래?

힌트 2단계: 색 테이프 3장을 겹치면 겹친 부분은 몇 개일까?

힌트 3단계: 색 테이프 3장과 겹쳐진 부분, 전체 길이를 가지고 식을 만들어 봐.

마무리 및 피드백

아이가 스스로 풀어 냈다면 다음 문제에 도전합니다. 만일 힌트를 받고 해결했다면 기존의 풀이를 오답노트에 정리시킵니다. 풀이가 지저분하고 체계적이지 않다면 해설지를 필사시켜도 됩니다.

일주일이 지난 후, 스스로 해결하지 못한 문제를 다시 꺼내 풀게 합니다. 한 번에 해결하지 못할 때는 오답노트에 정리된 풀이를 읽게 하고 그 내용을 설명시키며 마무리합니다. 초등 시절 심화교재의 오답은 이 정도로 마무리해야 합니다. 무한 오답은 아이를 지치게 하기 때문입니다. 무한 오답은 중학교에 올라간 후 내신 시험을 볼 때 해도 늦지 않습니다.

심화 진행 시 교습자의 역할

문제 해석을 못 하는 경우

초등 저학년에서 막 벗어난 아이 혹은 독서를 많이 하지 않은 아이는 문제 자체를 해석하지 못해 못 푸는 경우가 많습니다. 이런 경우는 문제가 무엇을 의미하는지 설명해 줘야 하며, 문제를 해석하지 못하는 경우가 너무 많다면 아이의 언어 능력 역시 점검해 봐야 합니다.

만약 아이가 심화교재의 문제 해석을 너무 자주 어려워하면 심화교재보다는 독서를 통한 언어 능력을 높이는 것이 더 중요한 활동이 될 수 있습니다. 언어 능력이 더 중요하기도 하지만, 잘못된 수학 공부 습관이 자리를 잡을 위험이 있기 때문입니다. 모든 문제를 엄마가 옆에서 다 읽어 주고 그 의미를 설명해 주면, 나중에는 의존적인 습관이 들어 아예 문제 해석 능력이 없는 아이가 될 수도 있습니다.

선행 개념을 이용해야 하는 경우

심화교재 문제에는 선행 개념이 들어 있는 경우가 종종 있습니다. 우수한 아이들은 현행 개념만 가지고 선행 개념을 추론하거나 유도해서 풀기에 크게 문제가 없습니다. 한편 평범한 아이들의 경우 선행 개념을 설명해 줘야 하는 경우도 있습니다. 따라서 아이들이 문제를 풀다가 질문할 때를 대비해 엄마가 최소한 해설지 정도는 미리 읽고 문제를 파악해 둬야 합니다.

중등 개념에 해당하는 방정식이나 부등식, 연립방정식 등을 활용해야 계산이 수월한 문제도 있습니다. 아이가 문제 파악과 접근은 제대로 수행했어도 마지막 마무리 계산을 하지 못해서 답을 내지 못하곤 합니다. 이처럼 아이가 접근을 제대로 하고 마무리만 못하고 있다면 아이가 올바른 접근을 했다는 피드백을 주고, 선행 개념을 이용한 풀이가 아닌 초등 방식의 풀이 방법을 해설지를 참고해 설명해 줍니다.

문제 자체를 못 푸는 경우

앞서 설명한 절차대로 아이들에게 문제를 풀게 해도, 제대로 된 심화를 처음 시작하는 대부분의 2그룹 아이들은 문제 자체를 못 풀 가능성이 높습니다. 끈기를 가져야 합니다.

의외로 문제만 제대로 읽게 해도 아이는 문제를 잘 풀어냅니다. 그러니 개요 작성 단계에서 본인이 작성한 개요를 보며 10분 이상 다시 생각해 보라고 합니다. 이 과정을 거쳐도 못 푸는 경우 힌트를 줘야 하는데, 앞서 설명한 것처럼 한 줄씩 힌트를 줘야 합니다. 핵심은 '어렵게'가 아닌 '스스로'임을 꼭 기억합니다.

심화 문제를 잘 풀게 하기 위한 부모의 칭찬

미국에서 학생들을 대상으로 한 실험입니다. 아이들을 두 집단으로 나누고, 한 집단은 재능이나 지능에 대해서만 칭찬하고, 또 다른 집단은 노력이나 열정에 대해서만 칭찬했습니다. 재능에 대한 칭찬이란 "너는 로봇을 잘 만드는구나! 로봇 만드는 재능이 있구나!", "너는 수학을 잘 하네, 수학 천재인가보다!" 하는 식의 칭찬을 뜻합니다. 노력에 대한 칭찬은 "이 많은 문제를 다 풀었어. 엄청 열심히 했구나!", "이 어려운 문제를 2시간이나 고민했니? 문제를 해결하려고 노력하는 자세가 멋지다." 등과 같은 칭찬을 뜻합니다.

재능을 칭찬받은 집단은 어려운 과제가 있으면 회피하거나 포기했다고 합니다. 자신의 재능이 뛰어나지 않다는 것이 탄로날까 두려웠던 것입니다. 반면 노력을 칭찬받은 집단은 어려운 과제를 수행하는 것을 두려워하지 않고, 오히려 즐기고 좋아했다고 합니다.

이 실험 결과는 아이에게 어떤 식으로 칭찬을 해야 하는지를 시사합니다. 노력을 칭찬받은 집단은 어려운 과제들에 끊임없이 도전해서 실력이 더욱 높아질 수 있습니다. 따라서 수학 심화 문제를 잘 풀게 하려면 노력을 칭찬하는 것이 중요합니다. 어떤 과제를 해결하기 위해 오랜 시간 노력한 부분에 대해서 칭찬을 받으면, 아이들은 어려운 과제일수록 더욱 도전하고 싶은 욕구가 생길 것입니다.

간혹 부모가 아이의 재능에 대한 확신을 가지고 있는 경우도 있습니다. 신규 원생 상담을 해 보면 "아이가 지금은 수학을 못하는데, 사춘기가 와서 못할 뿐이고 초등학교 때는 영재원도 다녔고, 아이큐도 높고 수학 영재라는 평가도 받았어요. 언제든 하면 잘할 아이니 잘 이끌어 주세요."라는 식으로 말씀하는 부모들이 굉장히 많습니다. 이런 아이들을 가르쳐 보면 의욕도 없고 열심히 하지도 않습니다. 그러니 강사는 부모에게 아이를 가르쳐 보니 열심히 하면 잘할 것 같은데 열심히 하지 않아서 수학을 못한다고 말합니다. 아이는 바로 그 말을 듣고 싶은 것입니다.

실제 이 아이들의 내면을 살펴보면 '나는 열심히 해도 수학을 잘하지 못할 것이다'라는 두려움이 자리 잡혀 있습니다. 진짜 열심히 해도 수학 성적이 나아지지 않는다면 그것을 어떻게 감당할지 두려운 것이고, 부모를 비롯한 주변 사람들에게 자신이 천재는커녕 학습 부진아라는 것을 들킬까 두려운 것입니다. 문제는 이런 아이들이 중고등학생들 중에 꽤 많이 있다는 것입니다. 이런 아이들은 자존감도 많이 약합니다. 따라서 아이의 학습을 위해서, 아이의 미래를 위해서도 재능보다는 노력을 칭찬해야 합니다. 특히 2그룹의 아이들이 심화 문제에 도전하게 만들기 위해서는 반드시 필요합니다.

3그룹:
수학이 매우 어려운 아이들을 위한 수학

학원에서 아이들을 가르쳐 보면, 어떤 방식으로 지도해도 효과가 없는 아이들을 발견하곤 합니다. 혼공을 하든, 과외를 하든, 학원을 다니든 수학을 극복하지 못하고 중등부터 수포자가 되기 시작합니다. 고등 시절 수포자가 평균 40~50%(즉 3그룹에 해당합니다)로 아이 2명 중 1명꼴이니, 결코 남의 일이 아닙니다.

이런 아이들은 크게 세 가지 경우 중 하나에 해당합니다.

첫 번째, 수업 결손으로 수학 후행이 필요한 경우입니다.

두 번째, 수학이 점점 어려워져서 수학에 흥미를 잃는 경우입니다.

세 번째, 학습 능력 부족으로 실력이 향상되지 않는 경우입니다.

첫 번째와 두 번째는 일대일 과외 등을 하면 자신이 부족했던 부분이나 이해하지 못했던 부분들이 해결되어 수포자의 위기를 극복하는 경우를 종종 보곤 합니다. 그러나 세 번째는 좀 다릅니다. 가르쳐 주면 잊어버리고, 또 가르쳐도 잊어버리는 일이 반복되어 진도 자체를 나가기가 힘듭니다. 문제도 거의 못 풀다 보니 학습에 진척이 생기지 않습니다. 더군다나 대부분 열심히 하지 않아 극복하기가 더욱 힘듭니다.

따라서 이번 꼭지에서는 세 번째 케이스, 즉 수포자가 되어 가는 아이들이 수학을 극복하는 방법을 집중적으로 서술하겠습니다.

예비 수포자, 그들에게 필요한 것은?

학습 능력 부족이란 구체적으로 무슨 능력이 부족하다는 것일까요?

첫 번째, 개념을 이해하는 능력이 부족합니다. 수학 개념을 잘 이해하지 못합니다. 여러 번 설명해 줘야 하거나, 다양한 예를 통해 쉽게 설명해 줘야 이해하곤 합니다. 이것이 개념의 난도가 올라가는 초등 고학년, 중고등으로 가면 개념 이해 속도가 너무 느려 학습 자체를 못 따라오게 됩니다. 사실 개념을 이해하는 능력이 어느 정도 갖춰지지 않으면 수포자에서 벗어나기가 힘듭니다. 최소한 해설지를 독해하는 능력(읽고 이해하는 능력으로 곧 언어 능력과 연결됩니다)은 있어야 수포자 극복이 가능합니다.

두 번째, 개념을 배워도 그것을 머리에 저장시키지 못합니다. 배우면 바로 잊어버립니다. 따라서 진도를 거의 나갈 수가 없습니다.

세 번째, 문제를 못 풉니다. 쉬운 개념 문제는 개념을 어떻게 적용해야 할지 몰라 못 풀고, 약간 어려운 응용 문제에 부딪치면 문제를 풀어가는 연결고리(논리)를 생각하지 못해 못 풉니다. 개념 문제 5문제 정도 풀다 보면 2시간이 훌쩍 지나가니 진도를 거의 못 나갑니다.

네 번째, 기본 연산도 잘하지 못합니다. 사칙연산이나 분수 혹은 문자의 계산에서 계속 실수가 나옵니다. 오답을 해도 계속 틀립니다.

다섯 번째, 식을 못 세웁니다. 문장제 문제나 활용 문제의 식을 못 세우므로, 어느 단계 이상의 문제들은 아예 손도 못 댑니다.

이런 부족한 능력들을 키울 수 있는 시간적 여유가 있다면, 하나씩 키워 주면 됩니다. 키우는 방법에 대해서는 이 책 곳곳에서 여러 번 언급했으므로(특히 '내 아이 파악하기가 먼저다(43쪽)'와 '수학력 쌓기, 어떻게 준비해야 할까(29쪽)' 꼭지를 참고하시기 바랍니다) 넘어가겠습니다.

그런데 시간적 여유가 부족하고 이미 수포자에 상당히 근접했다면, 그 노력들과 별개로 수포자를 극복할 수 있는 단순한 방법을 써야 합니다. 제가 운영하는 학원에서 수학이 매우 약한 아이들에게 사용하는 방법입니다.

다만 이 방법은 재수생 수포자를 극복시킬 때 썼던 방법을 적절히 변형한 것이라 초등 1~4학년에겐 맞지 않습니다. 적어도 뇌가 추상적 개념을 자연스럽게 소화할 수 있는 시점인 5학년 때부터 활용하기를 추천합니다. 중등부터는 이 방법으로 아이들이 어느 정도 효과를 볼 수 있고, 고등부터는 공부를 열심히 하고자 하는 마음과 결합된다면 폭발적인 성적 향상을 기대할 수도 있습니다.

수포자를 위한 개념 공부법

개념 공부는 개념 강의 듣기, 개념 테스트, 개념 문제 풀기가 3회독에 걸쳐 이루어집니다. '개념 공부하는 법, 이렇게 지도하라' 꼭지에서 설명한 1~2그룹의 개념 공부법과 비슷해 보이지만 다른 점이 많습니다.

우선 개념을 스스로 읽고 독해하는 것이 아니라, 누군가에게 **빠르**게 개념을 듣습니다. 사실 학습 능력 부족으로 수포자가 되는 것을 막는 가장 좋은 방법은 개념 독학입니다. 개념 이해 능력과 추론 능력을 키울 수 있기 때문입니다. 그런데 이미 수학이 매우 약한 아이에게 개념 독학을 시키면 힘들어하고 시간도 오래 걸려서 결론적으로 불가능합니다. 오히려 수포자가 되는 것을 가속화할 수 있습니다. 그렇기에 개념을 누군가에게 배워야 합니다.

1~2그룹의 아이들과 달리, 3그룹 아이들은 개념 테스트 과정이 필수입니다. 예비 수포자 혹은 수포자 아이들은 개념을 이해하는 것도 어려워하지만, 이해한 개념조차 빨리 잊어버립니다. 마치 깨진 독에 물 붓기와 같이 교습자의 노력을 수포로 돌아가게 합니다. 따라서 개념 공부 시 회상하기(98쪽 참고) 방법을 써야 합니다. 회상하기의 구체적 실천법으로 설명하기와 개념 테스트가 있는데, 설명하기는 좋은 방법이긴 하나, 매번 누군가 질문을 던져 주고 아이는 설명해야 합니다. 손이 많이 가는 일입니다. 물론 3~4학년은 엄마가 질문을 던지고 아이가 개념을 설명하는 방식으로 하는 것이 바람직합니다. 결론적으로 5학년 이상의 수포자 아이에게는 개념 테스트를 추천합니다. 교습

자의 많은 관리가 필요하지 않고 아이 스스로 해 나갈 수 있기 때문입니다.

개념 공부 1단계

개념 강의 듣기

우선 개념교재를 선택합니다. 가급적 쉬운 개념교재로, 특히 필수 예제 밑에 풀이가 있는 것을 선택하면 좋습니다. 보통 개념교재들은 학원용과 혼공용으로 분류가 되는데, 학원용의 특징은 필수 예제 밑에 풀이가 없어서 교습자가 풀어 주는 방식이고, 혼공용은 필수 예제 밑에 풀이가 있어서 아이들이 풀이를 읽고 이해하는 방식입니다. 만일 교과서를 개념교재로 선택한다면 반드시 자습서(교과서의 이해를 돕는 참고서)도 함께 봐야 합니다.

　교재를 선택했으면, 빠르게 개념을 배웁니다. 인터넷 강의를 이용하거나 학원을 다니거나 과외를 합니다. 우선 개념을 이해해야 합니다. 잘 이해가 안 되는 내용은 학원이나 과외의 경우 질문으로 해결하고, 인터넷 강의는 여러 번 돌려 보며 이해하거나 부모가 도와줍니다.

개념 테스트

아이가 개념을 배우고 이해한 후, 개념교재 정독을 했다면 미리 만들어 놓은 개념 테스트를 보게 합니다. 개념 테스트지를 만드는 방법은 99쪽에 자세히 소개했으니 참고하기 바랍니다. 개념 테스트를 본 후

부실한 답은 개념교재의 개념을 보며 채워 나가게 시킵니다.

개념 문제 풀기

개념 테스트까지 마무리되면 단원에 딸린 개념 문제를 풉니다. 이때 문제를 푸는 방법은 바로 뒤 129쪽 '수포자를 위한 문제풀이법'을 참고하기 바랍니다.

1학기 6단원 회전 방법

개념 강의 듣기, 개념 테스트, 개념 문제 풀기를 1단원 단위로 시킵니다. 즉 1단원 개념 강의를 듣고, 개념 테스트를 보고, 개념 문제 풀기를 한 후 2단원 개념 강의를 듣고, 개념 테스트를 보고, 개념 문제 풀기를 합니다.

이때 개념 테스트는 누적을 시켜 보게 합니다. 예를 들어 1단원 학습이 문제까지 마무리되면, 2단원 개념 학습을 시작합니다. 2단원 개념 테스트를 보기 전에 1단원 개념을 정독하게 시킨 후, 1단원과 2단원 개념 테스트를 동시에 봅니다. 이전에 봤던 개념 테스트를 누적시키는 방식입니다. 수학이 매우 약한 아이들은 망각의 속도가 빨라 2단원이 진행되면 이미 1단원 개념을 잊어버리기 때문에 매 단원 누적해서 개념 테스트를 봄으로써 머릿속에 확실히 집어넣는 것입니다. 마찬가지로 3단원 개념 테스트를 보기 전, 1단원과 2단원의 개념 복습을 시킨 후, 1~3단원의 개념 테스트를 동시에 봅니다. 역시 개념 테스트의 답이 부실하면 개념교재를 보며 답안을 채우게 시킵니다. 이걸 6단원까지 계속 누적합니다.

　이런 방식으로 개념교재를 1회독합니다.

개념 공부 2단계

개념교재 1회독이 끝나면, 개념교재 2회독에 들어갑니다. 이 그룹의 아이들은 문제집이나 개념교재를 여러 권 풀어도 정확히 몰라 성적이 향상되지 않으니, 한 권을 여러 번 푸는 방법으로 학습을 시킵니다.

개념 듣기

2회독 때는 모든 단원의 개념을 듣지(배우지) 않습니다. 개념을 잊어 버린 단원들만 인터넷 강의 등을 이용하여 다시 듣습니다. 굳이 개념을 다시 들을 필요가 없는 단원들은 개념교재를 정독하고 개념 테스트를 보며 마무리합니다.

개념 테스트

1회독 때 만든 동일한 개념 테스트를 사용합니다. 아이가 개념을 정독한 후, 개념 테스트를 봅니다. 개념 테스트가 끝나면 부실한 답안은 개념교재를 보며 보충합니다.

　2회독부터는 1회독 때와 같이 단원을 누적해서 개념 테스트를 보지는 않습니다. 그 대신 개념 테스트가 끝난 후, 아이에게 개념을 설명하게 시킵니다. 엄마의 밀착 관리가 가능하다면 개념 테스트의 모든 문제를 설명하게 시킵니다. 그것이 불가능하다면 개념 테스트 문제 중에

임의로 하나를 골라 설명하게 시킨다고 한 후, 아이에게 준비를 시킵니다. 제대로 설명을 하지 못하면 개념 테스트를 다시 복습하게 한 후, 설명하게 시킵니다. 만약 혼공으로 공부한다면 스스로에게 설명합니다. 개념 테스트에 작성한 내용을 보고, 연습장이나 화이트보드 등에 청중이 있다고 가정하고 설명을 합니다.

개념 공부 3단계

3회독에 들어갈 때는 개념 강의를 추가로 듣지는 않습니다. 개념을 정독한 후, 바로 개념 테스트를 봅니다.

이때의 개념 테스트는 따로 테스트지가 주어지지 않습니다. 백지에 자기가 정독한 개념교재의 개념을 떠올리며 서술해 봅니다. 역시 답안이 부실할 때는 개념교재의 개념을 보며 보강하도록 합니다.

이 작업이 끝나면 연습장이나 화이트보드 등에 개념을 설명하게 시킵니다. 설명하다가 막힐 때는 작성한 개념 테스트의 내용을 조금씩 보면서 설명을 이어갑니다. 학원 강사나 학교 선생님이 아무것도 보지 않고 강의를 할 수 있는 이유는 설명을 자주 하기 때문입니다. 강사들도 강의를 처음 할 때는 개념교재나 교과서의 개념을 보고 강의 교안을 만듭니다. 설명할 포인트 위주로 교안을 만들고 필요한 예시 문제도 집어넣습니다. 처음에는 강의 교안을 암기하지 못해 교안을 보며 수업을 진행하지만, 몇 번 설명하다 보면 예시 문제까지 암기하기 때문에 교안을 보지 않고 몇 시간씩 하는 강의가 가능해집니다.

수포자를 위한 문제풀이법

수학이 매우 약한 학생들은 개념 공부를 해도 문제를 거의 못 풉니다. 푼다고 해도 시간이 너무 오래 걸립니다. 이런 속도로는 수포자를 극복하기가 힘듭니다. 실제 문제를 푼다고 해도 정확한 방법이 아닐 가능성이 높아 수학 실력 향상으로 연결되지 않습니다.

수포자들이 문제를 못 푸는 이유는 다양하다고 앞서 여러 번 언급한 바 있습니다. 이런 것을 일일이 해결하는 것은 만만치 않습니다. 따라서 간단하게 극복할 수 있는 방법을 소개합니다.

문제풀이 1단계

개념교재 1회독 때 쓰는 방법입니다.

해설지 독해와 필사

처음 문제를 풀 때는 문제를 풀지 않고 해설지를 독해하고 필사합니다.

개념 학습이 끝나고 문제를 풀 때, 문제를 읽고 어떻게 풀지 1분 정도 고민합니다. 그리고 바로 해설지를 읽으며 개념을 문제에 어떻게 적용하는지 이해합니다. 4분할이나 6분할 노트 왼편에 해설지 풀이를 필사하고, 오른편은 비워 둡니다.

해설지 분석 및 이해

해설지 풀이가 이해되지 않을 때는 색깔펜으로 이해가 안 되는 부분에 밑줄을 긋습니다. 이 부분을 교습자(가능하다면 선생님)에게 물어 보고, 풀이를 비워 둔 오른편에 그 뜻을 적어 달라고 부탁합니다. 만약 해설지 풀이를 이해했다면 해설지 풀이를 분석하여 비워둔 오른편에 적습니다. 여기서 해설지 풀이 분석이란, 해설지 풀이를 보며 어떤 개념을 이용했는지, 문제를 풀어 가는 연결고리가 뭔지 찾아내 정리하는 행위를 뜻합니다. 이때 오른편 공간은 여백을 많이 남겨 놓습니다. 왜냐하면 개념교재 2회독과 3회독 시에 추가할 내용이 있을 수도 있기 때문입니다.

· 이해한 해설의 분석 예시 ·

아름이가 귤을 사서 7개 먹고, 남은 것을 아름이와 서은이가 8:3으로 나누었더니 서은이가 21개를 가지게 되었습니다. 아름이가 산 귤은 모두 몇 개인지 구하시오.

해설지 풀이 필사	여백
아름이가 먹고 남은 귤의 수를 □개라고 하자. $□ \times \frac{3}{8+3} = 21$, $□ \times \frac{3}{11} = 21$ $□ = 21 \div \frac{3}{11} = 21 \times \frac{11}{3} = 77$(개) 따라서 전체 귤의 개수는 77+7=84(개)	① 아름이가 먹고 남은 귤의 수를 □라고 놓고 식을 세운다. ② 비례 배분 개념을 이용한다.

두 상품 ㉠과 ㉡이 있습니다. 상품 ㉠을 정가에서 30% 할인하여 판매한 금액과 상품 ㉡을 정가에서 $\frac{1}{5}$ 만큼 할인하여 판매한 금액은 같습니다. 상품 ㉠과 ㉡의 정가의 비를 가장 간단한 자연수의 비로 나타낸 것은 어느 것입니까?

① 5:7 　　　② 5:8 　　　③ 7:8

④ 8:5 　　　⑤ 8:7

해설지 풀이 필사	여백
$30\% = \frac{30}{100} = 0.3, \frac{1}{5} = 0.2$ 이므로 ㉠의 정가를 □원, ㉡의 정가를 △원이라 하면 □×(1-0.3)=△×(1-0.2) 이므로 □×0.7=△×0.8 입니다. → □:△ = 0.8:0.7 　= (0.8×10):(0.7×10) = 8:7 상품 ㉠과 ㉡의 정가의 비를 가장 간단한 자 연수의 비로 나타내면 8:7입니다.	(이해가 안 되는 밑줄 친 부분을 선생님이 설명하며 풀어 주는 공간으로 활용)

설명하기

양이 많기 때문에 누군가에게 모든 문제를 설명하려면 시간이 오래 걸립니다. 따라서 해설지 분석 이후, 필사한 노트를 보며 스스로에게 설명합니다. 만약 학부모나 교습자가 관리해 준다면, 필사한 문제 중 몇 문제를 골라서 물어본다고 한 후, 아이에게 필사한 노트를 복습하게 하고 1~2문제를 골라서 설명하게 시키는 것도 좋습니다.

문제풀이 2단계

개념교재 2회독 때 이 방법을 따릅니다. 문제를 직접 풀어 보는 단계입니다. 문제를 풀 때는 무지 연습장을 이용하며, 개념교재나 문제집의 여백에 풀지 않도록 지도합니다. 교재는 깨끗한 상태를 유지해야 합니다.

5분 안에 한 문제 풀기

한 문제씩 풀고 답을 확인합니다. 원래 문제해결력을 기르기 위해서는 집중해서 모든 문제를 풀고 한 번에 채점하는 것이 좋습니다. 그러나 이 단계의 아이들은 아직 문제해결력을 기를 단계가 아니라, 많은 정보와 지식을 채울 단계입니다. 따라서 한 문제씩 풀고, 채점하고, 해설 확인하기를 반복합니다.

한 문제를 푸는 시간은 5분을 넘지 않도록 합니다. 왜냐하면 못 푸는 문제가 많기 때문에 한 문제에 많은 시간을 투자하면 1시간에 2~3 문제밖에 못 풀 수도 있기 때문입니다.

맞은 문제 확인하기

1회독 시에 작성한 해설지 필사 노트의 풀이를 읽어 보며 자신의 풀이와 비교합니다. 만일 풀이가 일치한다면 넘어가고, 다르다면 해설지 필사 노트 오른편 여백에 원인을 분석해 첨가합니다.

틀린 문제 확인하기

개념교재의 문항 번호에 별표를 하고, 해설지 필사 노트를 읽어 보며 틀린 원인을 분석하여 오른편 여백에 첨가합니다.

못 푼 문제 확인하기

개념교재의 문항 번호에 별표를 하고, 해설지 필사 노트를 읽어 보며 못 푼 원인을 분석하여 오른편 여백에 첨가합니다.

설명하기

별표를 한 문제들은 무지 연습장에 다시 풀어 보면서 스스로에게 설명합니다. 풀이가 기억이 안 날 때는 해설지 필사 노트를 참고하며 설명합니다.

· 별표를 친 문제 원인 분석 예시 1 ·

아름이가 귤을 사서 7개 먹고, 남은 것을 아름이와 서은이가 8:3으로 나누었더니 서은이가 21개를 가지게 되었습니다. 아름이가 산 귤은 모두 몇 개인지 구하시오.

해설지 풀이 필사	여백
아름이가 먹고 남은 귤의 수를 □개라고 하자. $\square \times \frac{3}{8+3} = 21$, $\square \times \frac{3}{11} = 21$ $\square = 21 \div \frac{3}{11} = 21 \times \frac{11}{3} = 77$(개) 따라서 전체 귤의 개수는 77+7=84(개)	① 아름이가 먹고 남은 귤의 수를 □라고 놓고 식을 세운다. ② 비례 배분 개념을 이용한다. 〈2회독 시 추가 내용 예시〉 비례 배분 개념을 문제에 어떻게 적용해서 풀지 몰랐다.

두 상품 ㉠과 ㉡이 있습니다. 상품 ㉠을 정가에서 30% 할인하여 판매한 금액과 상품 ㉡을 정가에서 $\frac{1}{5}$ 만큼 할인하여 판매한 금액은 같습니다. 상품 ㉠과 ㉡의 정가의 비를 가장 간단한 자연수의 비로 나타낸 것은 어느 것입니까?

① 5:7   ② 5:8   ③ 7:8
④ 8:5   ⑤ 8:7

해설지 풀이 필사	여백
$30\% = \frac{30}{100} = 0.3$, $\frac{1}{5} = 0.20$이므로 ㉠의 정가를 □원, ㉡의 정가를 △원이라 하면 □×(1-0.3)=△×(1-0.2) 이므로 □×0.7=△×0.8 입니다. → □:△= 0.8:0.7 　= (0.8×10):(0.7×10) = 8:7 상품 ㉠과 ㉡의 정가의 비를 가장 간단한 자연수의 비로 나타내면 8:7입니다.	(이해가 안 되는 밑줄 친 부분을 선생님이 설명하며 풀어 주는 공간으로 활용) 〈2회독 시 추가 내용 예시〉 원가, 정가, 할인가가 뭔지 정확하게 이해하지 못했다.

문제풀이 3단계

개념교재 3회독 때 하는 방법입니다. 2회독 시 별표를 한 문제들만 다시 풀어 봅니다. 이번에는 문제풀이 시간을 10분까지 연장합니다. 문제가 바로 안 풀릴 때는 앞의 개념을 복습하고 다시 풀어 봅니다.

역시 한 문제씩 풀고, 채점하고, 해설 확인을 반복합니다. 맞은 문제, 틀린 문제, 못 푼 문제 모두 해설지 필사 노트의 해설을 읽어 봅니다. 3회독 시에도 틀린 문제와 못 푼 문제는 개념교재 문항 번호에 별표를 추가하고, 원인을 분석하여 해설지 필사 노트 오른편 여백에 추가합니다.

별표를 추가한 문제들은 무지 연습장에 다시 풀어 보며 스스로에게 설명합니다. 별표가 추가되어 총 2개가 된 문제들은 이후 학교의 단원 평가 직전 혹은 내신 대비 기간에 다시 풀어 봅니다.

그 외 다양한 문제집 푸는 법

개념교재 말고도 추가하여 풀어야 할 교재가 있다면, 지금까지 설명한 방법대로 동일하게 풀어 나갑니다. 총 3회독을 진행하며, 별표가 2개 표시된 문제들은 내신 대비 때 다시 풀어 봅니다.

아이의 진도가 고민될 때

Q 아이가 수학을 못할 경우, 선행보다는 현행을 좀 더 신경 써야 하는 학년 구분선은 언제일까요?

A 아이의 수학 수준에 따라 차이는 있겠지만 가장 보편적인 구분선은 초등 4학년입니다. 이때까지는 현행 속도만 맞춰서 학습 능력을 높이는 연습을 합니다. 사고력 수학도 시켜 보고 심화도 도전합니다. 5학년부터는 조금씩 선행 속도를 높여서 6개월(한 학기)정도 선행을 뽑으면서 학습 능력을 높이는 연습을 병행합니다. 왜냐하면 중등부터는 새 학기가 시작하기 전에 그 학기 선행까지는 끝내 놓는 것이 내신 대비를 하는 데 안정적이기 때문입니다.

Q 초등 4학년인데 초등 3학년 기본 과정도 되어 있지 않은 아이는 어떻게 해야 하나요?

A 진도를 놓친 아이는 어쩔 수 없이 어느 정도는 열심히 해야 극복이 됩니다. 초등 4학년인데 초등 3학년 기본도 안 되어 있다면, 4학년 과정을 나가면서 3학년 과정도 병행하는 방식으로 지도합니다. 물론 진도를 따라잡기 전까지는 개념 위주의 학습만 튼튼하게 진행합니다. 수학은 앞부분이 제대로 학습되지 않으면 뒷부분을 이해

하기 어려운 위계 과목이기 때문입니다. 이런 방식으로 후행 부분이 충분히 학습되고 복습까지 되면, 현행을 튼튼히 하면서 난도를 조금씩 올립니다.

3학년 과정도 되어 있지 않다고 4학년에게 3학년 과정만 가르치는 건 위험합니다. 수학은 공부하지 않은 부분부터 복습을 시키며, 현행은 현행대로 수업을 진행해야 합니다. 왜냐하면 후행만 시키면 오히려 영원히 진도를 못 따라잡고 포기하는 경우가 더 많기 때문입니다. 예를 들어 재수생의 경우, 중학교 과정부터 안 했다면 수능 범위 수업은 수업대로 나가면서 중등 과정부터 개념교재 위주로 복습시킵니다. 물론 중등 과정도 안 되어 있으니 수능 수업을 제대로 못 따라가지만 그래도 지금 하고 있는 수업과 후행을 병행합니다. 그 이하 학년도 마찬가지로 현행과 후행을 병행해 수업합니다.

저희 학원에 중학년 3학년 때 온 아이가 있습니다. 중등 2학년 과정부터 공부를 아예 안 했다고 했습니다. 현재 성적은 심각했지만, 1년만 후행을 진행하면 되는 상태였습니다. 중등 3학년 과정을 쉬운 개념교재로 수업을 진행하며 동시에 중등 2학년 과정은 더 쉬운 개념교재로 정리했습니다. 그렇게 1년 동안은 중등 3학년 과정과 중등 2학년 과정을 공부시킨 후, 고등 과정부터는 난도를 조금씩 높이면서 선행은 하지 않고 현행에 맞춰서 수업을 진행했습니다. 사춘기가 겹쳐 수학을 포기했던 학생이었는데 이런 방식으로 고등수학 내신 4등급을 받았습니다. 수포자에서 개념은 따라오게 된 것입니다.(물론 여기에서 1그룹으로 도약하려면 6개월 정도의 선행을 병행해야 하고 더 많은 노력이 필요하지만, 처음 성적을 생각하면 여기까지 온 것 자체가 엄청난 발전입니다.)

혼공을 완성하는
기술

오답하는 법

사실 저는 초등 시절 오답을 그다지 선호하지 않는 편입니다. 왜냐하면 초등학교는 딱히 시험이랄 것도 없고, 초등수학은 매 학년 반복 심화되는 나선형 구조이기 때문입니다. 중등 및 고등수학에 비해 개념의 양도 적습니다. 가장 중요한 이유는 아이들이 오답으로 인해 수학에 질려할 수 있다는 점입니다. 특히 1그룹 초등 아이들에게는 오답을 추천하지 않습니다.

그러나 2그룹 아이들은 형식적 오답의 완성을 통해 오답하는 습관을 길러야 합니다. 그래야 중고등학교 때 제대로 오답하는 것이 가능해집니다. 2그룹을 중고등학교 때부터 오답을 시키려고 하면, 특유의 게으름과 학습에 대한 열정 부족으로 형식적으로 대충 하기에 오답 효과가 하나도 나타나지 않습니다. 가령 해설지 필사를 시키면 해설지 내용을 제대로 읽어 보지도 않고 베끼기만 합니다. 내신 대비를 위해 기존에 풀었던 교재의 틀린 문제를 다시 풀어 보라고 하면 풀지 않고 풀었다고 합니다. 오답 노트에 풀어 오라고 하면 풀이를 알아볼 수도 없게 숫자 몇 개 끄적여서 오곤 합니다.

따라서 초등 시절 2그룹 아이들의 오답의 목적은 오답 그 자체에 있다기보다는 오답하는 습관 형성, 그리고 식 세우기 연습이라는 두 가지에 있습니다.

그러면 구체적으로 어떻게 오답을 시킬까요?

틀린 문제 중에 단순 계산 실수가 아닌, 정말로 몰라서 틀린 문제나 어려운 문제들만 골라서 오답을 정리합니다. 교습자가 모르는 문제를 자세히 가르쳐 줄 수 있다면, 가르쳐 준 풀이를 정리해서 오답 노트에 쓰게 합니다. 그것이 불가능하다면 해설지를 필사시킵니다. 혼공을 하면 아이는 자기 방식대로 문제를 풀게 되고, 그것이 올바른 풀이와 다를 수 있습니다. 그래서 해설지 필사는 혼공을 보완할 수 있는 좋은 수단입니다. 올바른 해법이 아닌, 이상한 방법으로 풀어서 맞게 되면 문제가 조금만 변형돼도 틀릴 수 있습니다. 따라서 해설지 필사는 정확한 풀이법도 배우고 식 세우는 방법도 연습할 수 있어 일거양득이라고 할 수 있습니다.

연습장 및 노트 활용법

올바른 공부법을 익히려면 몸에 올바른 공부법을 체화해야 하고, 그러려면 몇 가지 도구가 필요합니다. 앞서 이야기했던 개념 정리, 심화 문제풀이, 오답 등을 위한 도구들을 조금 더 구체적으로 소개하겠습니다.

보통 2그룹 아이들은 중등이나 고등 때 가르쳐 보면 절대 안 변합니다. 잔소리를 해도 자신이 편한 방식대로 그대로 수학을 공부합니다. 연습장을 쓰라고 해도 문제집에 대충 끄적여서 풀고, 오답 노트도 형식적으로 혼나지 않기 위해 대충 작성하며, 개념 노트는 말할 것도 없습니다. 특히 학원을 오래 다닌 아이들은 공부를 수동적으로 하는 것이 몸에 배겨서 숙제를 많이 내 주면 찍어서 풀고, 개념 필사를 시켜도 무슨 내용인지 읽어 보지도 않고 베껴 쓰며, 집에 빨리 가려고 찍어서 맞은 문제를 강사에게 물어보지도 않습니다. 그래서 성적이 오르지 않습니다.

따라서 2그룹 아이들은 초등부터 습관을 들이는 것이 중요합니다. 안 그러면 중등수학부터 방정식·부등식·함수 활용 문제를 맞닥뜨리면 식을 못 세워 손도 못 대게 되고, 단순 연산이나 복잡한 계산 문제들은 계산 자체를 정확하게 못해 진도가 나가지 않습니다.

처음 공부할 때 개념 노트, 오답 노트, 4분할(혹은 6분할) 풀이 노트, 무지 연습장 총 4권을 준비합니다.

개념 노트

'개념 공부하는 법, 이렇게 지도하라(95쪽)'에서 언급했듯이 초등 3~4 학년은 필요하지 않고, 5학년 정도부터 중등을 생각하면서 개념 필사를 시킵니다. 5학년부터 6학년까지 보통 1~2년 정도 연습을 시키면 본격적으로 개념이 많아지는 중등부터는 제대로 개념 노트를 작성할 수 있으며, 개념 필사를 연습시키면 자연스럽게 개념 정리 단계로 발전합니다.

오답 노트

오답 노트는 4분할 혹은 6분할 노트를 사용합니다. 교재명, 쪽수, 문제 번호를 표시하고, 식을 포함한 오답 내용을 깔끔하게 정리해서 쓰게 합니다. 식을 정리하지 못할 때는 오답 노트에 해설지 필사를 시킵니다.

4분할 풀이 노트

문제를 풀 때는 4분할 연습장에 문항 번호를 쓰고 모든 문제를 식을 써서 풀게 합니다. 구체적으로는 무지 연습장에 자유롭게 풀고 4분할 노트에 풀이를 정리시킵니다. 문제집에는 답만 체크합니다.

원래 저는 이런 형식적인 것을 별로 좋아하지 않아서 1그룹 아이들은 4분할 연습장에 풀게 하지 않습니다. 그러나 2그룹 아이들은 이렇게라도 시키지 않으면, 고등까지 영원히 식을 써서 문제 푸는 방법을 모릅니다. 적당히 숫자를 집어넣거나 이상한 방법으로 대충 풀어 수학 실력이 늘지 않습니다. 이처럼 연습장에 식을 세워서 푸는 습관은 처음 수학을 공부하는 초등 3학년부터 시켜야 합니다.

무지 연습장

무지 연습장은 단순 계산이나 풀이 등을 자유롭게 하는 공간입니다. 계산이 복잡하거나 문제가 어려워 풀이 공간이 많이 필요할 경우 사용합니다. 특히 심화 문제의 경우 4분할 연습장의 한 칸을 넘어서거나 다양한 방법을 시도해야 하는 경우가 생깁니다. 또한 줄이 쳐진 노트나 4분할 연습장은 공간의 제약이 있어 자유로운 생각을 막는 부작용이 있을 수 있습니다. 따라서 어려운 문제나 복잡한 문제는 무지 연습장을 이용하여 풀고, 답이 맞을 경우 4분할 연습장에 다시 정리하는 방식으로 공부합니다.

서술형 문제 푸는 법

사고력 수학을 하면 자동으로 서술형 연습을 하게 됩니다. 그러나 교과 수학만 한다면 따로 서술형 연습을 해야 합니다.

초등 때는 최대한 논술 형태로 서술형 답안을 쓰도록 유도합니다. 중등부터는 문자와 식을 배우므로 간결한 식의 형태로 서술형을 쓸 수 있는데, 초등은 문자와 식을 배우지 않으므로 말로 설명하듯이 논술형으로 쓰도록 지도합니다. 또한 초등만이라도 논술형 형태로 답안 쓰는 것을 추천하는 이유는, 논리적 글쓰기를 하며 수학적 사고력을 형성하는 데도 도움을 주기 때문입니다. 5학년부터는 〈문제 해결의 길잡이〉 시리즈와 같은 서술형 문제집을 활용하는 것도 괜찮습니다.

논술형 답안을 잘 쓸 수 있으면, 이후 서술형으로 주어지는 문제들은 자연스럽게 답안을 쓸 수 있게 됩니다.

주기적으로 시험 보는 법

혼공의 최대 단점은 시험을 못 본다는 점입니다. 학원에서는 프린트 숙제도 내 주고 시험도 자주 봅니다. 수학을 교재로만 공부하면, 본인이 '알았다'라는 느낌과 실제 시험을 봤을 때의 점수의 괴리가 심합니다. 메타인지 능력이 떨어지는 2그룹의 아이들은 이 괴리가 더욱 심합니다. 교재를 풀 때는 교재의 개념을 읽을 수 있고, 문제의 흐름과 맥락이 있어서 문제가 더 잘 풀립니다. 그러나 시험을 보거나 프린트에 있는 문제를 풀게 되면 아이들은 어느 단원의 어떤 개념을 끄집어내서 써야 하는지 몰라 잘 못 풀게 됩니다.

따라서 자주 시험을 봐서 개념을 끄집어내는 연습을 하면 좋습니다. 프린트 형태의 문제나 시험은 일주일에 1회 정도씩 보면 가장 좋고, 그것이 힘들다면 최소한 한 달에 한 번씩은 봐야 합니다.

그러나 혼공은 시험 문제를 만들기도 쉽지 않고 프린트물을 만들기도 어렵습니다. 중고등생만 되도 족보닷컴 등의 사이트를 통해 학교별 기출문제를 다운받아 시험을 볼 수 있지만 초등은 적당한 시험 문제를 구하기 어렵습니다.

혼공을 할 때 시험을 보는 방법 중 하나는, 문제집의 단원 평가 문제를 시험의 형태로 보는 것입니다. 대부분의 문제집은 단원이 끝날 때, 단원 마무리 문제가 있고, 중단원별로 중단원 평가 문제, 대단원별로 대단원 평가 문제 등이 있습니다. 디딤돌 출판사의 심화교재인《최상위》의 경우, 단원별 문제가 끝나면 맨 뒤에 모의고사 형태의 테스트 문제들이 있습니다. 이것을 그냥 풀게 하지 말고, 시간을 재서 시험같이 풀립니다. 시험이 끝난 후, 채점을 하고 충분한 시간을 주고 오답을 시키면 됩니다.

또 출판사 홈페이지에 온라인 형태로 평가 문제를 제공하는 곳도 있습니다. 이것을 다운받아 주기적인 테스트를 보는 것도 좋습니다. 대표적으로 디딤돌 출판사 홈페이지에 들어가면 평가 문제와 이것을 토대로 아이에게 적합한 교재까지 추천해 주는 프로그램이 있습니다.

시험 성적을 결정하는 것

 심화교재를 여러 번 오답했는데, 시험은 왜 못 볼까요? 아이의 문제가 뭔지 모르겠어요.

A 책을 읽는 것과 그 책 내용을 사람들 앞에서 설명하는 것은 다른 문제입니다. 수학 문제집을 푸는 것과 수학 시험을 잘 보는 것도 다른 문제입니다. 오답을 여러 번 반복하는 것과 시험을 잘 보는 것도 다른 문제입니다. 어떤 개념을 배우거나 책으로 읽는 것과 그것을 백지 노트에 쓰는 것도 다른 문제입니다.

학원에서 아이들을 지도하면 배신을 많이 경험하게 됩니다. 숙제를 잘하고 정답률도 높은 아이가 단원 테스트는 형편없이 봅니다. 오답을 여러 번 하고, 교재도 여러 권 푼 아이가 학교 시험을 망쳐서 옵니다. 이런 것을 여러 번 겪다 보면 아이들이 문제집을 몇 권을 풀었는지, 정답률은 얼만지, 오답을 몇 번 했는지가 시험 성적을 결정하지 않는다는 것을 알게 됩니다. 시험 성적은 말 그대로 시험 성적이 결정합니다. 예를 들어 학교 시험을 잘 보기 위해서는 학원에서 본 모의고사를 잘 봐야 합니다. 《블랙라벨》까지 풀었어도, 《쎈》 정답률이 95%라도 학원 모의고사를 못 본 아이들은 학교 시험도 못 보게 됩니다. 왜 이런 현상이 벌어질까요?

첫 번째, 답을 베끼거나 찍어서 문제를 푸는 경우입니다. 당연히 성적이 좋을 수 없습니다.

두 번째, 개념을 이해하지 않고 그냥 책에 있는 공식에 끼워 맞춰서 푸는 경우입니다. 문제가 조금만 변형돼도 못 풀게 됩니다.

세 번째, 공식만 암기해서 푸는 경우입니다. 원리는 이해하지 못한 채 공식만 암기하면 금방 잊어버리고 시험 볼 때 떠오르지 않게 됩니다.

네 번째, 오답으로 정확한 원리를 이해하는 것이 아니라, 문제풀이를 단순 암기하는 데 그치는 경우입니다. 그러면 문제가 약간만 변형되어도 어떻게 적용할지 몰라서 못 풀곤 합니다. 따라서 오답을 여러 번 했다고 시험을 잘 보는 것은 아닙니다.

이 모든 경우의 공통점은 개념을 정확히 머릿속에 집어넣지 않고 공부한다는 것입니다. 뇌는 어떤 개념을 공부하거나 배우면 알고 있다는 착각을 합니다. 이 착각을 넘어 진짜로 뇌에 개념을 집어넣지 않으면 필요할 때 끄집어낼 수 없습니다. 모를 때는 항상 엄마나 과외선생님이 매번 설명해 주거나 교재 개념을 보고 풀면, 아이는 어떤 개념이나 원리를 머릿속에 저장하려고 하지 않습니다. 알기는 알되 정확히 모르는 상태, 즉 누가 물어보면 대답을 하지 못하거나 시험을 보면 풀 수 없는 상태가 됩니다.

결국 이 모든 것을 해결하는 방법은 하나입니다. 시험을 자주 봐야 합니다. 어떤 개념을 가져다 써야 할지 힌트가 하나도 없는, 즉 단원명과 개념이 적혀 있지 않은 시험을 자주 봐서, 머릿속에 들어 있는 것을 끄집어내는 연습을 해야 합니다.

그래서 저는 학원에서 자주 프린트 숙제를 내 줍니다. 교재 문제가 아닌 프린트를 내 주면 아이들은 문제를 보고 어떤 개념을 가져다 쓸지 고민하게 됩니다. 제대로 공부한 아이들은 교재 정답률과 프린트 정답률이 일치하고 그렇지 않은 아이들은 현격하게 차이가 납니다. 차이가 큰 아이들은 개념이나 원리들이 머릿속에 저장되어 있지 않고, 문제를 풀 때 개념과 예제 풀이를 보고 그대로 따라 풀거나 찍어서 프린트물을 풀어 옵니다. 이런 아이들은 교재 오답조차 적당히 암기하며 오답을 하기에 오답 효과가 생기지 않습니다.

제가 가르친 학생 중에 중학교 전교권 아이들만 진학하는 자사고에 다니는 학생이 있었습니다. 그 학교는 학교 부교재(시중 교재)에서 거의 90% 이상의 시험 문제를 내는 학교였습니다. 그 아이도 학교 부교재와 선생님의 필기 노트만 암기를 하곤 했습니다. 오답을 넘어 거의 암기를 했는데도 점수는 형편없었습니다. 제가 이 학생을 관찰해 보니, 어떤 원리를 정확히 이해하지 못한 채 암기식 오답을 하고 있었습니다. 그러니 문제가 약간만 변형돼도 다 틀리는 것이었습니다. 그래서 선생님들이 시험에 나온다고 찍어 준 문제들을 약간씩 변형해서 문제를 만들어 연습을 시켰습니다. 그랬더니 평소 5등급 정도의 점수를 받던 학생이 금세 2등급을 받게 되었습니다.

시험 말고도, 배운 것을 머릿속에 떠올리는 행위를 통해 적극적으로 개념을 집어넣으면 좋습니다. 누군가에게 설명하기, 백지 개념 테스트 보기, 떠올리며 회상하기 등이 있습니다. 다 설명한 내용들이니 공부법 파트들을 참고하면 됩니다.

중고등을 내다보는
수준별 학습 로드맵

학습 로드맵의 종착점은 대학 입시입니다. 대학 입시에 성공하기 위해서 초등 시절부터 어떻게 학습 활동을 해 나가야 할지, 좀 더 구체적으로 얘기하면 심화, 선행, 교과 수학, 비교과 수학(사고력 수학 등)을 어떻게 구성할지가 핵심입니다.

현행 입시 제도에서 고등학생은 내신과 수행, 수시, 정시 등을 준비하느라 눈코 뜰 새 없이 바쁩니다. 그러니 고등학생 때 수학 관련 무언가를 연습하거나 교정하는 것은 거의 불가능합니다. 내신 성적이 우수할수록 내신과 수행 등 교과활동을 비롯하여 비교과활동에도 매진하느라, 선행이나 정시를 준비할 시간을 갖기가 힘든 것이 현실입니다. 또한 아무리 정시(수능과 관련)비중이 높아졌다고는 하나 여전히 수시(내신과 관련)에 우선 중점을 두는 것이 조금 더 유리하기도 합니다.

따라서 수시를 통한 대학 합격 로드맵을 기준으로 초등 시절 수준별 학습 로드맵의 방향을 구체적으로 잡아 보겠습니다.

만일 아이가 정시를 통해 대학 입시를 준비한다면, 수시 로드맵보다 훨씬 여유 있는 로드맵이 가능합니다. 극단적으로 말씀드리면, 6개월(한 학기) 정도 선행만으로도 정시 준비는 가능합니다. 따라서 정시까지 고민한다면 무리한 선행보다는 장기적 목표를 가지고 초등 및 중등 시절은 올바른 공부 습관 만들기와 학습 능력을 높이는 연습을 꾸준히 하고 고등부터 서서히 수능 모드로 진입해도 됩니다. 특히 정시 목표인 경우는 선행보다 심화에 더욱 신경 쓰기를 추천합니다.

· 일반고등학교 수학 교육과정 편제표 ·

	1학기	2학기	비고
고1	고등수학(상)	고등수학(하)	기하의 경우 진로 선택 과목으로 원하는 학생만 2학년이나 3학년 때 선택 수강합니다. 확률과 통계와 미적분은 둘 중 한 과목만 선택 수강합니다. 3학년 2학기는 대부분 통합 수학의 형태로 수능 대비를 합니다. 교육과정은 학교별로 선택 과목 수강 시기에 대한 약간의 차이가 있습니다.
고2	수1	수2	
고3	확률과 통계 or 미적분	수능 대비	

수준별 선행 진도 잡는 법

수시를 목표로 한다면 내신에서 좋은 점수를 얻어야 합니다. 학기 중에는 내신과 수행 등의 교과 활동에 매진해야 함을 뜻합니다. 내신 수학 시험은 50분이라는 짧은 시간에 많은 문제를 풀어야 해서, 문제를 보고 바로 풀이가 떠오를 정도의 반복 학습과 어려운 킬러 문항을 해결할 수 있는 문제해결력을 갖춰야 합니다. 100분 동안 30문제를 푸는 수능과 달리 50분 동안 20~25문항을 풀어야 하는 내신 시험은 시간이 모자라다는 평가가 많습니다. 수능의 경우 실력이 부족해서 문제를 못 푼다면, 내신 시험은 풀 수 있어도 시간이 부족해서 다 못 풀었다는 얘기를 많이 합니다. 따라서 내신 시험을 잘 보기 위해서는 충분한 유형별 반복 연습이 필요합니다. 물론 만점을 노린다면 킬러 문항을 해결할 수 있는 실력도 있어야 하겠죠.

반복 연습할 충분한 시간의 확보와 심화 능력의 확보가 고등 내신을 잘 보기 위한 조건이라면, 다음과 같은 시기별 로드맵이 필요합니다.

• 시기별 로드맵: 수준별 수학 진도표 •

등급	1등급(~4%)	2등급(4~11%)	3등급(11~23%)	4등급(23~40%)
초3	초3-1/초3-2/초4-1	초3-1/초3-2/초4-1	초3-1/초3-2	초3-1/초3-2
초4	초4-2/초5-1/초5-2	초4-2/초5-1/초5-2	초4-1/초4-2/초5-1	초4-1/초4-2
초5	초6-1/초6-2/중1-1	초6-1/초6-2/중1-1	초5-1/초6-1/초6-2	초5-1/초5-2/초6-1
초6	중1-2/중2-1/중2-2	중1-1/중1-2/중2-1	중1-1/중1-2	초6-2/중1-1
중1	중3-1/중3-2/수(상)	중2-2/중3-1/중3-2	중2-1/중2-2	중1-2/중2-1
중2	수(하)/수1	수(상)/수(하)	중3-1/수(상)	중2-2/중3-1
중3	수2/선행 복습	수1/선행 복습	중3-2/수(하)	중3-2/수(상)
고1	선택 과목/선행 복습	수2/선행 복습	수1/수2/선행 복습	수(하)/수1
고2	선행 복습	선택 과목/선행 복습	선택 과목/선행 복습	수2/수1 복습

극상위권(~2%)과 하위권(3그룹)의 진도표는 뺐습니다. 극상위권은 수학 실력이 뛰어나서 선행 속도가 매우 빠르므로 진도표가 의미 없고, 하위권은 선행 자체가 거의 불가능하기 때문입니다.

표 속 용어를 간단히 설명하자면, 수(상)은 고등수학(상)을 뜻하고, 수(하)는 고등수학(하)을 뜻합니다. 선택 과목은 '미적분' 혹은 '확률과 통계'를 뜻합니다. 선행 복습이라는 것은 지금까지 공부했던 것을 선행 진도를 포함하여 복습하는 것을 뜻합니다. 가령, 1등급을 노리는 학생의 중학교 3학년 진도표를 보면 '수2+선행 복습'으로 되어 있습니다. 여기서 '선행 복습'은 이전에 선행했던 수(상), 수(하), 수1을 복습하는 것을 뜻합니다.

이 진도표는 하나의 예시이니 참고용으로 사용하길 바랍니다. 수시로 대학 합격을 노린다면 내신 경쟁을 해야 되고 그러기 위해서는 어느 정도 반복 및 복습을 해야 하기 때문에 선행을 수2까지 한 아이가 유리합니다.

참고로 초등이나 중등 아이들이 시간이 많다고 한 학기 과정 심화를 여러 권 하는 것은 그리 도움이 되지 않습니다. 고등 내신 시험을 준비할 때는 어느 정도 패턴을 암기하고 연습하기 위해 비슷한 난이도의 심화교재를 여러 권 볼 수는 있지만, 이것이 심화 능력 향상에는 그리 도움을 주지 않기에 아이가 고등 이하라면 필요 없는 과정입니다. 굳이 더 하고 싶다면 난도를 높여 극심화에 도전하든가 사고력 수학을 해서 다른 방식으로 생각하는 연습을 하는 것이 좋습니다.

선행과 심화의 균형 잡기

무작정 선행만 빠르게 한다고 고등수학을 잘하는 것은 아닙니다. 개념 중심의 선행을 꼼꼼하게 한 학생의 고등수학 성적은 3등급이 최대치입니다. 심화 능력이 없으면 1~2등급까지 올라서기가 힘듭니다. 왜냐하면 1~2등급이 되기 위해서는 처음 보는 낯선 유형의 문제나 고난도 킬러 문제를 풀 수 있어야 하고, 이런 것들을 풀기 위해서는 심화 능력(문제해결력)이 갖춰져야 합니다.

4등급 수준의 아이들부터는 개념 중심의 선행 자체도 매우 벅차하기 때문에 한 학기 선행도 힘듭니다. 그러므로 수학 실력의 향상 없이 선행 속도만 최상위권에 맞추는 것은 의미가 없습니다. 3등급 수준의 학생은 선행 속도를 1등급 수준으로 높여도 여전히 수학 성적은 3등급이고, 4등급 수준의 학생은 선행 속도를 1등급 수준으로 높이면 구멍이 생기고 수학에 흥미를 잃어 수포자로 빠지곤 합니다. 따라서 수학 실력을 높일 수 있는 심화를 병행해야 하고, 심화 능력이 생기면 역으로 선행 속도가 빨라집니다.

이처럼 심화도 병행해야 하기 때문에 고등 상위권이 되기 위한 선행 진도를 맞추는 것이 만만치는 않습니다.

초등 선행과 심화의 균형 잡기

수학 실력이 부족한 초등 아이에게 알맞은, 선행과 심화의 균형을 잡을 두 가지 전략을 소개합니다.

첫 번째는 초중고 적정 학습량 분배를 통해 초등 학습에 너무 많은 시간을 할애하지 않는 전략입니다. 수준별 차이는 있겠지만, 한 학기 과정 학습 시 초등의 경우 연산·개념·심화·사고력 교재 등을 모두 포함하여 2~3권만 진행합니다. 가장 바람직한 구성은 기본(or 응용) 1권+준심화(or 심화) 1권+사고력 1권입니다. 이 구성에서 초등 고학년부터는 사고력을 빼고, 기본(or 응용) 1권+준심화(or 심화) 1권인 2권 구성으로 가면서 속도를 좀 더 높입니다.

두 번째는 부분적 심화를 하면서 선행 시간을 확보하는 전략입니다. 초등 아이의 실력이 부족한데 모든 단원 모든 학기 심화를 하면 시간이 매우 오래 걸릴 수 있습니다. 물론 모든 과정 심화를 하는 것이 가장 이상적이지만, 여의치 않을 때는 부분적 심화를 통해 생각하는 연습을 꾸준히 하면서 수학 실력을 높여 나갑니다. 심화의 목적은 진도를 빼거나 지식을 채우는 것이 아니라, 사고력을 넓히고 문제해결력을 높이는 데 있음을 기억하기 바랍니다.

부분적 심화를 진행하는 방법은 두 가지입니다.

하나는 중등과 연계성이 높은 초등 단원 표를 보고, 연계성이 높은 단원 위주로 심화를 진행하는 방법입니다. 해당 표는 174쪽, 초등수학 지도안 개괄 및 활용법에 실려 있으니 확인 가능합니다.

다른 하나는 한 학년 당 한 학기씩 선택해서 심화를 진행하는 방법입니다. 한 학년 당 한 학기씩 심화를 진행할 때는 3학년 1학기, 4학년 2학기, 5학년 1학기, 6학년 1학기를 추천합니다. 특히 시간이 부족할 때는 6학년 2학기의 경우 개념교재 한 권만 하고 넘어가는 것을 추천합니다. 왜냐하면 대부분의 내용이 중학교 1학년 2학기 때 복습되기 때문입니다.

중등 선행과 심화의 균형 잡기

중등 아이도 초등과 마찬가지 전략을 잡습니다.

첫 번째는 중등 학습에 너무 많은 시간을 할애하지 않는 전략입니다.

두 번째는 부분 심화입니다. 중등의 경우 단원이 아닌 학기별로 부분 심화를 진행합니다. 부분 심화를 진행할 때는 다음의 순서로 심화 순서를 잡습니다.

2학년 1학기→2학년 2학기→3학년 1학기→
1학년 1학기→3학년 2학기→1학년 2학기

예를 들어 한 과정만 심화한다면 2학년 1학기를, 두 과정만 심화한다면 2학년 1학기와 2학년 2학기를, 세 과정까지 가능하다면 2학년 1학기와 2학년 2학기와 3학년 1학기를 진행하는 것입니다.

1학년 1학기와 2학년 1학기는 수와 식, 문자와 식, 함수를 배우는 과정이고 상호 연계성도 높습니다. 따라서 시간이 없을 때는 시험을 보지 않는 1학년 1학기 심화는 건너뛰고 2학년 1학기 심화부터 하는 것입니다.

2학년 2학기 때는 도형과 확률을 배웁니다. 특히 도형 영역은 수1에 등장하는 삼각함수 응용 문제에 자주 활용되고 내신 시험도 보므로 심화까지 해 두면 좋습니다.

3학년 1학기는 고등수학(상)과 연계성이 높은 중요한 단원입니다. 따라서 심화까지 해 두면 고등수학(상)을 배울 때 원활하게 진행할 수 있습니다. 만약 시간이 없으면 개념과 유형까지만 하고, 고등수학(상)에서 심화까지 도전해도 됩니다.

1학년 1학기는 처음 중등 과정을 시작하는 과정이므로 중요해서 심화까지 하면 도움이 되나, 시간이 없을 때는 2학년 1학기 심화로 대체할 수 있습니다.

3학년 2학기 과정은 삼각비와 원의 성질이 중요하나, 학교 시험이 쉽게 나오므로 개념만 튼튼히 학습합니다.

마지막으로, 1학년 2학기 때 배우는 내용은 대부분 초등에서 배웠던 내용의 복습이라 새로운 내용이 적습니다. 고등 과정과의 연계성도 진로 선택 과목인 기하와 연계성이 높습니다. 대부분의 고등학생들은 수능 선택 과목으로 미적분과 확률과 통계를 선택하기에 상대적으로 중요성이 떨어지기도 합니다. 그러니 시간이 없다면 심화는 건너뛰어도 됩니다.

다음 쪽의 표는 아이의 고등 예상 성적에 따른 심화 진도입니다. 여기서 아낀 시간과 노력을 가장 중요한 고등 선행 및 심화에 투자하게 지도합니다.

수준	심화를 나갈 과정
1~2등급 예상	중등 전 과정
2~3등급 예상	중2-1/중2-2/중3-1/중1-1
3~4등급 예상	중2-1/중2-2
4등급~	중2-1

평범한 학생들을 위한 효율적인 수학 로드맵

지금까지 아이의 수준과 상태에 따라 현행, 선행, 심화를 나가는 방법을 알려 드렸습니다. 1그룹 아이들은 선행과 심화를 무리 없이 해낼 것이고, 3그룹 아이들은 현행을 따라가기도 벅차므로, 수학 로드맵을 신경 써서 짜야 하는 그룹은 바로 2그룹 아이들입니다. 이 아이들이 1그룹으로 진행하려면 1그룹 수준의 선행 속도를 따라가면서 심화도 병행해야 합니다. 그러려면 부분적 심화와 연계성 높은 단원끼리 학습해 효율성을 높이며 최대한 빨리 따라잡아야 합니다. 그 로드맵을 간단히 정리했습니다.

초등수학 로드맵

한 학년 당 한 학기만 심화를 진행합니다. 4학년까지는 사고력 수학을 진행하고, 5학년부터는 사고력 수학 대신 〈문제 해결의 길잡이〉 시리즈 같은 서술형 문제집을 추가하거나 바로 선행 진도를 뺍니다.

과정	교재 구성
초3-1	기본+심화+사고력
초3-2	기본+사고력
초4-1	기본+사고력
초4-2	기본+심화+사고력
초5-1	기본+심화(2권) or 기본+심화+서술형(〈문해길〉 시리즈 등)
초5-2	기본(1권) or 기본+서술형(〈문해길〉 시리즈 등)
초6-1	기본+심화(2권) or 기본+심화+서술형(〈문해길〉 시리즈 등)
초6-2	기본(1권)

중등 과정에 들어가기 전 언어 능력은 필수로 길러 둡니다. 안 그러면 진도를 나갈 때마다 연산교재를 해야 해서 속도가 느려집니다. 언어 능력이 높은 아이들은 이런 시간 낭비가 없습니다.

중등수학 로드맵

중등부터는 연계성 높은 과정끼리 묶어 학습하며 부분 심화를 유지해나갑니다.

다음 쪽의 표는 중등 3학년 때까지 진행할 중등 및 고등수학 선행 로드맵입니다.

과정	교재 구성
중1-1	기본+유형
중2-1	기본+유형+심화
중1-2	기본
중2-2	기본+유형+심화
중3-1	기본+유형
고등수학(상)	기본+유형+심화
고등수학(하)	기본+유형+심화
중3-2	기본
수1	기본+유형

　선행을 진행할 때, 심화까지 진행하기 힘들면 심화를 유형이나 준심화로 대체하고 내신 대비 때 심화에 도전합니다. 예를 들어 중등 2학년 1학기는 기본+유형+심화로 꼭 심화를 진행해야 하지만, 아이가 심화까지 진행하기 힘들다면 기본+유형1+유형2 또는 기본+유형+준심화 정도로 대체합니다. 그 후 내신 대비를 해야 할 때 현행 복습 겸 심화를 진행합니다.

　다음의 표는 과정이 아닌 아이의 학년을 기준으로 다시 정리한 표입니다. 절대적 기준이 아니라 아이의 상태를 보며 조절해야 함을 잊지 말기 바랍니다.

학년	선행 순서
초3	초3-1 기본/심화→초3-2 기본→초4-1 기본
초4	초4-2 기본/심화→초5-1 기본/심화
초5	초5-2 기본→초6-1 기본/심화→초6-2 기본→중1-1 기본
초6	중1-1 유형→중2-1 기본/유형/심화→중1-2 기본
중1	중2-2 기본/유형/심화→중3-1 기본/유형
중2	수(상) 기본/유형→수(하) 기본/유형
중3	중3-2 기본→수1 기본/유형→수(상) 심화→수(하) 심화

중고등 교재 소개

초등이라도 실력이 우수한 아이들은 중고등 선행을 진행하기도 하므로 학원에서 자주 사용하는 교재 위주로 난이도를 분류해 봤습니다. 물론 절대적인 기준이 아니라는 점을 감안하고 활용하면 좋습니다.

연산교재(기초교재)는 제외했는데, 연산교재를 선택할 때는 아이의 상태에 따라 교재의 양을 보고 선택하면 됩니다. 조금만 연습해도 되는 아이는 얇은 연산교재, 많이 연습해야 되는 아이는 두꺼운 연산교재를 사용하면 됩니다. 연산교재 자체의 질적인 차이는 크게 없습니다.

현행 때 내신 대비 등으로 1~2권 복습을 하므로, 중고등 선행 교재의 구성은 3권 구성이 적당합니다. 최상위권은 유형교재 1권+심화교재 2권이 적당하고, 상위권의 경우 개념교재 1권+심화교재 2권이 적당하며, 중상위권은 개념교재 1권+유형교재 1권+심화교재 1권, 중위권은 개념교재 1권+유형교재 2권, 중하위권은 개념교재 2권+유형교재 1권, 하위권은 연산교재 1권+개념교재 1권+유형교재 1권이 적당합니다.

• 중등교재 난이도별 분류 •

난이도	개념교재	유형교재	심화교재
극심화			《A급》
심화3			《블랙라벨》
심화2			《최상위》
심화1			《일등급 수학》
준심화3		《A급 원리 해설》	《최고득점》《최고수준》《일품》
준심화2		《풍산자 필수 유형》	《절대등급》
준심화1		《쎈수학》《유형 아작》	
응용4		《우공비Q 발전편》	
응용3	《숨마쿰라우데》	《최상위 라이트》	
응용2		《개념+유형 파워》	
응용1	《수학 중심》	《알피엠》	
기본3	《우공비》《개념 원리》	《빨리 강해지는 수학》	
기본2	《신수학의 바이블》	《라이트쎈》	
기본1	《개념쎈》《풍산자 개념 완성》	《우공비Q 표준편》	
기초2	《개념+유형(개념편)》《체크체크》	《개념+유형 라이트》	
기초1	《빨리 이해하는 수학》	《풍산자 반복수학》	

난이도	개념교재	유형교재	심화교재
극심화2			《최강 TOT》
극심화1			《531 프로젝트》
심화2	《실력 정석》		《블랙라벨》
심화1		《마플 시너지》《자이스토리》	《일등급 수학》
준심화2	《숨마쿰라우데》	《마플 교과서》	《일품》《올림포스 고난도》
준심화1	《기본 정석》《바이블》	《쎈》《아샘 HI-HIGH》	
응용2		《EBS 올림포스》	
응용1		《알피엠》《일등급 만들기》	
기본2	《개념+유형》		
기본1	《수학의 샘》	《내공의 힘》《라이트쎈》	
기초2	《개념원리》《개념쎈》	《풍산자 필수 유형》	
기초1	《개념쎈 라이트》《풍산자》		

학원을 보내야만 한다면

 아무래도 시간이 없어서 학원을 보낼 것 같습니다. 학원에 다니는 효과를 극대화할 수 있게 부모가 해 줄 수 있는 것은 무엇이 있을까요? 특히 강의식 대형 학원을 갈 때 필요한 부분을 알려 주세요.

첫 번째는 직접 숙제 채점을 해 주는 것입니다. 혼공에서는 초등까지는 부모가 채점을 하고 중등부터 스스로 채점하며 모르는 부분들을 체크하지만, 학원에 다니면 얘기가 조금 달라집니다.

아이들이 채점 이후 다시 고치는 1차 작업까지 집에서 하고 학원에 오면, 숙제를 베끼거나 날림으로 하는 현상을 방지할 뿐만 아니라 학원 프로그램을 100% 수행하는 데 크게 도움이 됩니다. 비록 틀렸더라도 오랫동안 고민한 후 설명을 들어야 무슨 말인지 정확히 이해할 수 있습니다. 하지만 대부분의 아이들은 학원에 와서 채점하고 고치거나 바로 질문하는 버릇이 있어서 설명을 들어도 알아듣지 못하는 경우가 다반사입니다.

오랫동안 과외를 하며 고등 과정까지 나간 중등 학생을 가르친 적이 있습니다. 입학 테스트를 보니 진도에 비해 점수가 저조하게 나와서 유심히 관찰했습니다. 제대로 하면 보통 3시간 걸리는 숙제를 내 줬는데, 학생 어머니에게 연락이 왔습니다. 1시간도 안 돼서 다 끝내고 게임을 하고 있다고 숙제를 더 많이 내 달라는 것이었습니다. 숙제를 점검해 보니 거의 답이 맞는데, 맞은 문제 몇 개를 골라 물어 보니 대답을 못 했습니다. 답지를 베꼈다는 뜻입니다. 진도를 나간 고등 과정을 다 점검해 보니 거의 처음 배우는 것 같은 수준이었습니다. 새로운 교재로 고등 과정을 처음부터 다시 하는데, 문제는 과외를 통한 수동적인 학습에 길들여져 스스로 공부하는 능력이 거의 형성되지 않은 상태였습니다. 1분만 책을 찾아보고 개념과 공식을 복습하면 스스로 해결할 수 있는 문제를 질문으로 해결하려 하니, 고등 과정을 한 번 배웠음에도 처음 배우는 학생보다 더디게 나갔습니다. 공부하는 방법을 알려 주고 어머니에게 숙제 채점을 부탁드렸는데, 그 이후부터는 숙제하는 속도가 현저하게 느려졌습니다. 정상이 된 것이죠. 모르는 문제들을 베끼지 않고 스스로 고민하니 속도가 느려질 수밖에 없는 것입니다. 이렇듯 부모님의 숙제 채점은 학원 다니는 효과를 극대화합니다.

두 번째는 진도 관리입니다. 강의식 대형 학원은 통일된 커리큘럼에 맞춰서 진도를 나가기 때문에 상위권 그룹은 너무 진도가 느리다 생각할 수 있고, 반대로 하위권 그룹은 진도가 너무 빠르다 생각할 수 있습니다. 따라서 상위권 그룹의 자녀를 두고 있다면 심화 교재라든지, 예전에 선행했던 부분을 다시 복습시키면서 아이들의 개인 학습을 관리하면 좋고, 하위권 그룹은 개념 결손이 있지는 않은지 관리합니다. 학습 결손이 계속 생기면 집에서 인터넷 강의 등으로 복습을 시키는 방법을 생각해 볼 수도 있습니다.

강의식 대형 학원은 장점만큼 단점도 분명하기에, 부모가 학원에서 못 채워 주는 부족한 부분을 채워 줄 수밖에 없고, 사실 그러면 문제가 없습니다. 잘하는 아이들은 더욱 많은 학습량을 챙겨 주면 되고, 못 하는 아이들은 따라갈 수 있도록 챙겨 주면 됩니다. 이런 것이 싫으면 어느 정도 아이에게 개별적으로 맞춰 주는 중소형 학원으로 옮겨야 합니다.

평범한 초등 4학년 아이,
이렇게 수학 심화 공부합니다

어떤 부모들은 아이가 수학에 재능이 없어 보인다고 이야기를 합니다. 수학에 흥미도 재능도 없는데 어떻게 수학 공부를 시켜야 할지 모르겠다는 푸념을 하곤 합니다.

하지만 초등 아이의 수학 재능을 판단하는 건 섣부른 일입니다. 또한 대학 입시를 정시까지 생각한다면 한결 여유가 생깁니다. 남들보다 속도가 느려도 불안하지가 않고요. 정시까지 바라본다면, 앞서 서술했듯이 6개월 선행만 나가도 승부를 걸 만합니다.

제 셋째 아들의 수학 학습 진행 과정과 로드맵을 알려드리면 조금 도움이 될 것 같습니다. 학습 능력이 부족한 셋째 아들의 경우, 초등 1~3학년까지 블록, 레고, 로봇 제작, 보드게임, 피아노를 시켰습니다. 수학은 제가 운영하는 학원에서 초등 1~2학년까지 사고력 수학만 진행을 했고 3학년부터는 사고력 수학과 교과 수학을 병행하기 시작했습니다. 미취학 시기부터 독서를 열심히 시키려고 했지만 습관을 잡는데 실패해서 언어 능력이 높지 못했던 케이스입니다.

3학년 심화, 힘들게 1년을 버텨 내다

초등 3학년이 되는 1월에 교과 수학을 처음 시작했습니다. 확실히 언어 능력이 떨어지니 누나들과 진도 차이가 많이 났습니다. 설명도 많이 해야 했고요. 디딤돌 출판사의 《기본》 3학년 1학기를 끝내는 데 누나들은 2개월이 안 걸렸는데, 셋째는 1월~4월까지 4개월이 걸렸습니다. 다행히 사고력 수학은 1학년부터 시켜서 그런지 공부보다는 놀이처럼 인식해서 진도가 밀리는 것 없이 잘 해냈습니다.

누나들과의 진도 차이를 구체적으로 이야기하면, 누나들은 3학년 1~2월에 개념을 끝내고 3월부터 심화를 시작했는데, 셋째는 개념교재를 끝내지 못한 상태에서 3월부터 디딤돌 출판사 심화교재인 《최상위》를 시작했습니다. 누나들이 처음 심화를 시작할 때 3~4개월에 끝냈지만 셋째는 3학년 1학기 심화를 끝내는 데 8개월이 걸렸습니다. 3학년 2학기 심화는 4학년 6월 말에 끝냈습니다. 3학년 심화가 16개월이 걸려서 끝난 셈입니다.

이때 저는 오래 걸려도 가르치는 것을 자제하며 최대한 스스로 풀게 하고 힌트를 주는 방식으로 심화를 끝냈습니다. 아이를 믿어 주고, 시간제 공부법으로 최대한 스스로 심화를 풀어 갈 수 있도록 기다려 주고, 여유를 가지고 꾸준히 시켰습니다. 왜냐하면 심화는 처음이 어렵지 일단 1년 과정을 제대로 하게 되면 그다음부터는 속도가 빨라진다는 것을 누나들과 학원생들을 가르치면서 경험했기 때문입니다. 누나들의 경우 처음 《최상위》로 심화를 시킬 때는 3~4개월 정도 걸렸으나 나중에는 속도가 빨라져 1개월에 한 학기 과정을 끝냈습니다.

우선 개념교재부터 스스로 독학하는 습관을 길러 줬습니다. 개념교재를 독학하는 방법은 이미 앞서 자세히 언급한 바 있습니다. 개념교재를 독학하는 습관이 완성되면 심화교재 독학이 가능해집니다. 다만 이 단계는 생각보다 시간이 오래 걸리고, 처음 3개월 정도는 부모가 살펴봐야 할 것들이 많습니다. 문제를 제대로 이해하고 풀고 있는지, 개념을 오독해서 헤매지는 않는지, 마지막 방정식 형태의 마무리를 초등학교에서 배우는 개념을 활용해 푸는 법을 몰라서 해결하지 못하고 있지는 않은지 등 심화를 하는 과정에서 아이들을 지치게 하는 것에는 빨리 개입해야 합니다. 언어 능력 부족으로 문제를 오독해서 소위 '뺄짓'을 하고 있으면 교정해 주고, 다 풀었는데 마무리 선행 계산이 안 되면 해설지를 보며 초등 방식으로 계산하는 방법 등을 알려 줘야 합니다.

또한 교과 및 심화 학습량은 그다지 신경 쓰지 않고 습관 만드는 데만 주력했습니다. 3학년 내내 어떻게 하면 독서를 시킬 것인가에 집중했습니다. 격려와 응원을 하며 독서를 하게끔 노력했으나 사실 잘되지는 않았습니다. 독서 대신 좋아하는 레고나 로봇 조립은 집중력 향상을 위해서 꾸준히 시켰습니다. 수학과 연계성이 높은 피아노도 시켰습니다. 또한 초등부터 완성되어야 하는 국어와 수학에 집중하며, 영어나 다른 교과목을 많이 가르치는 것은 자제했습니다.

4학년 심화, 수월해진 진도와 공부

이렇게 힘들게 1년을 버티고 4학년이 되었습니다. 4학년이 되고 새 담임선생님을 만나며 아들은 바뀌기 시작합니다. 독서와 글쓰기를 강조하는 담임선생님 덕분에 독서를 시작했습니다. 학교에서의 글쓰기는 사고력 수학의 다양한 서술형 문제들과 함께 시너지를 발휘해 아이는 논술형 및 서술형 글쓰기를 잘하기 시작했습니다. 그 시기에 힘들게 셋째를 설득해 독서 논술 학원을 보냈습니다. 이 모든 것들을 통해 독서와 글쓰기에 어느 정도 자신감이 붙은 셋째는 독서 논술 학원을 열심히 다니고 있습니다. 수학적 사고력과 공부 습관을 잡는 데 도움이 되는 바둑 학원도 다니기 시작했습니다.

이렇게 긍정적인 요소들이 붙고, 시간이 걸려도 심화를 끝낸 덕에 심화 속도가 빨라졌습니다. 3학년 과정 심화를 진행하는 데 16개월 걸렸지만, 4학년 1학기 심화는 4개월 정도에 마무리했습니다. 나머지 4학년 2학기 과정도 4개월이 걸리므로 8개월 정도면 끝날 것이라 예상합니다. 5학년이 되면 더 빨라집니다. 이것은 제가 자녀들 및 초등학생들을 지도해 본 경험에서 얻은 것입니다. 물론 강의식이 아니라 개별식으로 기다려 주는 방식으로 시킨 것입니다. 현재 교과 수학과 사고력 수학은 진도에 맞춰서 잘 진행하고 있고, 심화도 초등 5학년 1학기 과정부터는 현행 속도에 맞춰질 걸로 예상합니다.

지금까지 심화를 진행한 것과 앞으로 예상 진도를 정리하면 다음과 같습니다. 현재 진도 계획상 6학년 6월부터는 중등 선행을 나갈 수 있습니다. 학습 능력을 높이는 데 최대한 노력을 했기 때문에 중등부터는 더더욱 속도가 빨라질 것입니다.

과정	기간
3학년 1학기 최상위	3학년 3월~3학년 10월
3학년 2학기 최상위	3학년 11월~4학년 6월
4학년 1학기 최상위	4학년 7월~4학년 10월
4학년 2학기 최상위	4학년 11월~5학년 2월
5학년 1학기 최상위	5학년 3월~5학년 6월
5학년 2학기 최상위	5학년 7월~5학년 10월
6학년 1학기 최상위	5학년 11월~6학년 2월
6학년 2학기 최상위	6학년 3월~6학년 5월

계획표

셋째의 계획표를 참고로 싣습니다. 심화를 나가기 힘들어하는 아이들도 습관만 잡아 주면 따라붙을 수 있습니다. 앞서 이야기했듯이 습관을 단호하게 잡아 줘야 합니다.

169쪽은 현재 진행하는 4학년 계획표입니다. 3학년 때는 오후에 수학을 2시간 동안 했고, 1년 넘게 루틴대로 진행하니 완전히 습관이 들었습니다. 학교 수업이 끝나면 집에 들르지 않고 곧바로 제가 운영하는 수학 학원에 와서 수학 공부를 합니다. 수학 공부가 끝나면 바둑 학원, 피아노, 논술 학원을 갑니다. 모두 공부는 아니기 때문에 잘 적응합니다. 단 피아노는 다니기 싫어해서, 체르니 30까지만 마무리하자고 약속한 상태입니다. 바둑 학원은 또래 친구들과 바둑을 두기 때문에

	월	화	수	목	금	토	일
9시~1시(오후)	학교 수업					레고	한자 (1시간)
1시~3시	교과 수학	사고력 수학	교과 수학	사고력 수학	교과 수학	자유 시간	자유 시간
3시~5시 반	바둑 학원	피아노	바둑 학원	피아노	논술 학원		
6시~9시	자유 시간					TV	TV
9시~10시	책 읽기 또는 읽어 주기			영어TV			

학원보다는 놀러 간다고 생각하고 다닙니다. 논술 학원의 경우 책 읽기를 싫어해서 설득해서 보내는 데만 2년 넘게 걸렸습니다. 하지만 막상 다니니 대부분 토론 수업과 쓰기 위주고, 담임선생님 덕에 독서와 글쓰기에 취미를 붙여서 지루해하지 않습니다. 수학 공부에 비하면 휴식이라고 생각하는 것 같습니다. 논술 학원을 보내니 최소한 일주일에 1권은 책을 읽고 글쓰기를 합니다. 책을 읽는 것도 중요하지만, 그것을 글로 표현하는 것도 중요합니다. 하나하나 수학 공부에 도움을 줍니다. 내 머릿속에 저장된 것을 끄집어내는 중요한 연습입니다.

아이가 조금 부족하다고 생각되어도 올바른 로드맵을 짜고 학습 능력을 높여 주는 데 최선을 다해야 합니다. 생각하고 집중하고 몰입하면 누구나 수학을 잘할 수 있습니다. 장기적인 계획과 로드맵을 잡으십시오.

2부

아이의 공부를 돕는

초등수학 지도안

초등수학 지도안
개괄 및 활용법

2부 초등수학 지도안은 혼공을 하는 자녀를 이끌 때 필요한 수학 지도법을 안내합니다. 교과서에 있는 가장 올바른 기본 개념 지도법, 그리고 심화교재를 풀 때 필요한 심화 개념 지도법을 함께 담았습니다. 학원을 보내지 않아도 학원을 다니는 효과가 나도록 내용을 구성했습니다.

최대한 실제 학습 지도에서 필요한 내용 위주로 구체적으로 담았습니다. 따라서 아이의 혼공을 도와주는 부모뿐만 아니라, 아이들을 지도하는 데 익숙하지 않은 초보 학원 강사들에게도 추천합니다. 강사들을 위해 강의식으로 지도할 때 주의할 점과 활용법도 담았습니다.

1부에서 언급했듯이, 초등 1~2학년은 단순한 연산이나 조작 체험 위주의 내용이라 생략했습니다. 교과서 위주로 가벼운 연산 학습과 사고력 수학을 하면서 조작 체험 위주로 공부하는 것을 추천합니다.

이 지도안은 심화교재인 《열려라 심화》와 연계되어 있습니다. 애초에 이 책에 맞게 《열려라 심화》를 집필했기 때문입니다. 이 책에서 선별된 '시간과 노력을 들여 풀 만한 좋은 문제들'을 실었습니다. '지도 예시'라는 제목의 문제들 상단에 《열려라 심화》 문제집 속 위치를 표시했으니 참고하시기 바랍니다. 지도 예시는 부모용 풀이, 《열려라 심화》는 아이용 풀이라고 보면 됩니다.

중등수학과 연계성이 높은 초등 단원

우리나라 초등수학 교육과정은 5개 영역(수와 연산·규칙성·측정·도형·자료와 가능성)으로 나누어 초등수학에서 배우는 단원을 분류합니다. 이를 기준으로 초등 3학년부터 6학년까지, 중등수학과의 연계성 측면에서 표로 정리했습니다(174쪽 참고). 연계성은 매우 강함(빨강), 보통(파랑), 약함(검정)으로 표시했습니다. 초등수학에서의 중요도가 아닌, 중등수학에서 직접적으로 필요한 정도를 나타내는 척도로 이해하면 좋습니다. 수학을 공부하는 데 기초가 되는 수와 연산 영역은 대부분 검정색으로 표시되었습니다. 선행과 심화의 균형을 잡아야 할 때, 아이가 시간이 없을 때는 중등과 연계성이 높은 단원 위주로 심화를 해 나가면 좋습니다.

지도안 구성

지도안은 교과서 단원 기준으로 구성되어 있으며, 교과서 개념 지도법

· 중등수학과 연계성이 높은 초등 단원 ·

연계성 높은 정도: 빨강〉파랑〉검정

	수와 연산	규칙성	측정	도형	자료와 가능성
초3-1	• 덧셈과 뺄셈 • 나눗셈 • 곱셈 • 분수와 소수		• 길이와 시간	• 평면도형	
초3-2	• 곱셈 • 나눗셈 • 분수		• 들이와 무게	• 원	• 자료의 정리
초4-1	• 큰 수 • 곱셈과 나눗셈	• 규칙 찾기	• 각도	• 평면도형의 이동	• 막대그래프
초4-2	• 분수의 덧셈과 뺄셈 • 소수의 덧셈과 뺄셈			• 삼각형 • 사각형 • 다각형	• 꺾은선그래프
초5-1	• 자연수의 혼합 계산 • 약수와 배수 • 약분과 통분 • 분수의 덧셈과 뺄셈	• 규칙과 대응	• 다각형의 둘레와 넓이		
초5-2	• 분수의 곱셈 • 소수의 곱셈		• 수의 범위와 어림하기	• 합동과 대칭 • 직육면체	• 평균과 가능성
초6-1	• 분수의 나눗셈 • 소수의 나눗셈	• 비와 비율	• 직육면체의 부피와 겉넓이	• 각기둥과 각뿔	• 여러 가지 그래프
초6-2	• 분수의 나눗셈 • 소수의 나눗셈	• 비례식과 비례 배분	• 원의 넓이	• 공간과 입체 • 원기둥, 원뿔, 구	

과 심화 개념 지도법으로 나뉘어 있습니다.

교과서 개념 지도법

대부분의 엄마표 수학은 개념을 지도할 때 문제집에 있는 '개념'을 아이들에게 읽어 주는 방식으로 진행합니다. 초등수학 개념이 많이 어렵지는 않아서 비전문가도 그런 방식으로 가르칠 만하다고 착각하는 것입니다. 그러나 초등수학 개념은 양은 적지만 지도 방법은 고등수학보다 까다롭습니다.

교과서는 아이들의 인지발달 수준에 맞춰서 정교하게 개념의 순서를 배열하고 체계적으로 구성했습니다. 그러나 교과서만 봐서는 어떤 식으로 개념을 지도할지 알 수 없습니다. 그렇다고 교사용 지도서를 보기도 만만치 않습니다. 일단 양으로만 따져도 교사용 지도서 한 학기 분량은 초등 교과서 한 학기 분량의 거의 10배 정도입니다. 다 읽어 보기도 힘들고 내용도 꽤 어렵습니다. 그러나 교과서나 시중 문제집의 개념을 제대로 가르치려면 교사용 지도서를 읽어 보고 그 방향대로 가르쳐야만 합니다. 교과서의 한 문장 한 문장이 의미를 가지고 정교하게 배치되어 있기 때문입니다.

따라서 이 책의 교과서 개념 지도법은 교사용 지도서를 검토하여, 교과서 개념을 올바르게 지도하는 방향을 서술합니다. 따로 교사용 지도서를 보지 않아도 되게끔 필요한 부분만 검토하여 서술했습니다.

학원 강사들도 대부분 교과서나 교사용 지도서 분석 없이, 시중 문제집의 내용만 보고 정확한 원리 대신 계산 알고리즘이나 공식만 연습시키는 방식으로 지도하는 경향이 많습니다. 따라서 이 책의 교과서 개념 지도법은 학원 강사들도 꼭 참고했으면 좋겠습니다.

심화 개념 지도법

가장 불안하거나 힘든 것이 심화교재를 지도하는 것입니다. 교과서 개념은 학교 선생님이 천천히 원리부터 가르쳐 주지만 심화는 그렇게 기댈 곳이 없기 때문입니다. 사실 심화교재는 학원 강사도 무엇을 어떤 방향으로 설명해야 할지 어려워하곤 합니다.

따라서 심화 개념 지도법에서는 한 단원의 심화교재 수업을 할 때 필요한 확장 개념 및 심화 유형을 서술하고 있습니다. 시중 심화교재의 내용을 분석하여 공통적으로 들어 있는 심화 개념(기본 개념에서 확장되어 생각할 수 있는 개념) 및 심화 유형 지도법을 정리했습니다. 제가 자녀들을 지도할 때 배경지식으로 설명하는 내용, 학원생들이 심화교재를 공부할 때 자주 질문하는 내용들도 함께 담았습니다. 여기에 있는 내용들을 아이들에게 설명해 주면 굳이 학원을 보내지 않아도 학원에 다니는 효과를 얻을 수 있습니다.

아이의 수준에 따른 교습 순서 및 활용법

교과서 개념 지도법

스스로 개념 학습이 가능한 경우

아이가 개념 독학을 하기 전 부모가 미리 읽고 해당 단원의 전체적인 방향과 흐름을 제시합니다. 혹은 아이와 함께 보면서 이 단원을 공부할 때 유의할 점을 공유해도 좋습니다.

지도가 필요한 경우

교과서 개념 지도법을 부모가 미리 숙지하여 개념교재 지도 시 활용합니다.

어떤 단원을 아이에게 설명하기 전에 교과서 개념 지도법을 먼저 읽고, 교과서를 훑어봅니다. 아이에게 개념교재에 있는 개념을 설명하는 과정에서 교과서 개념 지도법의 내용을 활용합니다.

학원 강사들의 경우, 교과서 개념 지도법 내용 중 아이들에게 설명이 필요한 부분을 개념교재에 메모해 놓습니다. 개념교재를 보며 개념 설명을 할 때 메모해 놓은 내용까지 함께 설명합니다.

조금 더 노력을 한다면 아이들에게 개념 설명을 할 때 개념교재에 있는 내용, 개념 이해에 필요한 필수 예제, 그리고 교과서 개념 지도법의 내용을 섞어 나만의 지도안을 만들 수도 있습니다. 부모는 지도안을 아이와 함께 보면서 개념 설명을 하고, 필수 문제들을 풀어 줍니다. 그리고 아이에게 개념교재의 문제를 풀어 보라고 합니다. 만일 학원 강사라면 만든 지도안을 보며 강의를 합니다. 강의가 끝난 후 개념교재에 있는 필수 문제들을 아이들에게 풀어 보라고 한 후 제대로 개념을 이해했는지 점검합니다.

이 방법은 아이들이 공부할 때 나만의 개념 노트를 만드는 방법과 동일한 방법인데, 교습자도 지도안을 만드는 과정에서 정확한 개념을 정리할 수 있습니다.

심화 개념 지도법

스스로 심화가 가능한 아이

스스로 심화교재를 원활히 풀어 가는 아이라면 질문할 때만 심화 개념 지도법을 참고하여 설명해 줍니다. 혹은 아이가 심화교재를 풀기 전에 심화 개념 지도법을 직접 읽어 보고 풀게 합니다.

교습자의 도움이 필요한 아이

심화교재를 풀기 전에 해당 단원의 심화 개념 지도법을 내용과 예제까지 그대로 설명합니다.

효과적인 활용법

이 책에서는 학년마다 중복되고 반복되는 심화 개념 지도법은 제외했습니다. 원리는 똑같고 수만 자연수에서 분수, 소수로 바뀌는 식이기 때문에 동일한 내용을 반복해 싣는 것이 의미 없기 때문입니다. 따라서 초등 3학년 과정부터 순서대로 설명해 주는 것이 좋습니다. 가령 5학년 과정의 심화교재를 푼다고 해도, 3학년 과정 심화 개념 지도법부터 차례대로 설명해 주는 것이 반복적으로 나오는 심화 개념들을 정리하는 데 도움이 됩니다.

물론 중복되어 생략된 심화 개념들이 어느 단원에 나오는지는 알려 주고 있습니다. 예를 들어 6학년 1학기 1단원 분수의 나눗셈에서는 3학년 1학기 3단원 나눗셈, 3학년 2학기 2단원 나눗셈, 4학년 1학기 3단원 곱셈과 나눗셈을 참고하라고 안내합니다.

배경지식 지도법

심화 개념 중 부모만 알고 있으면 되는 배경지식의 경우, 굳이 아이에게 설명하지 않아도 됩니다. 중등수학까지 수업 가능한 학원 강사들이 알고 있는 내용을 서술했습니다. 혼공 지도안이다 보니, 강사들이 숙지하고 있는 배경지식을 넣어서 교습자가 숙지하여 학원에 보내지 않아도 되게끔 돕습니다. 간혹 아이가 질문을 하면 그때 알려 줍니다.

교습 형태에 따른 교습 순서 및 활용법

교과서 개념 지도법

교습자가 가르쳐야 할 때

강의식으로 수업하는 학원 강사들, 그리고 아이가 수학을 잘 따라오지 못해 부모가 가르쳐야 한다면 교습자는 지도안의 교과서 개념 지도법을 숙지하고 교과서를 훑어본 후, 개념교재를 아이에게 설명합니다. 개념 설명이 끝난 후, 개념교재에 있는 필수 문제들을 아이 수준에 맞춰서 풀어 줍니다. 아이가 잘한다면 몇 개만 골라서 풀어 주고, 그렇지 못하면 다 풀어 줍니다. 아이가 문제를 풀어 가는 과정에서 잘 모르는 것들은 개념교재의 개념을 읽고 다시 풀도록 유도합니다. 그래도 모르는 문제의 경우 힌트를 주면서 스스로 풀도록 유도합니다. 힌트를 줘도 모르는 문제는 설명을 합니다.

한 단원 개념 학습이 끝나면 오답 노트에 몰라서 틀린 문제나 어려운 문제들을 골라서 풀이를 정리하도록 합니다. 틀린 문제가 많더라도 오답 노트에 정리하는 문제는 5개 이하로 선택합니다. 오답 노트에 정리한 문제는 교습자에게 설명하도록 시킵니다.

자기주도 학습을 하는 아이를 도와줄 때

아이가 스스로 개념을 읽고 이해하게 합니다. 교습자는 지도안의 교과서 개념 지도법을 숙지하고 교과서를 훑어본 후, 개념교재에 있는 개념을 아이가 제대로 이해했는지 물어보거나 개념 테스트를 봅니다. 그 과정에서 교과서 개념 지도법의 내용을 참고하여, 이 단원 학습의 주의할 점 등을 언급해 줍니다.

이 과정이 끝나면 개념교재에 있는 문제들을 아이 스스로 풀게 합니다. 아이가 문제를 풀어 가는 과정에서 잘 모르는 것들은 개념을 다시 읽고 다시 풀도록 유도합니다. 그래도 모르는 문제의 경우 힌트를 주면서 스스로 풀도록 유도합니다. 힌트를 줘도 모를 때는 설명해 줍니다.

한 단원 개념 학습이 끝나면, 오답 노트에 몰라서 틀린 문제나 어려운 문제들을 골라서 풀이를 정리하도록 합니다. 틀린 문제가 많더라도 오답 노트에 정리하는 문제는 5개 이하로 선택합니다. 오답 노트에 정리한 문제는 아이가 교습자에게 설명하도록 시킵니다.

심화 개념 지도법

교습자가 가르쳐야 할 때

심화교재를 풀기 전 교습자는 지도안의 심화 개념 지도법의 내용을 아이에게 설명합니다. 단, 심화 개념 중 배경지식의 경우 대부분 중등 선행 개념이므로 꼭 아이에게 설명하지 않아도 됩니다.

대부분 심화교재는 개념 파트에 기본 개념과 확장 개념(심화 개념)이 있습니다. 이 부분은 교습자가 설명해 줍니다.

심화교재의 문제 파트는 대개 4단계로 구성되어 있습니다. 1단계 문제는 기본 문제입니다. 개념을 복습하는 문제이므로 아이가 스스로 풀게 합니다. 2단계 문제는 심화 필수 유형입니다. 대표 예제에는 대부분 해설이 있으니 교습자가 해설을 보며 설명하고, 아이들은 대표 예제 밑에 있는 유제를 풀게 합니다. 3단계는 준심화 문제이고, 4단계는 경시 기출을 포함한 심화 문제입니다. 3단계까지는 다 풀게 하고, 4단계부터는 아이 수준에 따라 문제를 조정해도 좋습니다. 다 풀 수 있는 아이는 다 풀게 하고, 너무 힘들어하면 경시 기출이나 복잡한 문제들은 해설지를 미리 살펴봐서 제외시킵니다. 만약 문제를 선별하는 과정이 번거롭다면 《열려라 심화》를 선택해 모두 풀게 하면 됩니다.

한 단원의 학습이 끝나면 오답 노트에 몰라서 틀린 문제 위주로 정리 시킵니다. 이때도 최대 10문제를 넘지 않도록 합니다. 정리한 문제는 아이가 설명하도록 시킵니다. 수학은 나선형 교육과정으로 학년이 올라가면서 반복되는 특징이 있으므로, 너무 완벽하게 오답을 시키려고 하지 않습니다. 아이가 수학에 질려할 수 있습니다.

자기주도 학습을 하는 아이를 도와줄 때
아이가 매우 우수하다면 스스로 심화교재의 개념을 읽고 심화 문제를 다 풀어 가도록 합니다. 아이가 질문하면 지도안의 심화 개념 지도법을 참고하여 설명해 줍니다. 지도안에 없는 내용은 해설지를 한 줄씩 읽어 주며 스스로 풀 수 있도록 힌트를 줍니다. 이 책의 지도안은 초등 3학년부터 6학년 과정을 제한된 지면에 담았기 때문에 모든 내용이 다 들어가 있지는 않습니다. 하지만 해당 단원의 핵심과 방향성을 잘 숙지하면 해설지를 보고 힌트를 주는 것은 어렵지 않습니다.

만약 아이가 자기주도 학습은 가능하나 스스로 모든 문제를 풀어 가는 데 어려움을 겪는다면 일단 심화교재의 개념을 읽고 심화교재의 1단계 기본 문제를 풀게 합니다. 2단계 심화 필수 유형에 들어가기 전에 이 책의 심화 개념 지도법을 읽고 딸린 문제도 풀게 합니다. 이 과정이 끝난 후, 2단계 심화 필수 유형부터 시작해서, 3단계 준심화, 4단계 심화 문제를 풀게 합니다. 3단계까지는 다 풀게 하고, 4단계부터는 아이가 힘들어하면 아이 수준에 따라 문제를 조정합니다.

3

학년

3학년

수학 개괄

3학년 수학은 초등수학에서 가장 중요한 시기입니다. 2학년까지의 수학이 단순한 연산 위주였다면, 3학년 때 초등수학 전반에 대한 개념의 기초를 다지기 때문입니다. 자연수·분수·소수의 개념과 나눗셈까지, 수와 연산 영역의 모든 핵심 개념을 이때 다 배웁니다. 도형 영역에서도 모든 평면도형을 다 배웁니다. 4학년부터의 수학은 3학년 때 배웠던 유형을 계속 반복하고 복습하는 형태입니다. 이처럼 형식적으로 초등수학 전반에 걸쳐 등장하는 개념들과 심화 내용을 배우니 아이들은 3학년 과정을 가장 어렵게 느낍니다. 바꿔 말하면, 3학년 심화만 제대로 하면 4학년부터는 심화가 한결 수월해지고 이후 초등수학을 계속 잘할 가능성이 높습니다.

3학년 | **1학기 1단원**

덧셈과 뺄셈

영역: 수와 연산

교과서 개념 지도법

세 자리 수 덧셈과 뺄셈을 배웁니다. 아이들이 스스로 개념을 읽고 교과서나 개념교재를 풀 만한 수준입니다. 간혹 받아올림과 받아내림을 어려워하면 그 부분만 설명해 주면 됩니다. 개념교재에 문제가 충분히 많으니 따로 연산을 시킬 필요는 없습니다.

심화 개념 지도법

첫 심화에 성공하기 위해서는 아이와 부모 모두 여유 있는 마음을 가지고, 아이가 시간에 쫓기지 않고 스스로 풀게끔 유도하는 것이 중요합니다. 3학년 심화를 하는 데 성공하면 이후에는 속도가 빨라지니 조금 지체되더라도 기다려 주는 여유가 필요합니다.

등식의 성질

3학년 과정부터 대부분의 심화 문제는 중등 1학년 방정식을 알아야 풀기 수월한 문제들이 많습니다. 방정식이나 이항을 활용하지 말고, 미지수를 네모(□)로 두고 식을 세운 후 등식의 성질을 이용해서 풀게 합니다. 만일 등식의 성질을 이용하지 않으면 아이들이 식을 세워도 계산을 해내지 못하는 난감한 상황에 봉착합니다.

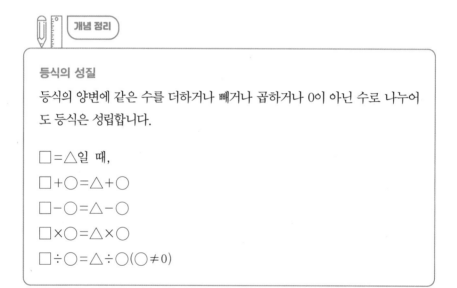

개념 정리

등식의 성질

등식의 양변에 같은 수를 더하거나 빼거나 곱하거나 0이 아닌 수로 나누어도 등식은 성립합니다.

$\square = \triangle$일 때,

$\square + \bigcirc = \triangle + \bigcirc$

$\square - \bigcirc = \triangle - \bigcirc$

$\square \times \bigcirc = \triangle \times \bigcirc$

$\square \div \bigcirc = \triangle \div \bigcirc (\bigcirc \neq 0)$

지도 예시

《열려라 심화》 3-1. 12쪽

어떤 수에 3을 곱한 후, 300을 빼면 어떤 수에 100을 더한 것과 같아진다. 어떤 수를 구하여라.

먼저 식을 세우고, 등식의 성질을 이용해 □만 남도록 합니다. 이때 곱셈의 원리 중 '동수누가'라는 개념을 이용합니다. 동수누가란 똑같은 수를 반복해서 더한다는 의미로 곱셈의 기초가 되는 대표적인 개념으로 (2×3=2+2+2), (□×2=□+□)와 같이 나타냅니다.

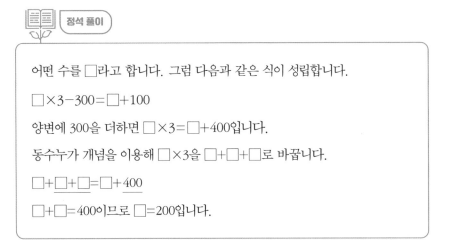

정석 풀이

어떤 수를 □라고 합니다. 그럼 다음과 같은 식이 성립합니다.

□×3−300=□+100

양변에 300을 더하면 □×3=□+400입니다.

동수누가 개념을 이용해 □×3을 □+□+□로 바꿉니다.

□+□+□=□+400

□+□=400이므로 □=200입니다.

겹치는 종이 띠

3학년부터 6학년까지 심화교재에 매번 나오는 주제입니다. 따라서 3학년 때 조작 체험을 함으로써 문제의 원리를 정확히 알게 합니다.

우선 같은 길이의 종이 띠를 여러 장 준비합니다. 종이 띠를 4등분한 후, 각 칸마다 1을 적습니다. 1은 한 변의 길이가 1임을 의미합니다. 종이 띠를 1칸씩 2장, 3장, 4장을 차례대로 겹쳐 보면서 겹쳐진 종이의 길이가 어떻게 되는지 관찰하고 원리를 이해합니다.

이때 문제를 확장해 아이에게 물어봅니다. "길이가 4인 종이 띠 10

2장을 겹치는 경우: $7 = 4 \times 2 - 1 \times 1$

3장을 겹치는 경우: $10 = 4 \times 3 - 1 \times 2$

4장을 겹치는 경우: $13 = 4 \times 4 - 1 \times 3$

장을 1씩 겹치면 전체 길이는 얼마가 될까?" 아이가 다음과 같이 대답하면 제대로 공부한 것입니다. "길이가 4인 종이를 10장 겹치면, 길이가 1씩 겹친 부분이 9개 생기므로 $4 \times 10 - 1 \times 9 = 31$이에요."

여기까지 하면 아이가 규칙성을 파악하고, '겹치는 부분만큼 길이가 줄어들고, 겹치는 부분은 종이 띠의 수보다 하나 적게 생긴다'는 일반화된 원리를 끄집어낼 수 있게 됩니다. 이런 과정을 수학에서는 귀납적 추론이라고 합니다. 고등수학에서 이런 귀납적 추론 능력을 측정하기 위한 문제가 많이 출제되므로 반드시 갖춰야 할 능력입니다.

지도 예시

《열려라 심화》 3-1. 14쪽

길이가 200cm인 색 테이프 3장을 그림과 같이 같은 간격으로 이어 붙였습니다. 이은 전체의 길이가 500cm일 때 겹쳐진 한 부분의 길이는 얼마입니까?

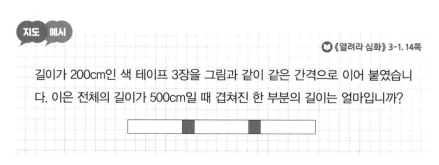

2장 겹치면 1번 겹쳐지고, 3장 겹치면 2번 겹쳐지고, 4장 겹치면 3번 겹쳐집니다. 이어 붙인 테이프의 수보다 1 작게 겹쳐진 부분이 생

기는 규칙성을 파악하도록 합니다. 겹쳐진 부분의 길이를 □(cm)라고 하면, $500=200\times3-□\times2$입니다. $500=600-□\times2$이고, $□\times2=100$이므로 $□=50$입니다. 따라서 겹쳐진 한 부분의 길이는 50cm입니다.

일정하게 건너뛰는 수의 합의 성질

심화교재에 자주 나오는 주제입니다. 수의 개수가 홀수 개일 때, 일정하게 건너뛰는 수 □개의 합은 가운데 수의 □배와 같다는 것입니다.

  건너뛰는 수가 짝수 개일 때는 좀 더 복잡한데, 3학년까지는 홀수 개만 나오니 홀수 개의 원리만 아이들에게 알려 줍니다. 가운데 수를 기준으로 큰 쪽의 수를 가운데 수에 맞춰서 빼고, 그렇게 뺀 수를 작은 쪽의 수에 더해 주는 것입니다. 실제 숫자의 예시를 들어, 아이들이 귀납적 추론을 통해 일반화된 원리를 이해하게 합니다.

개념 정리

일정하게 건너뛰는 수의 합

3개 수의 합: $110+120+130=120+120+120=120\times3$

5개 수의 합: $50+60+70+80+90=70+70+70+70+70=70\times5$

7개 수의 합: $1+2+3+4+5+6+7=4+4+4+4+4+4+4=4\times7$

□개 수의 합: 가장 가운데 수의 □배와 같다. (단, □는 홀수)

100, 101, 102와 같이 연속하는 세 수가 있습니다. 연속하는 세 수의 합이 1500일 때, 연속하는 세 수 중 가장 큰 수를 구하시오.

　가운데 수를 ○로 놓고 위 규칙을 거꾸로 적용해 봅니다. 가운데 수를 ○라고 하면, 수는 3개이므로 ○의 3배가 1500입니다. 즉 ○× 3=1500에서 ○=500이고, 따라서 연속하는 세 수는 499, 500, 501 입니다. 이 중 가장 큰 수는 501입니다.

교과서 개념 지도법

최초로 개념, 즉 정의와 정리가 많아지는 단원입니다. 간혹 언어 능력이 떨어지는 아이는 이 단원에서 나오는 다양한 용어와 뜻을 제대로 이해하지 못하거나, 이해했다가 잊어버려 어려움을 겪습니다. 따라서 이 단원에서는 아이가 개념을 정확히 이해했는지 확인하기 위해 부모와 아이가 묻고 답하는 과정이 필요할 수 있습니다.

이 단원에는 선분, 반직선, 직선, 각, 직각, 직각삼각형, 직사각형, 정사각형 등의 용어가 나옵니다. 아이가 용어의 뜻(정의)을 익힐 때, 간혹 어떤 용어는 정확한 정의는 아니지만 3학년 수준에서 이해할 수 있게 표현된 경우도 있습니다. 예를 들어 직각의 경우, 각도를 배우면 '두 직선이 이루는 각이 90°인 각'으로 정의합니다. 각도를 배우지 않은 상태에서는 '한 직선이 다른 직선과 만날 때, 이루어지는 이웃한 각이 서로 같으면 이 각을 직각이라 한다'라고 배웁니다. 3학년 과정에서는 '종이를 반듯하게 두 번 접어서 생기는 각'으로 정의합니다. 임의로 설명하지 말고, 교과서에 나와 있는 대로 설명해야 합니다.

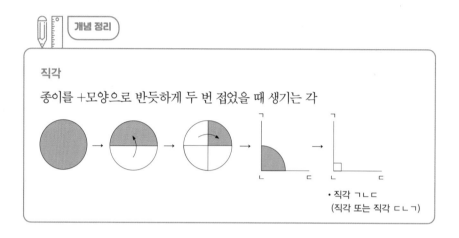

개념 정리

직각

종이를 +모양으로 반듯하게 두 번 접었을 때 생기는 각

• 직각 ㄱㄴㄷ
(직각 또는 직각 ㄷㄴㄱ)

각각의 개념들은 위계적 순서를 가지고 있으므로 그 순서에 맞춰서 설명해야 합니다. 교과서는 이 순서에 맞춰 개념 설명이 체계적으로 되어 있습니다. 처음에 선분, 반직선, 직선을 설명하고, 반직선을 이용하여 각과 직각을 설명하며, 직각을 이용하여 직각삼각형과 직사각형을 이해하게 합니다. 마지막으로 직사각형에 대한 이해를 바탕으로 정사각형을 설명합니다.

간혹 아이가 점이나 선이 무엇인지를 물을 수 있습니다. 현대 수학(학교 수학)에서는 점과 선을 정의하지 않습니다. 즉, 점과 선은 무정의 용어로 "점은 점이다.", "선은 선이다."로 표현됩니다. 수학자들은 어떤 용어들을 설명하기 위해서 또 다른 용어가 필요한 연쇄 상황을 막기 위해 처음 출발점에 해당하는 용어를 무정의 용어라고 하기로 했습니다. 점과 선이 바로 그 출발점에 해당합니다. 아이에게는 간단히 점은 점이고, 선은 선이라고 하기로 했다고 그게 수학자들의 약속이라고 말해 주면 됩니다. 이 개념으로부터 도형의 정의가 나옵니다.

심화 개념 지도법

문제가 꽤 까다롭습니다. 도형은 계속 공부하지 않으면 감각이 떨어져 잘 풀지 못하곤 합니다. 부모조차 감각이 떨어져 지도에 어려움을 겪을 수 있으니 주의해야 합니다.

도형 문제 중 조작 체험(직접 오리거나 만드는 것)이 가능한 것들은 실제로 조작 체험을 통해 아이들이 이해하도록 지도합니다. 도형에 대한 감각은 처음부터 생기는 것이 아니라 구체물을 보고 아이들이 직접 조작하면서 생깁니다. 평소 블록이나 레고, 종이접기, 퍼즐, 큐브 등을 하는 아이들이 도형을 잘하는 경향이 있습니다.

각의 개수 구하기

중등 1학년에도 나오는 문제 유형이므로 정확히 원리를 알아야 합니다. 처음에는 아이들이 스스로 하나씩 세면서 각의 개수를 구하게 합니다. 하나하나 각의 개수를 구하는 과정을 거친 후, 규칙성을 찾을 수 있도록 유도합니다.

《열려라 심화》 3-1. 20쪽

다음의 도형에서 찾을 수 있는 각의 개수와 직각의 개수를 각각 구하여라.

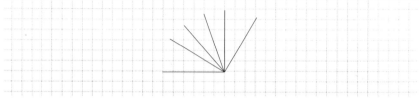

선분의 개수를 먼저 세게 합니다. 총 6개의 선분으로 이루어져 있고, 여기에서 규칙성을 찾아봅니다. 선분이 6개면 선분 사이사이에 작은 각이 5개 생깁니다. 이를 토대로 각의 개수를 세어 봅니다.

가장 가까운 선분끼리 만나 이루는 각을 기준으로 잡고, 이를 합쳐 나가며 크기별로 따지면 됩니다. 이 문제에서는 선분이 6개이므로 선분들 사이에 생기는 작은 각은 5개입니다. 그다음은 이웃한 작은 각 2개를 하나로 보고 세어 보고, 그다음은 이웃한 작은 각 3개를 하나로 보고 세어 봅니다. 이를 일반화하면, □개의 선분이 한 점에서 만나면 선분들 사이에 생기는 작은 각은 (□−1)개이고, 각의 개수는 (□−1)+(□−2)+⋯+1개임을 알 수 있습니다. 예를 들어 선분이 10개일 때는 선분 사이에 각이 9개 생기므로 전체 각의 개수는 (10−1)+(10−2)+⋯+1이므로 45개입니다.

한편 직각의 개수를 찾는 문제가 나오면 직각삼각자를 이용해 정확히 찾게 합니다. 눈대중으로 찾다가는 틀리는 경우가 많습니다. 이 문제에서 직각삼각자를 가지고 직각을 찾아보면 2개가 나옵니다.

각 1개: ㉠, ㉡, ㉢, ㉣, ㉤ → 5개

각 2개: ㉠+㉡, ㉡+㉢, ㉢+㉣, ㉣+㉤ → 4개

각 3개: ㉠+㉡+㉢, ㉡+㉢+㉣, ㉢+㉣+㉤ → 3개

각 4개: ㉠+㉡+㉢+㉣, ㉡+㉢+㉣+㉤ → 2개

각 5개: ㉠+㉡+㉢+㉣+㉤ → 1개

도형에서 찾을 수 있는 각의 수는 모두 5+4+3+2+1=15(개)입니다.

선분의 개수 구하기

모든 점이 동일 평면 위에 있고, 어느 세 점도 동일 직선상에 있지 않은 점을 연결하여 만들 수 있는 선분의 개수를 구하는 문제입니다. 중등 1학년에도 등장하는 유형입니다.

《열려라 심화》 3-1. 22쪽

다음 그림에서 6개의 점을 연결하여 만들 수 있는 선분의 개수를 구하여라.

우선 아이가 하나씩 세어 가면서 선분의 개수를 구하게 하고, 이후에 규칙을 알려 줍니다. 혹은 이런 유형의 문제를 푸는 일반화된 규칙

을 생각해 보라고 하는 것도 좋습니다.

이 문제를 풀 수 있는 두 가지 규칙을 찾을 수 있습니다.

첫 번째는 점 ㄱ부터 선분을 차례로 그어 보는 것입니다. 점 ㄱ에서 그을 수 있는 선분이 5개, 점 ㄴ은 4개(ㄴ—ㄱ은 이미 그어져 있으므로), 점 ㄷ은 3개, 점 ㄹ은 2개, 점 ㅁ은 1개, 점 ㅂ은 0개입니다. 따라서 점이 6개일 때 전체 선분의 개수는 5+4+3+2+1=15(개)입니다. 이를 확장하면 점 10개일 때는 9+8+7+6+5+4+3+2+1=45(개)입니다.

두 번째는 중등 1학년 과정에서 배우는 규칙으로 나눗셈을 배우지 않은 초등 3학년에게는 부적절할 수 있으니 지도에 주의가 필요합니다. 점의 개수가 6개고, 한 점에서 그을 수 있는 선분이 5개이므로 전체 선분의 개수는 6×5=30(개)입니다. 이때 선분 ㄱㄹ은 점 ㄱ에서도 그을 수 있고, 점 ㄹ에서도 그을 수 있습니다. 이렇듯 모든 선분은 두 점에 걸쳐 있으므로 한 점당 두 번씩 중복되어 있음을 알 수 있습니다. 따라서 전체 선분의 개수는 30의 절반인 15개입니다. 이것을 일반화하면, (점의 개수)×(한 점에서 그을 수 있는 선분의 개수)÷2입니다. 점 10개일 때는 10×9=90의 절반인 45개입니다.

정사각형과 직사각형의 개수

중등 2학년 '경우의 수'와 고등 1학년 '순열과 조합'에서도 나오는 문제 유형입니다. 고등에서도 꽤 어려운 유형인데, 이것이 초등 3학년 심화교재에 있다는 것이 놀라울 따름입니다. 초등 3학년 과정에서는 실제로 하나씩 세면서 구하는 것이 맞습니다. 그런데 경시 학원 같은 곳에서 일반화된 해법들을 가르치고 있으니 이 책에도 싣습니다.

지도 **예시**

《열려라 심화》 3-1. 24쪽

크기가 같은 정사각형 12개로 만들어진 다음 도형에서 직사각형의 개수와 정사각형의 개수를 구하시오.

직사각형은 가로 선분과 세로 선분을 선택하면 결정되니, 각 선분이 선택되는 경우의 수를 먼저 구해 봅니다. 다음과 같이 가로 선분 2개와 세로 선분 2개에 의해 하나의 직사각형이 만들어집니다.

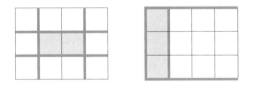

따라서 직사각형의 개수는 가로 선분 4개 중에 2개를 선택하는 경우와 세로 선분 5개 중에 2개를 선택하는 경우의 수로 결정됩니다. 다음 그림을 참조하면 가로 선분 4개 중 2개를 선택하는 경우의 수는 3+2+1=6(가지)이고, 세로 선분 5개 중 2개를 선택하는 경우의 수는

4+3+2+1=10(가지)입니다. 따라서 직사각형의 개수는 6×10=60(개)입니다.

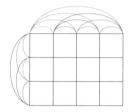

한편 정사각형의 개수는 크기에 따라 분류해서 세어 봅니다.

한 변의 길이가 1인 정사각형은 가로에 4개, 세로에 3개 있으므로 4×3=12(개)입니다.

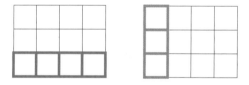

한 변의 길이가 2인 정사각형은 가로에 3개, 세로에 2개 있으므로 3×2=6(개)입니다.

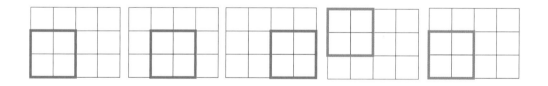

한 변의 길이가 3인 정사각형은 가로에 2개, 세로에 1개 있으므로 2×1=2(개)입니다.

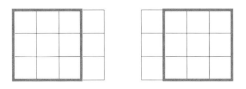

이를 종합하면 $4 \times 3 + 3 \times 2 + 2 \times 1 = 20$(개)입니다.

이것을 일반화하면 다음과 같이 가로가 10, 세로가 8인 직사각형에서 직사각형과 정사각형의 개수를 구할 수 있습니다.

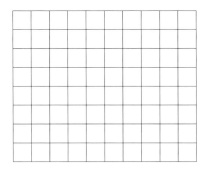

직사각형의 개수는 다음과 같습니다.

$$(10+9+8+\cdots+2+1) \times (8+7+\cdots+2+1)$$

정사각형의 개수는 다음과 같습니다.

$$(10 \times 8) + (9 \times 7) + (8 \times 6) + (7 \times 5) + (6 \times 4) + (5 \times 3) + (4 \times 2) + (3 \times 1)$$

교과서 개념 지도법

나눗셈의 개념을 최초로 배우는, 3학년 1학기 과정에서 가장 중요한 단원입니다. 수와 연산 영역에서 아이들이 가장 이해하기 힘들어하고 어려워하는 단원이 바로 분수의 개념과 분수의 사칙연산인데, 이러한 분수를 이해하기 위해서는 반드시 나눗셈의 원리를 정확히 이해해야 합니다.

교과서에서는 아이들이 나눗셈의 개념과 원리를 쉽게 이해하도록 실생활 속 여러 가지 상황에서 나눗셈의 개념을 도출하고, 나눗셈을 해야 하는 상황을 등분제와 포함제로 구분해 설명합니다. 특히 등분제는 분수와 연관이 많으므로 정확히 이해할 수 있도록 합니다. 이를 토대로 곱셈과 나눗셈을 역연산 관계로 학습해 나눗셈의 계산 원리를 깊이 있게 이해합니다. 정리하면 등분제 나눗셈→포함제 나눗셈→곱셈의 역연산 순서로 나눗셈의 개념을 설명합니다. 집에서 지도할 때도 교과서를 미리 숙지하여 교과서와 똑같은 순서로 아이에게 설명해 주는 것이 바람직합니다. 물론 아이에게는 등분제와 포함제라는 용어를 사용하지 않도록 합니다.

교과서에서 나눗셈을 가르치는 순서와 방식은 다음의 5단계를 따릅니다.

등분제 나눗셈

똑같이 나눈다는 뜻으로, 이후 분수의 개념과 연결됩니다. "사과 6개를 2명에게 똑같이 나누어 줍니다. 각각 몇 개씩 먹게 되나요?", "바둑돌 12개를 접시 3개에 똑같이 나누어 담습니다. 몇 개씩 담을 수 있나요?"라는 질문이 등분제 나눗셈을 표현한 질문입니다. 이를 수식으로 표현하면 각각 $6 \div 2 = 3$과 $12 \div 3 = 4$가 됩니다. 등분제 나눗셈에서 나누는 수로 등분을 하기 때문에, 나뉘는 수와 몫이 동일한 물질(사과, 바둑돌 등)입니다. 즉, "사과 6개를 2명이 똑같이 나누면 3개입니다."에서 6과 3이 사과를 뜻하는 동일한 물질입니다.

포함제 나눗셈

동수누감이라는 개념이 등장합니다. 동수누가가 같은 수를 거듭 더한다는 개념이라면, 동수누감은 같은 수를 거듭 뺀다는 의미입니다. 다른 말로 표현하면 '똑같이 묶어 덜어 내는 것'입니다.

예를 들어 "과자 12개를 3개씩 담으려면 접시가 몇 개 필요한가요?"라는 질문이 포함제 나눗셈을 표현한 질문입니다. 이를 수식으로 표현하면 $12-3-3-3-3=0 \rightarrow 12 \div 3 = 4$가 됩니다. 즉, 12는 3을 4번 포함한다는 의미입니다.

"사과 24개를 6개씩 나누어 주면 몇 명에게 줄 수 있나요?"를 수식으로 표현하면 $24 \div 6 = 4$가 됩니다. 6개씩 덜어 내면 4묶음이 된다는 뜻입니다. 등분제 나눗셈과 달리, 포함제 나눗셈에서는 나뉘는 수와 나누는 수가 같은 물질입니다. 즉, "사과 24개를 6개씩 나누어 주면 4명이 먹습니다."라고 했을 때 24와 6이 사과를 뜻하는 동일한 물질입니다.

곱셈의 역연산

교과서에 있는 그림과 함께 곱셈과 나눗셈과의 관계를 설명합니다. 교과서의 해당 부분에는 바둑돌 15개를 각각 곱셈식과 나눗셈식으로 나타내 보는 부분이 있습니다.

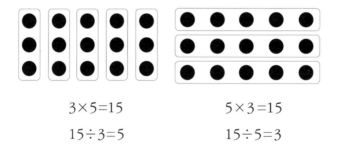

$$3 \times 5 = 15 \qquad 5 \times 3 = 15$$
$$15 \div 3 = 5 \qquad 15 \div 5 = 3$$

그런 후 다음과 같이 1개의 곱셈식으로 2개의 나눗셈식을, 1개의 나눗셈식으로 2개의 곱셈식을 만들 수 있다는 사실을 인지합니다.

$$3 \times 5 = 15 \begin{cases} 15 \div 3 = 5 \\ 15 \div 5 = 3 \end{cases} \qquad 15 \div 3 = 5 \begin{cases} 3 \times 5 = 15 \\ 5 \times 3 = 15 \end{cases}$$

나눗셈의 몫을 곱셈식에서 구하기

곱셈식을 이용해 나눗셈의 몫을 찾아가도록 지도합니다.

$$12 \div 4 = \bigcirc \;\rightarrow\; 4 \times 3 = 12 \rightarrow \bigcirc = 3$$
$$12 \div \bigcirc = 3 \;\rightarrow\; 4 \times 3 = 12 \rightarrow \bigcirc = 4$$

동일한 식을 등분제와 포함제 형태의 실생활 문제로 바꿔서 설명하기

$10 \div 2 = 5$를 각각 등분제와 포함제로 설명하도록 합니다.

등분제는 "사과 10개를 2개의 접시에 똑같이 나누어 담으면 5개씩 담을 수 있다."로 바꿀 수 있습니다. 즉 10을 2등분하면 5가 됩니다. 나눗셈을 등분제 문제로 만들 때 핵심은 나뉘는 수와 몫을 동일한 물질(사과)로 만드는 것입니다. 위 문장에서는 10과 5가 동일한 사과를 뜻합니다.

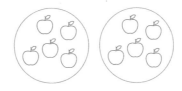

포함제의 경우, "사과 10개를 2개씩 담으려면 접시가 5개 필요하다."로 바꿀 수 있습니다. 즉 10은 2를 5번 포함합니다. 나눗셈을 포함제 문제로 만들 때 핵심은 나뉘는 수와 나누는 수를 동일한 물질(사과)로 만드는 것입니다. 위 문제에서는 10과 2가 동일한 사과를 뜻합니다.

심화 개념 지도법

일정한 간격으로 깃발 꽂기

6학년까지 계속 나오는 문제 유형입니다. 나눗셈, 분수, 소수, 약수와 배수 등 등장하는 단원도 다양합니다. 따라서 정확한 원리를 알려 주는 것이 중요합니다.

🔖 《열려라 심화》 3-1. 28쪽

> 길이가 6m인 선분 위에 2m 간격으로 깃발을 꽂으면 몇 개를 꽂을 수 있을까요?

선분의 경우 등분한 개수보다 하나 많은 깃발을 꽂을 수 있다는 일반화를 끌어내고, 다양한 도형으로 확장하도록 합니다. 다음 그림과 같이 길이가 6인 선분을 두고 3등분한 다음 깃발을 꽂아 보는 그림을 그려 봅니다. 그러면 간격보다 하나 많은 깃발을 꽂을 수 있다는 사실을 알 수 있습니다. 이것을 식으로 정리하면 6÷2+1=4가 됩니다.

이것을 일반화하면, 등분한 개수보다 하나 많은 깃발을 꽂을 수 있다는 것을 알 수 있습니다. 따라서 길이가 30m인 길에 2m 간격으로 깃발을 꽂는다면 30÷2+1=16(개)의 깃발을 꽂을 수 있습니다.

이것을 삼각형이나 사각형으로 확장해 보면 어떻게 될까요? 예를 들어 모든 변의 길이가 6m인 삼각형과 사각형에 2m 간격으로 깃발을 꽂는다면 몇 개를 꽂을 수 있을까요? 삼각형과 사각형은 1개의 꼭짓점을 2개의 변이 공유합니다. 따라서 하나의 선분에 꽂을 수 있는 깃발의 개수에서 중복되는 깃발(꼭짓점에 있는 깃발)의 개수를 빼면 전체 깃발의 개수를 알 수 있습니다.

삼각형의 한 변이 6m이므로 2m 간격으로 깃발을 꽂는다면 한 변에 4개를 꽂을 수 있고, 변이 3개이므로 4×3=12(개)로 계산할 수 있습니다. 그런데 여기서 중복되는 깃발 3개(꼭짓점의 개수)를 빼면 총 9개가 됩니다. 즉 4×3-3=9(개)입니다.

한편 사각형의 경우 한 변이 6m이므로 2m 간격으로 깃발을 꽂는다면 한 변에 4개를 꽂을 수 있고, 변이 4개이므로 4×4=16(개)로 계산합니다. 그리고 여기서 중복되는 깃발 4개(꼭짓점의 개수)를 빼면 총 12개가 됩니다. 사실 사각형이나 삼각형과 같은 도형은 꼭짓점 하나를 칼로 잘라 펼쳤다고 생각하면 선분과 같아집니다. 그러면 선분에 일정한 간격으로 깃발을 꽂는 문제와 같아지는데, 양끝은 나중에 서로 붙기 때문에, 한쪽에만 깃발을 꽂으면 되므로 결국 전체 깃발의 개수는 전체 길이를 간격으로 나눈 것과 같아집니다. 즉 24÷2=12입니다.

나머지가 있는 나눗셈 활용 문제

6학년까지 반복적으로 나오는 문제 유형입니다. 아이가 식만 잘 세운다면, 3학년 정도의 눈높이에 맞춰 등식의 성질을 이용해서 푸는 법을 알려 줍니다. 즉 이항하는 기술이 아니라, 양변에 동일한 수를 더하거나 빼거나 나누는 등 동일한 사칙연산을 하면 등식이 성립한다는 성질을 이용합니다.

지도 예시

《열려라 심화》 3-1. 30쪽

다혜는 가지고 있는 사탕을 친구들에게 나눠 줍니다. 사탕을 4개씩 나눠 주면 20개가 남고, 6개씩 나눠 주면 2개가 남습니다. 다혜가 가지고 있는 사탕의 개수를 구하시오.

문제에 나와 있지 않은 수는 친구들의 수와 사탕의 수입니다. 그런데 문제를 읽어 보면, 친구들의 수를 기준으로 전체 사탕의 수를 구하는 식 2개를 세울 수 있음을 알 수 있습니다. 친구들의 수를 미지수로 삼도록 유도합니다. 그런 후 사탕을 4개씩 나눠 줄 때와 6개씩 나눠 줄 때의 식을 모두 세우게 합니다. 친구들의 수를 ○라 하면, 사탕의 개수는 4×○+20도 되고 6×○+2도 됩니다. 따라서 4×○+20=6×○+2입니다. 이를 등식의 성질을 이용하여 다음의 정석 풀이와 같은 순서로 정리하게 지도합니다.

 정석 풀이

(친구의 수)=○

(사탕의 개수)=4×○+20=6×○+2

4×○+20=6×○+2

→ 4×○+20=4×○+2×○+2

→ 20=2×○+2

→ 18+2=2×○+2

→ 18=2×○이므로 ○=9

따라서 (사탕의 개수)=4×9+20=56(개)

톱니바퀴 문제

톱니바퀴는 중등 1학년까지 자주 출제되는 유형입니다. 톱니바퀴의 정확한 원리는 6학년 2학기 비례식과 비례 배분에서 배우며, 3학년 과정에서는 비례식을 이용하지 않고 직관적으로 원리를 도출합니다.

크기가 다른 톱니바퀴가 서로 맞물려 있는데 ㉠ 톱니바퀴는 톱니수가 8개이고, ㉡ 톱니바퀴는 톱니수가 12개입니다. 만약 ㉡ 톱니바퀴가 2회전한다면 총 24개의 톱니가 맞물려 돌아갑니다. 따라서 ㉡ 톱니바퀴와 맞물려 있는 ㉠ 톱니바퀴도 24개의 톱니가 돌아가야 하고 그러기 위해서는 ㉠ 톱니바퀴는 3회전해야 합니다. 따라서 다음과 같은 톱니바퀴의 원리를 이해할 수 있습니다.

"맞물린 두 톱니바퀴는 (회전수×톱니수)의 값이 서로 같다."

지도 예시

🌑《열려라 심화》 3-1. 33쪽

그림과 같이 두 톱니바퀴가 맞물려 돌아가고 있습니다. '㉮ 톱니바퀴'가 4회전하는 동안 '㉯ 톱니바퀴'는 몇 번 회전할까요?

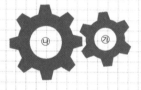

두 바퀴가 함께 회전하므로 회전수×톱니수는 서로 같습니다. ㉮ 톱니바퀴의 톱니수는 6개고, ㉯ 톱니바퀴의 톱니수는 8개입니다. (회전수×톱니수)의 값이 서로 같으므로 $6×4=8×○$입니다. 따라서 ○=3입니다. ㉯ 톱니바퀴는 3회전합니다.

교과서 개념 지도법

(두 자리 수)×(한 자리 수)를 배웁니다. 초등 2학년 때 곱셈의 원리를 배웠기 때문에 이 단원의 기본 개념을 어려워하지는 않을 것입니다. 교과서에서는 수 모형을 조작하면서 자연스럽게 아이들이 (두 자리 수)×(한 자리 수) 계산 원리를 이해하게 유도합니다.

심화 개념 지도법

회전하여 겹치는 테이프 문제

테이프를 서로 연결해 둥글게 만드는 문제 유형입니다. 다음 그림을 참고하면 3장을 회전하여 겹치면 겹치는 부분이 3개 생기고, 4장을 겹치면 겹치는 부분이 4개 생긴다는 것을 알 수 있습니다.

🕐 《열려라 심화》 3-1. 36쪽

길이가 20cm인 테이프 10장을 3cm씩 겹쳐서 목걸이를 만들었습니다. 전체 목걸이의 길이를 구하시오.

○장을 겹쳐 붙이면 겹친 부분도 ○개가 됨을 이해하게 합니다. 10장을 회전하여 겹쳐 붙이면 겹친 부분이 10개가 생기므로 전체 길이는 $20 \times 10 - 3 \times 10 = 170$(cm)입니다.

🕐 《열려라 심화》 3-1. 37쪽

길이가 20cm인 테이프 10장을 겹쳐서 목걸이를 만들었더니, 목걸이의 길이가 150cm가 됐습니다. 겹친 부분의 길이를 구하시오.

구하고 싶은 것을 ○으로 놓고 적절한 등식을 세우고, 등식의 성질을 이용해 풀게 합니다. 겹친 부분의 길이를 ○라 하면, $20 \times 10 - \bigcirc \times 10 = 150$이라는 식이 세워집니다. 이를 등식의 성질을 이용해 정리하면 $200 - \bigcirc \times 10 = 200 - 50$이 되고, 계산을 완료하면 ○=5(cm)입니다.

교과서 개념 지도법

초등수학 교육과정에서 길이와 시간을 다루는 마지막 단원입니다. 대부분의 아이들이 쉽게 이해하고 넘어갈 수 있는 단원입니다. 다만 주의해서 다뤄야 할 것들은 다음과 같습니다.

첫 번째, 아이들이 측정해서 재는 값은 참값이 아니라 측정값(근사값)이라는 것을 이해하게 합니다. 따라서 측정에서는 어림이라는 개념(반올림, 올림, 버림)이 필요하다는 것을 이해시킵니다. 애초에 측정한다는 것 자체가 정확할 수가 없습니다. 예를 들어 눈금이 mm까지 표시되어 있는 자를 가지고 길이를 잴 때, mm보다 더 작은 눈금의 자가 없다면 두 mm에 걸쳐 있는 값들은 적당히 어림을 해야 합니다. 물론 mm보다 더 작은 단위도 있지만, 더 작은 단위의 자들은 우리의 눈으로 보는 것 자체가 힘듭니다. 그리고 길이나 무게 등은 연속적이기 때문에 어떤 대상의 길이나 무게 등의 연속적인 값을 정확히 측정하는 것은 불가능합니다. 만일 정말 정확한 측정기가 있어서 키를 정확히 잴 수 있다면, 키는 연속량이기 때문에 162.234789036294…cm와 같이 무한소수의 형태로 영원히 어떤 값에 가까이 간다고 할 수 있습니다. 따라서 길이와 시간 같은 연속량은 유한소수와 같이 딱 끊어지는 형태의 측정값은 불가능합니다.

두 번째, '시각'과 '시간'의 차이점을 이해하게 합니다. 시각은 시간의 어떤 한 지점이고, 시간은 어떤 시각부터 어떤 시각까지의 사이를 뜻하는 개념입니다. 예를 들어 아침을 7시에 먹고 점심을 12시에 먹었다면, 아침과 점심을 먹은 시점은 시각이고, 그 둘 사이의 간격인 5시간은 시간이 되는 것입니다.

세 번째, 시간이 60진법을 따르므로, 시간의 덧셈과 뺄셈에서 받아올림과 받아내림이 있는 경우는 60진법으로 계산하는 방법을 정확히 이해하게 합니다.

심화 개념 지도법

철사 나눠 갖기

일정한 길이의 철사를 나눠 가지는 문제입니다. 단위가 간단할 때는 똑같이 나눠 가진 후 표를 이용해 분배하는 전략을 씁니다. 단위가 복잡할 때는 등식의 성질을 이용합니다.

《열려라 심화》 3-1. 40쪽

길이가 20cm인 철사를 다혜와 하늬가 나눠 가지려 합니다. 다혜가 하늬보다 8cm 길게 가지려면 어떻게 나눠 가지면 될까요?

똑같이 나눠 갖고 문제의 조건에 맞도록 표를 이용하여 분배합니다. 일단 10cm씩 똑같이 나눠 가집니다. 다혜가 하늬보다 8cm 길어야 하므로 하늬가 다혜에게 1cm씩 철사를 주면서 둘이 가진 철사의 길이를 관찰합니다.

하늬	10cm	9cm	8cm	...	6cm
다혜	10cm	11cm	12cm	...	14cm
차이	0cm	2cm	4cm	...	8cm

하늬가 다혜에게 1cm의 철사를 줄 때마다 둘의 차이는 2cm씩 벌어집니다. 따라서 8cm의 차이를 만들기 위해서는 4cm의 철사를 하늬가 다혜에게 주면 됩니다. 하늬가 6cm, 다혜가 14cm의 철사를 가지면 다혜가 하늬보다 8cm 긴 철사를 갖게 됩니다.

《열려라 심화》 3-1. 40~41쪽 참고

길이가 30cm인 철사를 다혜, 하늬, 시헌 3명이 나눠 가지려 합니다. 다혜가 하늬보다 6cm 더 길고, 하늬는 시헌이보다 3cm 더 길게 철사를 나눴습니다. 각각 몇 cm씩 철사를 나눠 가졌을까요?

일단 30cm를 3등분하여 10cm씩 나누고, 다혜와 하늬의 철사 길이의 차이를 맞춘 후, 시헌이의 철사를 나눠 주는 방식으로 길이를 맞춥니다.

시헌	하늬	다혜	풀이 과정
10cm	10cm	10cm	서로 10cm씩 똑같이 나눠 갖습니다.
10cm	7cm	13cm	하늬가 다혜에게 3cm 철사를 줍니다. 둘의 차이는 3cm의 2배인 6cm가 됩니다.
8cm	8cm	14cm	시헌이가 1cm씩 다혜와 하늬에게 철사를 나눠 줍니다. 1cm씩 나눠 줄 때마다 시헌이는 2cm씩 철사가 줄어들고, 다혜와 하늬는 1cm씩 철사가 늘어납니다. 다혜와 하늬는 똑같이 1cm가 늘어나므로 6cm 차이가 유지됩니다. 한 번 시행할 때마다 시헌이는 2cm씩 철사가 줄어들고, 하늬는 1cm씩 철사가 늘어납니다. 그러므로 시헌이가 다혜와 하늬에게 철사를 두 번 나눠 주면 시헌이와 하늬의 차이는 3cm가 됩니다.
6cm	9cm	15cm	

따라서 시헌이가 6cm, 하늬가 9cm, 다혜가 15cm씩 나눠 가지면 됩니다.

지도 예시

📖《열려라 심화》 3-1. 40~41쪽 참고

다혜, 하늬, 시헌이의 키의 합은 400cm입니다. 다혜가 하늬보다 82cm 더 크고, 하늬가 시헌이보다 54cm 더 큽니다. 시헌이의 키는 몇 cm입니까?

단위가 크거나 복잡할 때는 등식의 성질을 이용합니다. 시헌이의 키를 □cm라고 하면, 하늬의 키는 (□+54)cm, 다혜는 하늬보다 82cm가 더 큰 (□+136)cm입니다. 세 사람의 키의 합이 400cm이므

214

로 다음과 같이 식을 정리할 수 있습니다.

$$\square+(\square+54)+(\square+136)=400$$

$$\underline{\square+\square+\square}+190=210+190$$

$$\square+\square+\square=210$$

$$\square=70$$

따라서 시헌이의 키는 70cm입니다.

빠르게 가는 시계, 느리게 가는 시계

매 학년 심화로 나오는 문제 유형입니다. 고학년의 경우 비례식을 이용해야 하는 복잡한 문제로 응용되어 나오기도 합니다. 그에 비하면 3학년 1학기 과정에서 나오는 시계 문제는 간단한 형태입니다. 아이가 잘 이해하지 못하면 실제 시계를 조작하면서 자연스럽게 머릿속에서 시계를 조작할 수 있도록 도와줍니다.

《열려라 심화》 3-1. 42쪽

하루에 1분씩 빨리 가는 시계가 있습니다. 오늘 오전 7시에 시계를 정확히 맞추어 놓았다면 다음 날 오후 7시에 시계는 몇 시 몇 분 몇 초를 가리킵니까?

시계를 정확히 맞추고 다시 확인할 때까지 얼마나 걸리는지 파악하고, 이것을 24시간과 관련하여 생각하게 합니다. 오늘 오전 7시부터 다음 날 오후 7시까지는 총 36시간이 걸립니다. 하루(24시간)에 1분씩 빨라지므로 36시간에는 1분 30초가 빨라집니다. 따라서 시계는 오후 7시 1분 30초를 가리킵니다.

 정석 풀이

다음 날 오후 7시−오늘 오전 7시=36시간

36시간=24시간+12시간=24시간+24시간÷2

24시간에 1분씩 빨라지므로

36시간에 (1분+30초)씩 빨라집니다.

따라서 다음 날 오후 7시에는 1분 30초 빨라져서, 시계는 오후 7시 1분 30초를 가리킵니다.

교과서 개념 지도법

분수는 초등 전 과정에서 가장 중요한 단원 중 하나입니다. 특히 초등 3학년 과정에서 나눗셈과 더불어 아이들이 정확히 개념을 알아야 하는 단원입니다. 따라서 자세한 개념 지도법을 소개합니다.

분수의 기본 개념

초등 교육과정에서 분수는 전체-부분의 의미, 연산자의 의미, 측정의 의미, 몫의 의미, 비의 의미를 띠고 있습니다. 3학년 1학기 때 아이들이 배우는 분수 개념은 이 중 전체-부분의 의미를 중심으로 다룬다고 생각하면 됩니다. 즉 전체가 1인 연속량을 똑같이 나누는 등분할 분수입니다. 아이들은 전체를 몇으로 나눈 것 중의 몇이라는 개념으로 분수를 배웁니다.

피자를 5명이 먹기 위해서 5등분을 했을 때, 한 사람이 먹는 양을 $\frac{1}{5}$ 이라고 쓰고 '5분의 1'이라고 읽습니다. 혹은 전체를 똑같이 5로 나눈 것 중의 3을 $\frac{3}{5}$이라고 쓰고 '5분의 3'이라고 읽습니다. 이때 $\frac{1}{5}$, $\frac{3}{5}$ 을 분수라고 합니다.

여기서 중요한 것은 똑같이 나누는 등분할 개념을 토대로 자연스럽게 분수 개념을 이해해야 한다는 것입니다. 앞으로 다루겠지만, 3학년 2학기 때 배우는 분수는 전체를 1로 보는 연속량이 아닌 이산량에서 분수를 다루기 때문에 아이들이 좀 더 어려워합니다. 연속량이라는 것은 셀 수 없는 양을 뜻합니다. 현실에서는 키나 몸무게 혹은 시간 등을 뜻하고, 수에서는 실수가 연속량의 성질을 가지고 있습니다. 한편 이산량이란 사과나 사탕같이 구체적으로 셀 수 있는 양을 뜻합니다.

녹색으로 색칠한 사탕을 분수로 나타내면 $\frac{3}{4}$ 입니다. 3학년 2학기에는 이런 방식으로 분수를 배우는데, 처음부터 이렇게 분수를 가르쳐 주면 헷갈려합니다. 3학년 1학기 교육과정에 맞게 전체가 1인 연속량을 똑같이 나누는 '등분할 개념'으로만 분수를 설명해야 합니다.

분수의 크기 비교

분모가 같은 분수의 크기 비교, 그리고 분모가 다른 단위분수의 크기 비교를 배웁니다. 단위분수란 분자가 1인 분수를 뜻합니다. 그림을 그려 색칠을 하거나, 분수 모형 등을 이용해 시각적으로 비교하여 자연스럽게 결과를 깨달을 수 있도록 유도합니다.

분모가 같은 분수의 크기 비교

- $\dfrac{3}{5}$ 과 $\dfrac{2}{5}$ 의 크기 비교

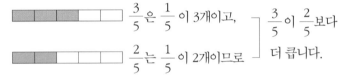

$\dfrac{3}{5}$ 은 $\dfrac{1}{5}$ 이 3개이고,

$\dfrac{2}{5}$ 는 $\dfrac{1}{5}$ 이 2개이므로

$\dfrac{3}{5}$ 이 $\dfrac{2}{5}$ 보다 더 큽니다.

분모가 같은 분수는 분자가 클수록 큽니다. $\bigcirc > \triangle \rightarrow \dfrac{\bigcirc}{\square} > \dfrac{\triangle}{\square}$

분모가 다른 단위분수의 크기 비교

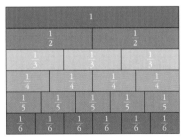

단위분수는 분모가 클수록 작습니다. 즉 $\bigcirc > \triangle \rightarrow \dfrac{1}{\bigcirc} < \dfrac{1}{\triangle}$ 입니다.

소수 개념 지도법

교과서에서는 아이들에게 친숙한 측정 상황을 제시한 후 정확한 측정을 위해 분모가 10인 진분수를 이용해 소수 한 자리 수를 설명합니다. 분모가 10인 진분수도 10진법의 형태이므로 쉽게 이해합니다.

집에서도 교과서 설명 방식에 맞춰 자를 가지고 실제 물건의 길이를 재며 cm와 mm와의 관계($10mm=1cm$, $1mm=\dfrac{1}{10}cm=0.1cm$)로 소수를 설명하면 좋습니다. 예를 들어 어떤 물건의 길이가 8cm 6mm라면 이것을 8.6cm라고 표현한다고 알려 줍니다.

심화 개념 지도법

그림을 이용해 분수 문제 해결하기

중등 선행 개념인 방정식을 이용하면 쉽게 해결할 수 있는 분수 응용 문제가 많지만, 그림을 이용해 초등 방식으로 해결하게 합니다.

《열려라 심화》 3-1. 46쪽

아빠가 케이크의 $\dfrac{2}{6}$ 를 먹고, 엄마는 나머지의 $\dfrac{3}{4}$ 을 먹었습니다. 남아 있는 케이크는 전체의 몇 분의 몇입니까?

그림을 그려 해결하게 지도합니다. 긴 띠를 그리고 6등분을 합니다. 문제에 제시된 분모 중 가장 먼저 케이크를 먹은 아빠의 분모로 띠를 나누는 것입니다. 그런 후 아빠가 먹은 케이크를 표시합니다.

나머지의 $\dfrac{3}{4}$ 에 엄마가 먹은 케이크를 표시합니다.

| 아빠 | 아빠 | 엄마 | 엄마 | 엄마 | |

이렇게 보면 남아 있는 케이크는 전체의 $\dfrac{1}{6}$ 임을 알 수 있습니다.

지도 예시

◆《열려라 심화》3-1. 46쪽

아빠가 케이크의 $\dfrac{1}{8}$ 을 먹고, 엄마는 남은 케이크의 $\dfrac{3}{7}$ 을 먹었습니다. 그리고 동생이 나머지의 절반을 먹었을 때, 남은 케이크는 전체의 몇 분의 몇입니까?

긴 띠를 8등분한 후 아빠가 먹은 케이크를 표시합니다.

| 아빠 | | | | | | | |

나머지의 $\dfrac{3}{7}$ 에 엄마가 먹은 케이크를 표시합니다.

나머지의 절반에 동생이 먹은 케이크를 표시합니다.

남은 케이크는 전체의 $\dfrac{2}{8}$ 입니다. 약분은 초등 5학년 1학기 때 배우 므로, 약분하도록 지도하지 않고 $\dfrac{2}{8}$ 를 답으로 삼게 합니다.

교과서 개념 지도법

(세 자리 수)×(한 자리 수)와 (두 자리 수)×(두 자리 수)를 배우는 단원입니다. 기본적인 연산 규칙만 정확히 알려 주면 되는 단원입니다. 교과서에는 다양한 형태의 곱셈 계산 원리와 방법을 어림 등을 이용해 스스로 발견할 수 있도록 하고, 수 모형을 놓아 보고 그려 보기 및 모눈의 수를 묶어 세기 등의 다양한 활동을 통해 곱셈의 알고리즘을 스스로 탐구할 수 있도록 이끄는 내용이 서술되어 있습니다. 교과서에 나와 있는 다양한 형태의 곱셈은 고학년에서 학습하게 되는 넓이 개념 등의 바탕이 되기도 합니다.

따라서 이 단원을 좀 더 교과서에 맞게 공부하려면, 다양한 연산의 원리를 스스로 발견해 계산하게 하는 것이 도움이 됩니다. 예를 들어

37+28을 계산한다고 했을 때 받아올림을 이용해 계산할 수도 있지만 "37은 40에서 3이 모자라고, 28은 30에서 2가 모자라는 수다."라고 생각하고, 37+28을 70에서 5가 모자라는 수인 65라고 계산할 수도 있습니다. 999×7을 일일이 계산할 수도 있지만, 1000×7−7=6993으로 계산할 수도 있습니다. 이렇듯 아이에게 동일한 문제를 다양한 방법으로 풀게 하여 연산의 원리를 이해하게 하고, 사고의 폭을 확장해 주는 것이 좋습니다.

3학년 2학기

심화 개념 지도법

분배법칙을 이용한 곱셈

분배법칙이란 덧셈과 곱셈에서 두 연산에 대해 전개하여 계산한 값이 전개하기 전의 값과 같은 성질을 말합니다. 쉽게 예를 들면, 257×3은 200이 3개, 50이 3개, 7이 3개 있는 것과 같습니다. 이것을 식으로 표현하면 257×3=200×3+50×3+7×3이 됩니다.

　분배법칙을 활용하면 복잡한 곱셈도 쉽게 처리할 수 있습니다. 예를 들어 34×27은 30이 27개, 4가 27개 있는 것과 같은데, 한 단계 더 분배하는 것도 가능하며, 그러면 다음과 같이 계산이 훨씬 쉬워집니다.

$$34 \times 27 = 30 \times 27 + 4 \times 27 = 30 \times 20 + 30 \times 7 + 4 \times 20 + 4 \times 7$$

곱이 가장 커지는 식, 작아지는 식

정확한 원리를 알려 줍니다. 수가 커지기 위해서는 십의 자리에서 곱해지는 수가 최대한 커야 한다는 대원칙을 생각하면 됩니다. 서로 다른 네 개의 수 3, 4, 5, 6을 이용하여 (두 자리 수)×(두 자리 수)를 가장 크게 만들어 봅니다.

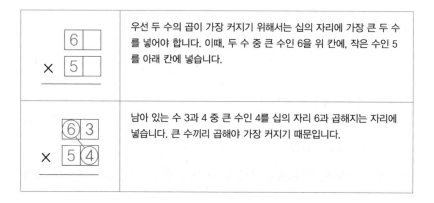

우선 두 수의 곱이 가장 커지기 위해서는 십의 자리에 가장 큰 두 수를 넣어야 합니다. 이때, 두 수 중 큰 수인 6을 위 칸에, 작은 수인 5를 아래 칸에 넣습니다.	
남아 있는 수 3과 4 중 큰 수인 4를 십의 자리 6과 곱해지는 자리에 넣습니다. 큰 수끼리 곱해야 가장 커지기 때문입니다.	

원리 이해를 완료했다면, 곱이 가장 커지는 식을 만들려면 U자 모양으로 큰 수부터 집어넣는다는 팁을 알려 줍니다.

한편 수가 작아지기 위해서는 십의 자리에서 곱해지는 수가 작아야 한다는 대원칙을 생각하면 됩니다. 역시나 서로 다른 네 개의 수 3, 4, 5, 6을 이용하여 (두 자리 수)×(두 자리 수)를 가장 작게 만들어 봅니다.

	두 수의 곱이 가장 작아지기 위해서는 십의 자리에 가장 작은 두 수를 넣어야 합니다. 이때 두 수 중 큰 수인 4를 위 칸에, 작은 수인 3을 아래 칸에 넣습니다.
	십의 자리 3과 4 중 큰 수인 4와 곱해지는 수에 6과 5 중 작은 수인 5를 넣습니다. 십의 자리 중 큰 수인 4와 곱해지는 수가 작아야 전체를 작게 만들 수 있기 때문입니다.

원리를 아이가 이해했다면, 곱이 가장 작아지는 식을 만들려면 N자 모양으로 작은 수부터 집어넣는다는 팁을 알려 줍니다.

$$
\begin{array}{cc}
& 4\ 6 \\
\times & 3\ 5 \\
\hline
\end{array}
$$

약속셈

약속셈이란 새롭게 정의된 연산을 이해하고, 그 약속에 맞게 주어진 문제를 해결하는 것입니다. 약속셈 ㉮*㉯=(㉮+㉯)×(㉮−㉯)를 예로 들어 설명하겠습니다. 이 약속에 맞춰 20*10을 계산하면, 20*10=(20+10)×(20−10)=30×10=300입니다.

초등까지는 문자를 사용하지 않기에 약속셈을 가르칠 때는 왼쪽/오른쪽이라는 방향성을 이용해서 설명해 줍니다. 즉 (왼쪽+오른쪽)×(왼쪽−오른쪽)입니다. 이런 방향성을 이용해야 고난도의 약속셈도 아이가 수월하게 해결할 수 있습니다.

《열려라 심화》3-2. 18쪽

가*나=(3×나−2×가)×(가+2×나)이다. 10*20을 계산하여라.

'가'와 '나'를 가지고 설명하지 않고 왼쪽과 오른쪽이라는 방향성을 이용해 설명합니다. 문제에서 주어진 규칙을 (3×오른쪽−2×왼쪽)× (왼쪽+2×오른쪽)으로 파악하게 합니다.

정석 풀이

가*나=(3×나−2×가)×(가+2×나)
→ (3×오른쪽−2×왼쪽)×(왼쪽+2×오른쪽)
10*20에서 오른쪽은 20, 왼쪽은 10이므로
10*20=(3×20−2×10)×(10+2×20)
     =40×50
     =200

등차수열의 규칙성

등차수열을 이용한 문제가 출제되곤 합니다. 첫 번째 수부터 차례로 일정한 수(공차)를 더해 만들어지는 수의 배열을 등차수열이라고 하는데 고등학교 때 배우는 개념입니다. 초등 아이가 등차수열이라는 개념을 알 필요는 없지만, 그 원리는 알려 주면 좋습니다.

공차가 2인 등차수열 1, 3, 5, 7, … 을 살펴보겠습니다.

두 번째 수 3=1+2=1+2×1→ 간격이 1칸

세 번째 수 5=1+2+2=1+2×2→ 간격이 2칸

네 번째 수 7=1+2+2+2=1+2×3→ 간격이 3칸

$$\vdots$$

열 번째 수＝1+2×9=19 → 간격이 9칸

이때 공차를 이용해 등차수열의 일반항을 구하는 법을 알고 있으면 100번째, 200번째 등 아주 나중에 나오는 수를 구할 수 있습니다. 여기서 2씩 늘어나므로 공차가 2입니다. □번째 수는 2×□꼴임을 알 수 있습니다. 그런데 첫 번째 수가 1이므로 □=1일 때 1이 나와야 합니다. 따라서 □번째 수=2×□-1입니다.

지도 **예시**　　　　　　　　　　　　　🌀《열려라 심화》3-2. 20쪽

색종이 1장을 4조각으로 자르고, 자른 조각 중 1조각을 다시 4조각으로 자르면 모두 7장이 됩니다. 같은 방법으로 자른 조각 중 1조각을 다시 4조각으로 자르는 과정을 100번 반복하면 자른 조각은 모두 몇 장입니까?

1번 자를 때, 2번 자를 때, 3번 자를 때 나오는 조각의 개수를 각각 구하고 규칙성을 찾아 설명하게 합니다. 1번 자를 때마다 색종이는 3장씩 늘어나는 걸 알 수 있습니다. 따라서 100번을 자르면 처음 1장에서 3장씩 100번 늘어나게 되므로 총 301장이 됩니다. 간단히 정리하면 4, 7, 10, 13에서 3씩 늘어나고 첫 번째 수가 4이므로 □번째 수=3×□+1입니다. 따라서 100번째 수=3×100+1=301(장)입니다.

처음 색종이: 1장

1번 자름: $1+3\times1=4$

2번 자름: $1+3\times2=7$

3번 자름: $1+3\times3=10$

4번 자름: $1+3\times4=13$

$\vdots$

100번 자름: $1+3\times100=301$(장)

등차수열의 합

아이들에게 알려 주지 않더라도 가르치는 사람은 배경지식으로 알고 있으면 도움이 됩니다. 공차가 2인 3, 5, 7, 9, 11, 13, 15, 17 등차수열의 합은 어떻게 구할까요? 독일의 수학자 가우스는 초등학생 때 다음과 같은 방법을 찾아냈습니다.

$$
+\begin{array}{|l}
3+\ \ 5+\ \ 7+\ \ 9+11+13+15+17 \\
17+15+13+11+\ \ 9+\ \ 7+\ \ 5+\ \ 3 \\
\hline
\end{array}
$$
$$20+20+20+20+20+20+20+20$$

수열을 거꾸로 해서 원래의 수열과 하나씩 대응시키면, 위와 아래를 합했을 때 모두 20이 됩니다. 일정한 간격으로 커지므로 가능한 일입니다. 20의 개수가 8개이므로 $20\times8=160$입니다. 그런데 똑같은 수열 두 개를 더했으므로 반으로 나눠야 한 줄의 값만 나오겠죠. 따라서 답은 3+5+7+9+11+13+15+17=80=(3+17)×8÷2입니다.

즉 등차수열의 합을 구하는 일반화된 공식은 (첫수+끝수)×(수의 개수)÷2입니다.

《열려라 심화》 3-2. 23쪽

110, 130, 150과 같이 차례로 차가 20인 세 수의 합은 110+130+150=390입니다. 이와 같이 차례로 차가 20인 세 수의 합을 구했을 때, 합이 네 자리 수인 식은 모두 몇 개입니까?

차가 20인 세 수의 합을 나열하여 규칙을 스스로 찾게 합니다. 우선 차가 20인 세 수의 합을 다음과 같이 다양하게 나열해 보게 합니다. 그러면 아이는 110+130+150=390, 100+120+140=360 등의 식을 쓸 수 있습니다. 이렇게 쓰다 보면 대부분의 아이들이 가운데 수의 3배가 세 수의 합과 같다는 규칙을 찾아냅니다. 가운데 수의 3배가 세 수의 합과 같으므로, 가운데 수를 □라고 하면 3×□=(네 자리 수)가 되는 □를 구합니다. □=334, 335, …, 3333이고, 문제의 조건을 만족하는 20만큼 차이가 나는 세 수는 (314, 334, 354), …, (3313, 3333, 3353)입니다. 따라서 식의 개수는 3333−334+1=3000(개)입니다.

차가 20인 ○, □, △(○＜□＜△)에 대하여

○+□+△=□×3

□×3=999일 때 가장 큰 세 자리 수이므로

□×3=1002일 때 가장 작은 네 자리 수고,

□×3=9999일 때 가장 큰 네 자리 수입니다.

따라서 □=334, 335, 336, 337, …, 3333

식의 개수=3333−334+1=3000(개)

참고로 주어진 범위 안에 있는 자연수의 개수를 구하는 방법은 다음과 같습니다. 이상과 이하, 초과와 미만 개념을 알고 있어야 이해 가능하며, 실제 수를 가지고 세어 보게 함으로써 익히게 합니다.

□＜x＜△ : (△−□−1)개　　예) 5＜x＜10 : (10−5−1)개

□＜x≤△ : (△−□)개　　예) 5＜x≤10 : (10−5)개

□≤x＜△ : (△−□)개　　예) 5≤x＜10 : (10−5)개

□≤x≤△ : (△−□+1)개　　예) 5≤x≤10 : (10−5+1)개

3 학년

2학기 2단원

나눗셈

영역: 수와 연산

교과서 개념 지도법

단순히 나눗셈 알고리즘 훈련만으로 학습하는 것이 아니라, 실생활의 문제 상황을 적절히 활용해 곱셈과 나눗셈의 학습이 자연스럽게 이루어져야 합니다. 특히 교과서는 3학년 1학기 때도 학습한 등분제와 포함제를 2학기에서도 강조합니다. 아이들이 등분제나 포함제를 개념이나 용어로 구분하는 것은 불필요하지만, 두 가지 상황을 모두 경험하는 것은 꼭 필요합니다.

나눗셈 알고리즘은 사칙연산 중에서 아이들이 숙달하기에 가장 어렵습니다. 왜일까요? 첫째, 다른 연산이 오른쪽(일의 자리)부터 시작하는 반면 나눗셈은 왼쪽(높은 자리)부터 시작합니다. 둘째, 나눗셈 알고리즘은 나눗셈구구(곱셈구구의 역연산을 의미합니다)뿐만 아니라 뺄셈과 곱셈도 수반합니다. 셋째, 나눗셈을 잘하려면 어림을 통해 가정 몫, 즉 예상하는 몫을 계산해 내야 합니다. 예를 들어 237 나누기 32를 계산한다고 할 때 일의 자리에서 반올림하면 240 나누기 30이 되고 이것으로 몫이 8이 됨을 어림할 수 있습니다. 그런데 첫 어림에서 꼭 성공하는 것은 아니며 두 번째 어림에서도 실패하는 경우도 있습니다. 이렇게 자꾸 실패를 하면 아이는 주눅이 듭니다. 인내심을 가지고 아이를 지도해야 합니다.

나눗셈에서 자주 사용하는 알고리즘은 분배 알고리즘과 누감 알고리즘이 있습니다. 분배 알고리즘은 우리가 잘 아는 세로식입니다.

$$
\begin{array}{r}
1 \\
4\,)\overline{560} \\
\underline{4} \\
1
\end{array}
\quad\Rightarrow\quad
\begin{array}{r}
14 \\
4\,)\overline{560} \\
\underline{4} \\
16 \\
\underline{16} \\
0
\end{array}
\quad\Rightarrow\quad
\begin{array}{r}
140 \\
4\,)\overline{560} \\
\underline{4} \\
16 \\
\underline{16} \\
0
\end{array}
$$

한편 누감 알고리즘은 말 그대로 누감하는 방식입니다. 47÷3을 계산할 때, 47개 중에 30개를 3등분하여 10개씩 나눠 주고, 나머지 17개 중에 15개를 3등분하여 5개씩 나눠 줍니다. 그럼 한 사람이 갖는 개수는 15개이고, 나머지는 2가 됩니다. 마치 곱셈을 할 때 분배법칙을 이용하는 것과 비슷한 방식입니다. 학교에서는 주로 분배 알고리즘을 사용하지만, 누감 알고리즘 역시 가르치고 있으니 원리를 알아 둡니다.

| 곱셈 | $47 \times 3 = (40+7) \times 3 = 40 \times 3 + 7 \times 3$ |
| 나눗셈 | $47 \div 3 = (30+15+2) \div 3 = (30 \div 3 + 15 \div 3) \cdots 2$ |

심화 개념 지도법

0이 들어가는 나눗셈

간혹 0을 포함하는 나눗셈에 대해 질문하는 아이가 있으니, 교습자는 배경지식으로 알아 두었다가 질문하면 알려 줍니다. 나눗셈을 곱셈으로 바꾸는 방식을 이용하면 아이가 쉽게 이해할 수 있습니다.

첫째, 0이 아닌 어떤 수를 0으로 나눌 수 없습니다.

$5 \div 0 = \triangle \rightarrow 0 \times \triangle = 5$에서, 곱셈식을 만족하는 $\triangle$는 존재하지 않기 때문입니다. 이를 '0이 아닌 어떤 수를 0으로 나눈 값은 존재하지 않습니다.'라고도 표현합니다.

둘째, 0을 0이 아닌 어떤 수로 나누면 그 값은 0입니다.

$0 \div 5 = \triangle \rightarrow 5 \times \triangle = 0$이므로 $\triangle = 0$입니다.

셋째, 0을 0으로 나눈 값은 정의할 수 없습니다.

$0 \div 0 = \triangle \rightarrow 0 \times \triangle = 0$이므로 $\triangle$에 어떤 수를 넣어도 성립합니다.

그런데 $\triangle$가 모든 수가 되면 다음과 같은 문제가 생깁니다.

$0 \times 1 = 0 \rightarrow 0 \div 0 = 1, \ 0 \times 2 = 0 \rightarrow 0 \div 0 = 2 \rightarrow 0 \div 0 = 1 = 2 \rightarrow 1 = 2$

즉, $0 \div 0$의 값은 1도 되고 2도 될 수 있으므로 1=2라는 모순이 생깁니다. 따라서 '$0 \div 0$의 값은 정할 수 없습니다.' 혹은 '$0 \div 0$의 값은 정의할 수 없습니다.'라고 표현합니다.

서로 다른 수로 나눴을 때, 나머지가 같거나 다른 경우를 만족하는 수 구하기

초등 5학년 약수와 배수와도 연계되는 내용인데, 여기에서 심화 문제로 나오는 유형입니다. 나머지가 없는 경우 → 나머지가 같은 경우 → 나머지가 다른 경우의 순서로 3과 5를 예로 설명합니다.

 지도 예시

📖 《열려라 심화》 3-2. 26쪽

3과 5로 나누어떨어지는 수를 구하여라.

나머지가 없는 경우

3과 5로 나누어떨어지는 수를 각각 나열해 보게 합니다. 그러면 3과 5의 최소공배수인 15의 배수들이 나옵니다. 그런데 초등 3학년은 아직 약수와 배수를 배우지 않았기 때문에 최소공배수 개념이나 찾는 방법을 이야기하면 안 됩니다. 이 수준에서는 수를 각각 나열하면서 3과 5로 동시에 나누어떨어지는 수를 찾도록 합니다. 나열을 통해 규칙을 찾으면, 3과 5로 모두 나누어떨어지는 수는 15로 나누어떨어지는 수라는 것을 알 수 있습니다.

 정석 풀이

3으로 나누어떨어지는 수: 3, 6, 9, 12, 15, 18, 21, 24, 30, …
5로 나누어떨어지는 수: 5, 10, 15, 20, 25, 30, …
정답: 15, 30, 45, 60, …

나머지가 같은 경우

 《열려라 심화》 3-2. 28쪽

3과 5로 나누었을 때 나머지가 1인 수를 구하여라.

이미 앞에서 3과 5로 나누어떨어지는 수는 15로 나누어떨어진다는 사실을 배워서 알고 있습니다. 따라서 3과 5로 나누었을 때 나머지가 1인 수는 15로 나누었을 때 나머지가 1인 수임을 자연스레 알 수 있습니다.

 정석 풀이

$(15+1) \div 3 = 5 \cdots 1$

$(15+1) \div 5 = 3 \cdots 1$

$(30+1) \div 3 = 10 \cdots 1$

$(30+1) \div 5 = 6 \cdots 1$

$\vdots$

정답 : 16, 31, 46, 61, ⋯

나머지가 다른 경우 ①

 《열려라 심화》 3-2. 30쪽

3으로 나눴을 때 나머지가 2이고, 5로 나눴을 때 나머지가 4인 수를 구하여라.

나머지가 다른 경우, 나머지와 나누는 수를 비교해 봅니다. 3으로 나눴을 때 나머지가 2가 됐다는 것은 3의 배수에서 1만큼 부족하기에 2가 나머지로 남았다는 뜻입니다. 한편 5로 나눴을 때 나머지가 4인 수는 5의 배수에서 1만큼 부족한 수입니다(1이 부족해 5로 나뉘지 못하고 4가 남은 것). 그렇다면 이 두 조건을 동시에 만족하는 수는 최소공배수 15의 배수에서 1이 부족한 수여야 합니다.

아이들에게 설명할 때는, 배수라는 용어를 빼고 다음과 같이 설명합니다. 3과 5로 나누어떨어지는 수는 15로 나누어떨어지므로, 3과 5로 나누었을 때 1이 부족한 수는 15로 나누었을 때 1이 부족한 수임을 알 수 있습니다.

 정석 풀이

$(15-1) \div 3 = 4 \cdots 2$

$(15-1) \div 5 = 2 \cdots 4$

$(30-1) \div 3 = 9 \cdots 2$

$(30-1) \div 5 = 5 \cdots 4$

$\vdots$

정답: 14, 29, 44, 59, …

나머지가 다른 경우 ②

 지도 예시

◐ 《열려라 심화》 3-2, 32쪽

3으로 나눴을 때 나머지가 1이고, 5로 나눴을 때 나머지가 2인 수를 구하여라.

항상 두 수로 나누어떨어지는 15를 기준으로 생각하는 습관을 들이게 합니다. 15보다 작은 수 중에서 5로 나눴을 때 나머지가 2인 수와, 3으로 나눴을 때 나머지가 1인 가장 작은 수는 나열을 통해서 쉽게 찾을 수 있습니다. 그러면 조건을 만족하는 수가 7임을 찾아낼 수 있습니다.

핵심은 이렇게 찾아낸 수에 3과 5로 동시에 나누어떨어지는 15를 더해 가면, 수가 아무리 커져도 3으로 나눴을 때 나머지가 1이고 5로 나눴을 때 나머지가 2가 된다는 사실입니다. 15의 배수는 항상 3과 5로 나누어떨어지고, 7은 조건을 항상 만족하기 때문입니다.

 정석 풀이

15보다 작은 수 중에서 5로 나눴을 때 나머지가 2가 되는 수: 7, 12

이 중 3으로 나눴을 때 나머지가 1이 되는 수: 7

문제의 조건을 만족하는 수의 형태: 15×□+7

정답: 7, 22, 37, 52, …

여기까지 익혔다면 다음의 심화 문제들을 풀 수 있습니다.

 지도 예시

📖《열려라 심화》3-2. 34쪽

다음 조건을 만족하는 가장 작은 수를 구하여라.

── 조건 ──
㉠ 7로 나누면 나누어떨어지는 수입니다.
㉡ 5로 나누면 2가 남습니다.
㉢ 일의 자리 수와 십의 자리 수가 같습니다.

7과 5로 나누므로 35의 배수를 기준으로 생각합니다. 35보다 작은 수 중 7로 나누면 나누어떨어지는 수와 5로 나누면 2가 남는 수는 7입니다. 여기에 35를 더해 가면 아무리 수가 커져도 조건을 만족합니다. 즉 조건을 만족하는 수의 형태는 35×□+7입니다. 35는 5와 7로 나누어떨어지므로 □에 어떤 수가 들어와도 나누어떨어지고, 7은 7로 나누어떨어지나 5로 나누면 2가 남습니다. 따라서 항상 7로 나누어떨어지고, 5로 나누면 2가 남습니다.

 정석 풀이

35보다 작은 수 중

㉠ 7로 나누면 나누어떨어지는 수: 7, 14, 21, 28

㉡ 5로 나누면 나머지가 2인 수: 7, 12, 17, 22, 27, 32

㉠과 ㉡을 만족하는 수의 형태: 35×□+7→ 7, 42, 77, 112, …

이 중 ㉢을 만족하는 가장 작은 수는 77입니다.

3학년

2학기 3단원

원

영역: 도형

교과서 개념 지도법

원의 개념은 초등수학 2학년 1학기에 처음 등장합니다. 이때는 원을 '한 점에서 같은 거리에 있는 점들의 모임'이라는 원의 개념적 정의를 배우지 않고, 몇 개의 원 그림을 보여 주고 대략적인 모양을 익히게 해 원이 무엇인지 알게 합니다.

이 단원에서는 원을 그리는 방법을 통해 원의 의미를 이해하는 데 중점을 둡니다. 이를 바탕으로 원의 중심과 반지름의 뜻, 한 원에 있는 반지름의 길이는 모두 같다는 것을 알게 합니다. 또한 원의 지름과 반지름의 성질, 원의 지름과 반지름 사이의 관계를 컴퍼스 등을 이용한 조작 활동으로 이해하게 함으로써 6학년 1학기에 배울 원의 넓이를 학습할 준비를 합니다. 어렵지 않아 쉬어 가는 단원입니다.

초등학교에서 다루고 있는 원의 성질을 정리하면 다음과 같습니다.

개념 정리

- 원 위의 모든 점은 중심에서 같은 거리에 있습니다.
- 반지름과 지름은 무수히 많습니다.
- 지름의 반은 반지름입니다.
- 지름은 원의 중심을 기준으로 이등분됩니다.
- 지름은 원을 이등분합니다.
- 지름은 원 위의 두 점을 잇는 선분 중 가장 깁니다.
- 원은 점대칭도형인 동시에 선대칭도형입니다.

심화 개념 지도법

여기에서 소개하는 배경지식은 중등수학이나 사고력 수학에 있는 내용입니다. 초등 교육과정에 직접 연계는 안 되지만, 대부분 실력 있는 학원 강사들은 알고 있는 내용입니다. 교습자도 숙지하고 있으면 도움이 되며, 수업의 흥미를 불러일으키기 위해서 알려 줘도 좋습니다.

원의 다양한 성질

맨홀 뚜껑이 둥근 이유: 정폭도형

맨홀 뚜껑이 원인 이유는 어느 방향으로 폭을 재도 일정하기 때문에 구멍에 빠지지 않고, 굴려서 운반하기 쉽기 때문입니다(바퀴가 둥근 이유). 그런데 어느 방향으로 폭을 재도 일정한 도형은 무수히 많습니다. 이처럼 도형과 접하는 두 평행선 사이의 거리가 항상 일정한 도형을 정폭도형이라 하며, 원 대신 맨홀 뚜껑이나 바퀴로 사용 가능합니다.

컴퍼스와 연필로 간단히 정폭도형을 만들 수 있습니다.

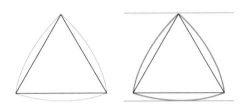

첫 번째, 정삼각형을 그립니다.

두 번째, 정삼각형의 각 꼭짓점에서 컴퍼스로 반지름이 정삼각형의 한 변의 길이와 같은 부채꼴을 그립니다. 구체적으로 한 꼭짓점에 컴퍼스를 고정하고, 컴퍼스에 고정시킨 연필로 나머지 두 꼭짓점을 그어 연결해 줍니다. 이 과정을 각 꼭짓점에서 모두 수행합니다.

세 번째, 만든 도형을 가위로 오립니다. 종이 위에 놓고 가장 먼 지점을 기준으로 평행선을 맞물리게 긋습니다. 그런 다음 도형을 돌려가며 평행선과 항상 만나는지 확인합니다. 항상 만난다는 것은 폭이 일정하다는 뜻입니다. 시중에 정폭도형을 체험할 수 있는 교구도 나와 있으니 구입해 조작 체험을 시켜도 좋습니다.

원은 둘레가 일정할 때, 넓이가 최대가 되는 도형이다

동일한 길이의 실을 사용해 정삼각형, 정사각형, 정오각형 등 다양한 도형을 만들어 봅니다. 원에 가까울수록 도형의 넓이가 가장 넓다는 걸 확인할 수 있습니다. 아이들과 실을 가지고 도형을 여러 개 만들고, 그 안에 동전 등을 채워 넣으며 확인해 봅니다.

한 직선 위에 있지 않은 세 점은 하나의 원을 결정한다

혹은 삼각형의 모든 꼭짓점을 지나는 원이 존재합니다. 이 원을 삼각형의 외접원이라고 하고, 이 원의 중심을 외심이라고 합니다.

이를 알아보기 위해 세 점을 가지고 원을 그리려 하면 어렵습니다. 그러니 원 위에 다양한 형태의 세 점을 찍어 보여 주거나, 원 위에 다양한 삼각형을 그려 봅니다.

지름의 양 끝점과 원 위의 한 점을 연결하면 직각삼각형이 된다

지름의 양 끝점과 원 위의 한 점을 연결해서 정말로 직각삼각형이 되는지 각도기나 직각자 등을 이용해 확인하도록 지도합니다. 또한 이등변삼각형의 성질과 삼각형의 내각의 합이 $180°$임을 이용하여 증명이 가능합니다.

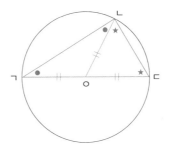

선분 ㄱㄷ은 원의 지름이고, 점 ㅇ은 원의 중심입니다. 그렇다면 삼각형 ㄱㄴㅇ과 삼각형 ㄴㅇㄷ은 둘 다 두 변을 원의 반지름으로 하는 이등변삼각형입니다. 삼각형 ㄱㄴㄷ의 세 내각의 합은 $180°$이므로 ● +●+★+★$=180°$입니다. 그렇다면 ●+★$=90°$입니다.

따라서 삼각형 ㄱㄴㄷ은 각 ㄱㄴㄷ$=90°$인 직각삼각형입니다.

원이 겹쳐져 만들어지는 정삼각형

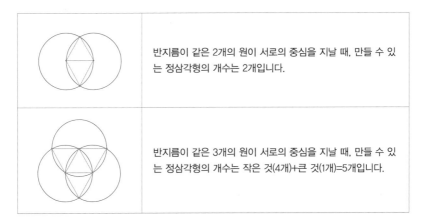

	반지름이 같은 2개의 원이 서로의 중심을 지날 때, 만들 수 있는 정삼각형의 개수는 2개입니다.
	반지름이 같은 3개의 원이 서로의 중심을 지날 때, 만들 수 있는 정삼각형의 개수는 작은 것(4개)+큰 것(1개)=5개입니다.

교과서 개념 지도법

초등 3학년에서 가장 중요하고 아이들이 어려워하는 분수 단원입니다. 자세히 다루도록 하겠습니다.

　3학년 1학기 때 배우는 분수 개념이 전체가 1인 연속량을 똑같이 나누는 등분할 개념이었다면, 2학기 때 다루는 분수는 이산량(셀 수 있는 양)에 대한 분수입니다. 아이는 등분할하여 분수로 표현하는 것보다 이산량을 분수로 표현하는 것을 더 어려워합니다. 그 이유는 전체를 어떻게 부분으로 묶는가에 따라 표현되는 분수가 달라지기 때문입니다. 예를 들어 사과 12개를 2개씩 똑같이 묶으면 4개는 6묶음 중에 2묶음을 나타내므로 $\frac{2}{6}$로 표현되지만, 사과 12개를 4개씩 똑같이 묶으면 4개는 3묶음 중에 1묶음을 나타내므로 $\frac{1}{3}$로 표현됩니다.

즉, 같은 전체에 대하여 똑같은 양일지라도 등분할을 하는 방법에 따라 표현되는 분수가 달라집니다.

이 단원에서 배우는 내용은 다음과 같습니다.

- 이산량과 길이에서 전체에 대한 부분을 분수로 나타내기
- 전체에 대한 분수만큼은 얼마인지 알아보기
- 진분수, 가분수, 대분수 이해하기
- 대분수를 가분수로, 가분수를 대분수로 나타내기
- 분모가 같은 분수의 크기 비교하기

구체물을 이용한 이산량 등분할 학습

우선 여러 가지 이산량을 등분할하는 활동을 해 봄으로써 이산량 분수 개념의 기초를 형성하게 합니다. 분수를 기호화하고 형식화하여, 단순한 계산에 의한 암기식으로 분수를 배우면 분수의 개념이 정확히 잡히지 않습니다.

집에 많이 있는 바둑돌을 활용해서 이산량에 대한 분수를 이해하면 좋습니다. 예를 들어 바둑돌 12개를 3개씩 똑같이 묶으면 6개는 4묶음 중에 2묶음에 해당하므로 $\frac{2}{4}$가 됩니다.

주의할 것은, 12개 중에 6개이므로 $\frac{6}{12}$이라고 알려 주면 안 된다는 것입니다. $\frac{6}{12}$이라는 표현은 바둑돌 24개를 2개씩 12묶음으로 나눴을 때, 그중 12개에 해당하는 6묶음을 표현하는 분수의 개념입니다. '전체 묶음 수'를 '분모'에, '부분 묶음 수'를 '분자'에 표현함을 이해하

도록 지도해야 합니다. 아울러 '약분'이나 '크기가 같은 분수' 등의 용어도 사용하지 않습니다. 분수에 대한 오개념이 생길 수 있으니 주의해야 합니다. 교육과정 순서에 맞는 학습을 권합니다.

자연수의 등분할 학습

자연수를 '등분할'하는 경우도 바둑돌을 이용하여 이해하게 합니다. 가령 12의 $\frac{1}{3}$은 바둑돌 12개를 3묶음으로 등분할 경우 한 묶음에 들어 있는 바둑돌의 개수이므로 4가 됩니다. 12의 $\frac{1}{3}$은 $12 \times \frac{1}{3}$로 형식화할 수 있음을 교습자는 배경지식으로 알아 둡니다. 같은 방법으로 12의 $\frac{3}{4}$은 12를 4묶음으로 등분한 후, 3묶음에 들어 있는 바둑돌의 개수를 의미하므로 9개가 됩니다. 12의 $\frac{1}{3}$과 12의 $\frac{2}{6}$는 같지만 의미는 다르다는 것을 알면, 이산량에 대한 분수를 처음 배우는 아이에게 도움이 됩니다.

그런데 '4는 12의 얼마인가?'를 묻는 경우, 이것의 답은 $\frac{1}{3}$이나 $\frac{2}{6}$로 다양하게 표현할 수 있으므로, 여기서는 다루지 않고 6학년 1학기 '비와 비율'을 이해한 후 다룹니다.

길이를 이용한 다양한 분수의 형태 학습

진분수, 가분수, 자연수는 교과서와 같이 길이를 이용하여 아이들이 개념을 쉽게 이해하게 지도합니다. 교과서의 설명이 가장 좋으니 참고해 설명합니다.

$\dfrac{1}{3}$과 $\dfrac{2}{3}$ 같이 분자가 분모보다 작은 분수를 진분수라고 합니다.

$\dfrac{3}{3}$과 $\dfrac{4}{3}$ 같이 분자가 분모와 같거나 분모보다 큰 분수를 가분수라고 합니다.

$\dfrac{3}{3}$은 1과 같습니다. 1, 2, 3과 같은 수를 자연수라고 합니다.

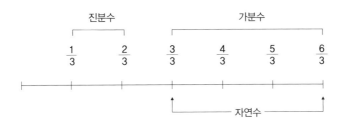

대분수의 경우, '$1\dfrac{1}{4}$ 과 같이 자연수와 진분수로 이루어진 분수를 대분수라고 합니다.'라는 대분수의 정의는 교육과정의 변화에 따라 '$1+\dfrac{1}{4}$ 을 $1\dfrac{1}{4}$ 과 같이 쓰고, $1\dfrac{1}{4}$ 과 같이 자연수와 진분수로 이루어진 분수를 대분수라고 합니다.'로 쓰이기도 합니다. 대분수를 가분수로, 가분수를 대분수로 바꾸는 연습도 길이를 사용해 개념을 학습하게 지도합니다.

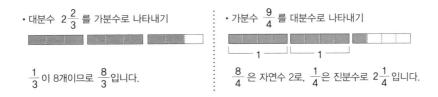

• 대분수 $2\dfrac{2}{3}$ 를 가분수로 나타내기

$\dfrac{1}{3}$ 이 8개이므로 $\dfrac{8}{3}$ 입니다.

• 가분수 $\dfrac{9}{4}$ 를 대분수로 나타내기

$\dfrac{8}{4}$ 은 자연수 2로, $\dfrac{1}{4}$ 은 진분수로 $2\dfrac{1}{4}$ 입니다.

심화 개념 지도법

분수는 심화 개념도 중요하지만, 기본 개념 자체가 어렵고 또 심화 개념보다 훨씬 중요합니다. 때문에 기본 개념을 교육과정에 따라 정확히 익히는 데 주력하고 다음의 심화 개념이 심화교재에 나왔을 경우 분수의 의미를 이용해 푸는 방법을 지도합니다.

어떤 수의 $\frac{\triangle}{\square}$ 를 계산하는 법

분수의 곱셈을 배우지 않았으므로, 의미를 이용해서 푸는 방법을 가르쳐 줍니다. 이때 분모에 얼마가 오든, 우선 분자가 1이 되었을 때 몇인지를 구하면 분수를 파악하기 쉬워진다는 사실을 알려 줍니다. 예를 들어 12의 $\frac{3}{4}$ 을 구하는 문제에서는 12의 $\frac{1}{4}$ 이 3이라는 사실을 이용하면 9라는 답을 쉽게 낼 수 있습니다. 거꾸로 어떤 수의 $\frac{3}{4}$ 이 12일 때 어떤 수를 구하는 문제에서는, 어떤 수의 $\frac{3}{4}$ 이 12이므로, 어떤 수의 $\frac{1}{4}$ 은 12를 3으로 나눈 4입니다. 따라서 어떤 수는 16입니다.

> **지도 예시**
>
> 《열려라 심화》3-2. 38쪽
>
> 서하는 동화책을 읽고 있는데, 첫째 날은 전체의 $\frac{1}{3}$ 을 읽고, 둘째 날은 나머지의 $\frac{2}{5}$ 를 읽었더니, 48쪽이 남았습니다. 동화책은 전체 몇 쪽입니까?

항상 분자가 1인 분수가 얼마인지부터 구합니다. 나머지의 $\frac{3}{5}$ 이 48쪽이면, 나머지의 $\frac{1}{5}$ 은 16쪽이라는 사실을 구하게 합니다.

첫째 날에 읽고 남은 나머지에서 $\dfrac{2}{5}$를 읽었으므로, 나머지의 $\dfrac{3}{5}=48$(쪽)

나머지의 $\dfrac{1}{5}$은 $48\div3=16$(쪽)

따라서 첫째 날에 읽고 남은 나머지 전체는 나머지의 $\dfrac{5}{5}$이므로,

$16\times5=80$(쪽)

80쪽은 전체 동화책의 $\dfrac{2}{3}$이므로, 전체 동화책의 $\dfrac{1}{3}$은 $80\div2=40$(쪽)

전체 동화책은 전체의 $\dfrac{3}{3}$이므로, $40\times3=120$(쪽)입니다.

3학년 2학기

교과서 개념 지도법

쉬운 단원입니다. 실생활과 관련된 단원이라, 교과서에서는 어림과 실제 측정하는 행위를 강조합니다. 아이들에게 정확한 용어의 뜻과 상호 관계만 알려 주고 암기하게 합니다.

- 들이의 단위(부피): 1L=1000mL
- 무게의 단위: 1t=1000kg, 1kg=1000g
- 상호 관계(물): $1L=1000ml=1kg=1000g=1000cm^3$

심화 개념 지도법

기본 개념은 간단하지만, 심화 문제들은 중등 과정의 방정식이나 연립 방정식을 이용하는 문제들이 많아 까다롭습니다. 시중 심화교재 해설 지에도 연립방정식 문제를 대입법을 이용해 푸는 방식으로 설명해 놓았습니다. 그러니 아이가 식은 잘 세웠으나 연립방정식을 풀지 못해 답을 구하지 못할 때는 맞는 것으로 하고 넘어가도 괜찮습니다. 반면 아이가 다음에 설명하는 간단한 연립방정식 계산과 해법을 이해하면, 연립방정식 풀이법을 알려 주고 답까지 구하도록 지도합니다.

서로 다른 3개의 양 비교

3개의 물건 중에 공통인 물건을 기준으로 3개 물건의 무게를 맞춥니다. 예를 들어 "감 3개와 사과 2개의 무게가 같고, 사과 3개와 배 4개의 무게가 같습니다."라는 조건이 주어지면, 사과가 공통이므로 사과를 같은 개수(최소공배수)로 맞춰 줍니다. 주어진 문제 속 사과 2개와 3개, 즉 2와 3의 최소공배수가 6이므로 사과를 6개로 맞춰 줍니다. 그러면 감 9개의 무게=사과 6개의 무게=배 8개의 무게로 정리할 수 있습니다. 그 후 "감 1개의 무게가 100g일 때, 배 12개의 무게를 구하시오."라는 문제가 나오면, 감 9개의 무게는 배 8개의 무게와 같기에 배 8개는 900g입니다. 여기에서 배 4개의 무게가 450g임을 알 수 있습니다. 따라서 배 12개의 무게는 (8개의 무게)+(4개의 무게)=1350(g)입니다.

연립방정식을 이용해야 하는 문제

중학교 수준의 연립방정식을 이용해야 풀리는 문제가 많습니다. 실제 해설지도 그런 방식으로 풀어 놨습니다. 다음의 지도 예시들은 시중 심화교재에 있는 유형들을 정리한 것입니다. 등식의 성질 등을 이용해 푸는 법을 알려 줍니다.

《열려라 심화》3-2. 44쪽

지도 예시

$\square = 2 \times \triangle + 400$, $\triangle = \bigcirc + 600$, $\square = 4 \times \bigcirc + 200$ 을 만족하는 $\bigcirc$을 구하시오.

정석 풀이

$\square = 2 \times \triangle + 400$ …①

$\square = 4 \times \bigcirc + 200$ …②

①=②라고 하면 $2 \times \triangle + 400 = 4 \times \bigcirc + 200$

→ $\triangle + 200 = 2 \times \bigcirc + 100$(양변을 2로 나눔)

→ $\underline{\triangle + 100} + 100 = \underline{2 \times \bigcirc + 100}$(200=100+100 이용)

→ $\triangle + 100 = 2 \times \bigcirc$ (양변에서 100을 뺌) …③

$\triangle = \bigcirc + 600$

$\triangle + 100 = \bigcirc + 700$ …④(양변에 100을 더함)

③=④라고 하면 $2 \times \bigcirc = \bigcirc + 700$

→ $\bigcirc + \underline{\bigcirc} = \bigcirc + \underline{700}$

따라서 $\bigcirc = 700$

《열려라 심화》 3-2. 44쪽

2×□+△=5, □+△+○=6, 2×□+2×△+○=9를 만족하는 □, △, ○를 구하시오.

정석 풀이

□+△+○=6 … ①

2×□+2×△+○=9 … ②

②를 정리하면 (□+△+○)+□+△=9

→ (①)+□+△=9

→ 6+□+△=9

→ □+△=3 … ③

한편, 2×□+△=5 … ④이고, 이를 정리하면 □+(□+△)=5

→ □+(③)=5

→ □+3=5, 그러므로 □=2

③에 대입하면 2+△=3 그러므로 △=1

①에 대입하면 2+1+○=6 그러므로 ○=3

교과서 개념 지도법

아이들이 쉬워하는 단원입니다. 중고등수학의 확률과 통계와 연계됩니다.

이 단원에서는 자료 표현의 기본이 되는 표와 그림그래프를 읽고 작성하는 방법을 배웁니다. 표와 그림그래프의 특징 및 장단점 등을 정리해 줍니다.

교과서에서 제시하는 학습 목표는 다음과 같습니다.

- 표에 나타난 여러 가지 통계적 사실을 알 수 있다.
- 자료를 정리하고 표로 나타낼 수 있다.
- 그림그래프의 특성을 알고, 그림그래프를 해석할 수 있다.

• 주어진 자료를 분류, 정리하여 그림그래프로 나타낼 수 있다.

심화 개념 지도법

이 단원의 심화 문제 유형은 대부분 앞 단원에서 다뤘던 연립방정식 유형을 그래프 문제로 변형한 것입니다. 그래프를 해석해서 식을 세우고 연립방정식의 해법을 이용해서 문제를 풉니다. 3학년 2학기 4단원 (분수)과 5단원(들이와 무게)의 심화 개념을 참고하면 됩니다.

4

학년

4학년

수학 개괄

3학년 수학에서 나눗셈·분수·소수 등을 배우며 개념적으로 어려운 과정을 거쳤다면, 4학년은 잠시 쉬어 가는 학년입니다. 3학년까지 배운 자연수의 사칙연산을 확장해 분수와 소수의 덧셈과 뺄셈을 배우며, 나머지 50% 정도는 도형을 배웁니다. 도형은 정의와 성질을 이해하고 문제에 적용하면 풀 수 있는 내용이라 대부분의 아이들이 어려워하지 않습니다.

단, 언어 능력이 떨어지는 아이는 도형의 많은 용어와 정의를 금방 잊어버려 어려움을 겪을 수 있습니다. 이런 아이는 장기적으로 독서를 시켜 언어 능력을 길러야 하고, 단기적으로는 개념 노트 정리 또는 묻고 답하기 등을 이용하여 배운 것을 머릿속에 집어넣는 연습을 해야 합니다. 3학년 수학을 힘겹게 자기주도적으로 개념과 심화까지 수행했다면, 4학년 수학을 매우 쉬워 할 가능성이 높습니다.

4 학년 | 1학기 1단원

큰 수

영역: 수와 연산

교과서 개념 지도법

교과서는 실생활 속 다양한 예시를 통해 큰 수의 필요성과 유용성을 아이들이 자연스럽게 인식하는 것을 강조합니다. 자릿값의 개념과 10진법, 기수법에 대한 정확한 개념을 잡아 줍니다. 어떻게 보면 자연수에 대해 다루는 마지막 단원이지만, 여기서 배우는 큰 수는 중등수학과 고등수학에서는 지수를 이용해 10의 거듭제곱으로 간단하게 다루므로 그리 필요하지도 않고 많이 활용되지도 않습니다. 따라서 복잡한 심화 학습이 많이 필요하지는 않지만, 큰 수를 배우는 초중고 마지막 과정이므로 개념은 정확히 학습할 수 있도록 지도합니다.

이 단원은 아이에 따라 호불호가 갈립니다. 수학을 잘하는 아이들은 큰 수의 개념과 원리를 쉽게 이해하여 심화교재까지 수월하게 풉니다. 반면 수학이 약한 아이들의 경우 큰 수 개념 자체를 잘 이해하지 못해 어려움을 겪습니다. 따라서 수학이 약한 아이들에게는 다음 표를 이용해 큰 수를 4개씩 끊어서 읽고 표현하는 법을 암기하도록 시킨 후에 큰 수 단원을 나가야 수월합니다.

천	백	십	일	천	백	십	일	천	백	십	일	천	백	십	일
			조	×10000			억	×10000			만	×10000			일

2348000000000000 를 읽어 보시오.

우선 수에 4개 단위로 막대기를 긋게 합니다.

2 3 4 8 | 0 0 0 0 | 0 0 0 0 | 0 0 0 0

그런 다음 암기한 단위를 생각하며 읽게 합니다. 아이가 힘들어할 때는 만 단위 표에 숫자를 써서 읽습니다. 정확하게 2천3백4십8조라 고 읽으면 성공입니다.

2	3	4	8	0	0	0	0	0	0	0	0	0	0	0	0
천	백	십	일	천	백	십	일	천	백	십	일	천	백	십	일
			조				억				만				일

심화 개념 지도법

이 단원은 심화 문제를 풀기 위한 심화 개념이 특별히 필요하지는 않습니다. 따라서 아이들에게 설명할 수 있는 기수법과 진법에 대한 배경지식을 소개합니다. 아이를 지도할 때 설명해도 되고 교습자만 알고 있어도 됩니다. 참고로 이 책에서 소개하는 배경지식은 중등 선행 개념도 있지만, 초등 교사용 지도서에 소개되어 있는 내용도 있습니다. 전달할지 말지는 아이에 따라 그때그때 판단하더라도, 교습자는 알아야 할 내용이라는 뜻입니다.

자릿값과 0의 발견

0을 사용해 수가 놓인 자리에 따라 그 값이 달라지는 원리를 자릿값이라고 합니다. 0의 발견은 자릿값을 만들 수 있는 주요한 역할을 했습니다. 0과 자릿값 체계는 제한된 숫자로 모든 수를 표현할 수 있게 했으며 계산에 많은 도움을 줬습니다.

어느 수를 기준으로 자릿값이 바뀌느냐가 진법의 핵심입니다. 10진법에서는 10을 기준으로 자릿값이 바뀌며, 그보다 작은 수인 0부터 9까지 단 9개의 숫자로 모든 수를 표현할 수 있습니다. 한편 2진법이라면 0과 1이라는 2개의 숫자로 모든 수를 표현할 수 있습니다. 10진법과 2진법을 비교하면 다음과 같습니다.

10진법과 2진법의 관계									
10진법	0	1	2	3	4	5	6	7	8	9
2진법	0	1	10	11	100	101	110	111	1000	1001

개념 정리

10진법: 10을 기준으로 한 진법

$3657 = 3 \times 10 \times 10 \times 10 + 6 \times 10 \times 10 + 5 \times 10 + 7 = 3 \times 1000 + 6 \times 100 + 5 \times 10 + 7$

$4.325 = 4 + 3 \times \dfrac{1}{10} + 2 \times \dfrac{1}{10 \times 10} + 5 \times \dfrac{1}{10 \times 10 \times 10} = 4 + \dfrac{3}{10} + \dfrac{2}{100} + \dfrac{5}{1000}$

6진법: 6을 기준으로 한 진법

$1234 = 1 \times 6 \times 6 \times 6 + 2 \times 6 \times 6 + 3 \times 6 + 4 = 1 \times 216 + 2 \times 36 + 3 \times 6 + 4$

$4.325 = 4 + 3 \times \dfrac{1}{6} + 2 \times \dfrac{1}{6 \times 6} + 5 \times \dfrac{1}{6 \times 6 \times 6} = 4 + \dfrac{3}{6} + \dfrac{2}{36} + \dfrac{5}{216}$

2진법: 2를 기준으로 한 진법

$1011 = 1 \times 2 \times 2 \times 2 + 0 \times 2 \times 2 + 1 \times 2 + 1 = 1 \times 8 + 0 \times 4 + 1 \times 2 + 1$

$1.101 = 1 + 1 \times \dfrac{1}{2} + 0 \times \dfrac{1}{2 \times 2} + 1 \times \dfrac{1}{2 \times 2 \times 2} = 1 + \dfrac{1}{2} + \dfrac{0}{4} + \dfrac{1}{8}$

4 학년 | **1학기 2단원**
각도
영역: 측정

교과서 개념 지도법

각은 변과 더불어 다각형을 정의하는 도형의 기본 요소입니다. 이 단원에서는 각의 크기(각도)에 대해 배웁니다. 각도의 정의는 '각을 이루는 두 반직선 사이의 벌어진 정도'이나 이 단계에서는 그냥 '각의 크기'를 '각도'라고 합니다. 직각을 똑같이 90으로 나눈 것 중의 하나를 '1도'라고 하고 1°라 씁니다. 즉, 직각은 90°입니다.

교과서에서는 아이들이 각도기와 자를 이용하여 각도를 직접 재거나 각도를 정확하게 그리는 행위를 통해 자연스럽게 각도의 크기를 느끼고 서로 비교하는 것을 강조합니다. 아울러 삼각형과 사각형의 내각의 합도 글로만 공부하지 않고, 종이를 직접 오리거나 접어서 확인하는 조작 체험을 합니다.

각도의 종류

심화 개념 지도법

심화 문제들의 난이도가 거의 중등 1학년 수준입니다. 따라서 기본 개념은 간단해도 심화교재를 푸는 것이 만만치 않습니다. 여기서 소개하는 중등 1학년 수준에 해당하는 개념을 선행 개념으로 볼 수도 있지만, 초등 개념에서 확장되는 개념으로 볼 수도 있습니다. 따라서 아이들에게 설명할 때 선행이 아닌 개념의 확장으로 느끼게 해야 잘 이해합니다.

다양한 각도의 종류와 성질

심화 문제로 활용되는 각도의 종류와 성질을 소개합니다.

맞꼭지각

두 직선이 만날 때 마주 보는 각을 맞꼭지각이라고 하고, 맞꼭지각의 크기는 같습니다.

이 그림에서 ㉮와 ㉯, ㉯와 ㉰는 맞꼭지각입니다. ㉮+㉯=㉮+㉰ =180°이므로 ㉯=㉰이고, ㉯+㉮=㉯+㉯=180°이므로 ㉮=㉯입니다.

삼각형의 내각과 외각의 관계

다각형에서 선분으로 둘러싸인 부분의 안쪽에 있는 각을 내각이라고 하고, 바깥쪽에 만들어지는 각을 외각이라고 합니다. 삼각형의 한 꼭짓점에서 만들어지는 외각의 크기는 다른 두 꼭짓점의 내각의 크기의 합과 같습니다.

㉠+㉡+㉢=㉣+㉢=180°이므로 ㉠+㉡=㉣이 성립합니다.

다각형의 내각의 합

다각형의 내각의 합은 다각형을 삼각형으로 나누어 알아봅니다.

다각형	◬	◻	⬠	⬡	⬡
	삼각형	사각형	오각형	육각형	칠각형
삼각형의 수	1	2	3	4	5
내각의 합	180°	180°×2	180°×3	180°×4	180°×5

□각형은 삼각형 (□−2)개로 나누어지므로 □각형의 내각의 합은 $180° \times (□−2) = 180° \times □ − 360°$입니다.

한편, □각형이 정다각형일 경우 한 내각의 크기는 $(180° \times □ − 360°) ÷ □$입니다. 왜냐하면 정다각형은 모든 내각의 크기가 서로 같기 때문에 전체 내각의 합을 각의 개수로 나누면 되기 때문입니다.

지도 예시

《열려라 심화》 4-1. 14쪽

다음 그림에서 ㉮+㉯의 각도의 합을 구하여라.

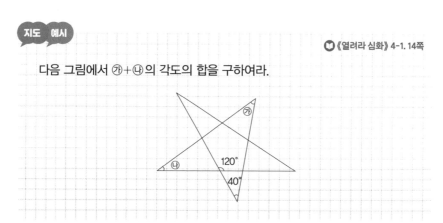

외각과 내각을 합하면 $180°$이고, 삼각형의 외각은 다른 두 내각을 합친 것과 같습니다. 외각의 성질을 이용하면 다음 그림에서 ▲$=60°$이므로, ■$=▲+40°=100°$입니다. 따라서 삼각형 ㄱㄴㄷ에서 각 ㉮와 각 ㉯의 합은 $80°$입니다.

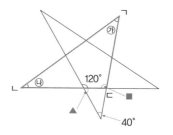

$120° + ▲ = 180°$

$▲ = 60°$

$■ = ▲ + 40° = 100°$

$㉮ + ㉯ + ■ = 180°$

$㉮ + ㉯ = 180° - ■ = 180° - 100° = 80°$

시계 문제

시계 문제는 초등 고학년과 중등, 심지어 고등 1학년 때까지 계속 나오는 문제입니다. 지금은 자연수 범위에서 문제를 푼다면, 이후 분수와 소수까지 확장될 뿐입니다. 따라서 처음 시계 문제를 풀 때 정확한 원리를 알려 주면 계속 편하게 갑니다. 가급적 아이들이 시계를 직접 관찰하고 조작하면서 이해하게 합니다. 시계의 시침과 분침을 직접 조절하면서 문제를 설명해 주면 좋습니다.

분침의 경우 1시간에 360°를 회전합니다. 따라서 1분에 6°씩 회전합니다. 시침은 1시간에 한 칸(30°) 움직이므로 1분에 0.5°씩 회전합니다. 아이가 소수가 익숙하지 않다면, 시침은 1시간에 30°를 회전하므로 30분에는 15°, 10분에는 5°씩 회전한다고 알려 줍니다. 또한 1~12까지 숫자 사이의 간격이 30°라는 것을 정확히 인지하게 합니다.

시계 문제를 풀 때는 시계의 숫자 12를 기준으로 회전한 각도를 따지는 것보다 시침이 움직이기 시작한 위치를 기준으로 따지는 것이 이해하기 쉽습니다.

《열려라 심화》 4-1. 18쪽

시계가 2시 40분을 가리킬 때, 시침과 분침이 이루는 작은 쪽의 각도를 구하여라.

시침과 분침이 이루는 각도가 클 때는 $180°$에서 시침이 움직인 각도를 뺍니다. 현재 시각이 2시 40분이므로, 2시를 기준으로 40분의 시간이 흘렀습니다. 이때 시침은 시계의 숫자 2의 위치에서 10분에 $5°$씩, 40분 동안 $4×5°=20°$ 만큼 회전했고, 분침은 시계의 숫자 2의 위치의 반대편인 8에 있으므로 숫자 2와 $180°$를 이룹니다. 따라서 시침과 분침이 이루는 작은 쪽의 각도는 $180°-20°=160°$입니다.

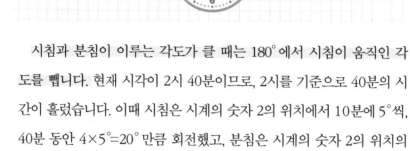

$180°-20°=160°$

《열려라 심화》 4-1. 18쪽

시계가 10시 40분을 가리킬 때, 시침과 분침이 이루는 작은 쪽의 각도를 구하여라.

시침과 분침이 이루는 각도가 작으면 시침과 분침이 이루는 각도를 직접 구합니다. 현재 시각이 10시 40분이므로, 10시를 기준으로 40분의 시간이 흘렀습니다. 이때 시침은 시계의 숫자 10의 위치에서 10분에 $5°$씩, 40분 동안 $4 \times 5° = 20°$만큼 회전했고, 분침은 시계의 숫자 8의 위치에 있으므로 시계의 숫자 10과 2칸($60°$)을 이룹니다. 따라서 시침과 분침이 이루는 작은 쪽의 각도는 $60° + 20° = 80°$입니다.

교과서 개념 지도법

자연수의 곱셈과 나눗셈을 계산하는 마지막 단원입니다. 3학년 2학기 때 이미 배운 내용입니다.

교과서에서는 곱셈과 나눗셈을 할 때 어림과 분배법칙을 강조합니다. 다시 말해 단순한 알고리즘에 의한 기계적 계산보다는 분배법칙을 이용한 곱셈과 나눗셈의 원리 이해가 중요합니다. 곱셈을 계산하기 전에 어림하는 습관을 가지면 나눗셈 계산에서의 어림에 도움이 됩니다.

곱셈과 나눗셈에서의 분배법칙

곱셈도 분배법칙이 가능하지만 나눗셈도 가능합니다. 고등수학에서는 곱셈과 나눗셈을 같은 연산으로 간주합니다. 즉, 나눗셈은 역수를 곱하는 곱셈으로 볼 수 있는 것이죠. 단, 나눗셈은 교환법칙이 성립하지 않기 때문에($\square \div \bigcirc \neq \bigcirc \div \square$) 분배법칙이 한 방향만 가능합니다.

4학년 1학기

📏 **개념 정리**

곱셈과 나눗셈의 분배법칙

$(\square + \triangle) \times \bigcirc = \square \times \bigcirc + \triangle \times \bigcirc$

예)$27 \times 5 = (20+7) \times 5 = 20 \times 5 + 7 \times 5$

$\bigcirc \times (\square + \triangle) = \bigcirc \times \square + \bigcirc \times \triangle$

예)$5 \times 27 = 5 \times (20+7) = 5 \times 20 + 5 \times 7$

$(\square + \triangle) \div \bigcirc = \square \div \bigcirc + \triangle \div \bigcirc$

예)$30 \div 5 = (20+10) \div 5 = 20 \div 5 + 10 \div 5 = 4 + 2 = 6$

단, $\bigcirc \div (\square + \triangle) \neq \bigcirc \div \square + \bigcirc \div \triangle$

곱셈에서의 분배법칙 계산 예시

가로셈	세로셈
$274 \times 23 = 274 \times (20+3)$ $= 274 \times 20 + 274 \times 3$ $= 5480 + 822$ $= 6302$	274 $\times 23 \leftarrow 20+3$ $822 \leftarrow 274 \times 3$ $5480 \leftarrow 274 \times 20$ $6302 \leftarrow 274 \times 3 + 274 \times 20$

나눗셈에서의 분배법칙 계산 예시

685÷27을 계산하는 절차는 다음과 같습니다.

어림하기

$27 \times 10 = 270$, $27 \times 20 = 540$, $27 \times 30 = 810$

분배법칙 적용

$685 \div 27 = (540+145) \div 27 = 540 \div 27 + 145 \div 27 = (20+5) \cdots 10 = 25 \cdots 10$

세로셈

$$
\begin{array}{r}
25 \leftarrow 20+5 \\
27\overline{)\,685} \\
540 \leftarrow 27 \times 20 \\
145 \leftarrow 685-540 \\
135 \leftarrow 27 \times 5 \\
10 \leftarrow 145-135
\end{array}
\qquad
\begin{array}{r}
25 \\
27\overline{)\,685} \\
54 \\
145 \\
135 \\
10
\end{array}
$$

어림하기와 분배법칙은 복잡한 나눗셈을 계산하는 원리에 해당되며, 이를 형식화(빠르게 계산하도록 도식화)한 것이 세로셈입니다.

심화 개념 지도법

곱이 가장 커지는 식 만들기

(1, 2, 3, 4, 5)를 이용해 아이에게 원리를 알려 줍니다.

4 □ □ × □ 5 □	가장 큰 수인 4와 5 중 작은 수인 4를 세 자리 수 100의 자리에, 큰 수인 5를 두 자리 수 10의 자리에 배치합니다. 가장 큰 수인 5가 두 자리 수의 십의 자리에 배치되어야, 세 자리 수의 십의 자리와 곱해져서 가장 큰 수를 만들 수 있기 때문입니다. 400×50과 500×40은 같지만, 430×50은 21500이고 530×40은 21200입니다. 각각 (400×50)+(30×50)과 (500×40)+(30×40)으로 분배해 비교해 보면 더 쉽게 알 수 있습니다.
4 3 1 × □ 5 2	남아 있는 수 중 가장 큰 수인 3을 세 자리 수의 십의 자리에 배치하고, 두 번째 큰 수인 2를 두 자리 수의 일의 자리에 배치합니다. 2가 두 자리 수의 일의 자리에 배치되어야, 세 자리 수의 백의 자리와 곱해져서 가장 큰 수를 만들 수 있기 때문입니다.

원리 이해를 완료했다면, 곱이 가장 커지는 식을 만들려면 그림 모양으로 큰 수부터 집어넣는다는 팁을 알려 줍니다.

곱이 가장 작아지는 식 만들기

(1, 2, 3, 4, 5)를 이용해 아이에게 원리를 알려 줍니다.

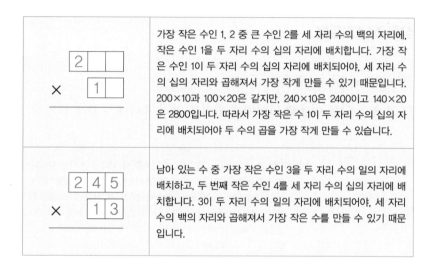

| | 가장 작은 수인 1, 2 중 큰 수인 2를 세 자리 수의 백의 자리에, 작은 수인 1을 두 자리 수의 십의 자리에 배치합니다. 가장 작은 수인 1이 두 자리 수의 십의 자리에 배치되어야, 세 자리 수의 십의 자리와 곱해져서 가장 작게 만들 수 있기 때문입니다. 200×10과 100×20은 같지만, 240×10은 2400이고 140×20은 2800입니다. 따라서 가장 작은 수 1이 두 자리 수의 십의 자리에 배치되어야 두 수의 곱을 가장 작게 만들 수 있습니다. |
| | 남아 있는 수 중 가장 작은 수인 3을 두 자리 수의 일의 자리에 배치하고, 두 번째 작은 수인 4를 세 자리 수의 십의 자리에 배치합니다. 3이 두 자리 수의 일의 자리에 배치되어야, 세 자리 수의 백의 자리와 곱해져서 가장 작은 수를 만들 수 있기 때문입니다. |

원리 이해를 완료했다면, 곱이 가장 작아지는 식을 만들려면 그림 모양으로 작은 수부터 집어넣는다는 팁을 알려 줍니다.

(세 자리 수)÷(두 자리 수)를 가장 크거나 작게 만들기

곱셈보다 그 원리가 간단합니다.

가장 크게 만들려면, 가장 큰 수를 가장 작은 수로 나누면 됩니다. 543÷12라는 식을 세울 수 있습니다.

거꾸로 가장 작게 만들려면, 가장 작은 수를 가장 큰 수로 나누면 되므로 123÷54라는 식을 세울 수 있습니다.

4학년

평면도형의 이동

영역: 도형

교과서 개념 지도법

구체물이나 평면도형의 밀기·뒤집기·돌리기 활동을 통해 초등 5학년 과정의 합동과 대칭 및 중고등 과정의 평행·대칭·회전 이동 등 도형 변환의 기초 개념을 습득하는 데 목적이 있습니다.

이 단원을 잘하기 위해서는 공간 추론 능력이 필요합니다. 공간 추론 능력은 어렸을 때부터 블록이나 도형 등을 조작하는 경험과 연습이 누적돼야 생깁니다. 따라서 이 단원의 학습을 진행할 때도 실제 종이를 오려서 밀기·뒤집기·돌리기 등의 활동을 해 보며 도형의 변화를 체험하는 것이 중요합니다. 다시 말해 이론적으로 개념을 암기하거나 배우기보다는 조작 체험을 통해 공간 감각을 키우는 데 집중하도록 이끌어야 합니다.

심화 개념 지도법

90°씩 여러 번 돌리기(회전하기)

90°씩 4번을 돌리면 360°이므로 원래 모양으로 돌아옵니다. 따라서 4로 나눈 나머지 회전수만 생각합니다. 예를 들어 시계 방향으로 90°씩 13번 돌리는 것은 시계 방향으로 1번 돌린 것과 똑같습니다.

개념 정리

1번 돌림＝90°×1＝90°회전
2번 돌림＝90°×2＝180°회전
3번 돌림＝90°×3＝270°회전
4번 돌림＝90°×4＝360°회전(원래 모양)
5번 돌림＝90°×5＝450°회전＝360°+90°(1번 돌린 것과 같은 모양)
6번 돌림＝90°×6＝540°회전＝360°+180°(2번 돌린 것과 같은 모양)
7번 돌림＝90°×7＝630°회전＝360°+270°(3번 돌린 것과 같은 모양)
8번 돌림＝90°×8＝720°회전＝360°+360°(4번 돌린 것과 같은 모양)
9번 돌림＝90°×9＝810°회전＝360°+360°+90°(1번 돌린 것과 같은 모양)

지도 예시

《열려라 심화》 4-1. 33쪽

다음 도형을 시계 방향으로 90°씩 23번 돌렸을 때 모양을 그리시오.

일정한 횟수를 돌릴 때마다 모양이 반복됩니다. 4번마다 반복되므로 4로 나눠 봅니다. 23을 4로 나누면 나머지가 3이므로, 시계 방향으로 90°씩 23번 돌리는 것은 시계 방향으로 90°씩 3번 돌리는 것과 똑같고, 시계 방향으로 90°씩 3번 돌리는 것은 270° 돌리는 것과 같으므로 반시계 방향으로 1번 돌리는 것과 모양이 같습니다. 따라서 정답은 다음과 같습니다.

여러 번 뒤집기(대칭)

동일한 방향으로 2번 뒤집으면 원래 모양으로 되돌아옵니다. 따라서 뒤집은 횟수를 2로 나눈 나머지만 생각하면 됩니다. 예를 들면 오른쪽으로 7번 뒤집은 것은 오른쪽으로 1번 뒤집은 것과 같습니다.

《열려라 심화》 4-1. 34쪽

다음 도형을 반시계 방향으로 270°만큼 9번 돌리고, 오른쪽으로 11번 뒤집은 모양을 그리시오.

반시계 방향으로 270°씩 9번 돌리는 것은 시계 방향으로 90°씩 9번 돌리기와 같고, 이는 또 시계 방향으로 90°씩 1번 돌리기와 같습니다. 한편 오른쪽으로 11번 뒤집기는 오른쪽으로 1번 뒤집는 것과 같습니다. 따라서 주어진 도형의 최종 모양은 다음과 같습니다.

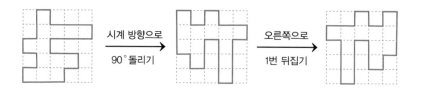

4학년

1학기 5단원

막대그래프

영역: 자료와 가능성

교과서 개념 지도법

아이들이 가장 쉬워하는 영역입니다. 막대그래프는 4학년 2학기의 꺾은선그래프, 6학년 1학기의 여러 가지 그래프와 함께 중고등수학의 통계와 연계됩니다. 쉬어 가는 단원으로, 교과서나 교사용 지도서에서도 특별히 주의할 점은 언급하지 않습니다. 실생활의 여러 가지 자료를 비교하기 위해 막대그래프가 필요하다는 것을 인식하고, 여러 가지 막대그래프를 보고 거기에 있는 통계적 사실을 파악하며 실제 자료를 막대그래프로 나타내는 것을 단원의 목표로 잡고 있습니다.

교과서 개념 지도법

수의 배열, 도형의 배열, 계산식에서 규칙을 찾는 법을 배웁니다. 규칙 찾기는 고등수학 수학1의 수열 단원과 연계되고, 5학년 1학기의 규칙과 대응과 함께 중등수학에서 배울 함수의 기초가 됩니다.

이 단원을 올바르게 공부하는 방법은 최대한 많은 규칙을 찾아보게 하는 것입니다. 당장의 문제풀이에 필요 없는 규칙도 최대한 많이 찾아보게 하는 것이 추론 능력을 기르는 데 도움을 줍니다.

심화 개념 지도법

규칙 찾기의 핵심은 여러 가지 나열을 보고 규칙을 찾아내는 것입니다. 다음의 다양한 예시를 보여 주며 규칙을 찾는 방법을 연습하게 합니다. 이때 표를 이용하여 하나씩 정리해 가며 규칙을 찾도록 지도합니다. 정리를 해서 한눈에 볼 수 있어야 거기에서 일반화된 규칙을 끌어내기 수월합니다.

책상 1개에 의자를 2개씩 놓는 경우

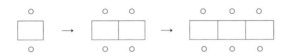

책상이 1개씩 늘어날 때마다 의자는 2개씩 늘어납니다. 이를 표로 나타내면 다음과 같습니다. 표로 정리하고 식을 쓰다 보면, 책상의 개수가 □일 때 의자의 개수가 책상의 개수에 2를 곱한 것임을 알 수 있습니다.

책상의 개수	1	2	3	4	⋯	□
의자의 개수	2×1	2×2	2×3	2×4	⋯	2×□

가로와 세로의 사각형 조각 개수가 각각 일정하게 늘어나는 경우

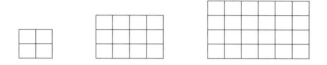

도형의 순서가 1씩 늘어날 때, 세로의 개수는 1씩 늘어나고, 가로의 개수는 2씩 늘어납니다. 그렇다면 □번째 세로의 개수는 (□+1)이고, □번째 가로의 개수는 (2×□)입니다. 가로의 개수는 2씩 늘어나므로 규칙을 찾을 때 2를 곱한 형태를 이용합니다.

도형의 순서	1	2	3	4	···	□
세로의 개수	2	3	4	5	···	□+1
가로의 개수	2	4	6	8	···	2×□

사각형 조각의 개수는 가로의 개수와 세로의 개수를 곱한 것이므로 □번째 사각형 조각의 개수는 (□번째 가로의 개수)×(□번째 세로의 개수)인 것을 알 수 있습니다. 즉 (□번째 사각형 조각의 개수)=(2×□)×(□+1)입니다.

정삼각형 모양으로 배열하는 경우

첫째 배열에서 ●의 개수는 1

둘째 배열에서 ●의 개수는 1+2

셋째 배열에서 ●의 개수는 1+2+3

⋮

□째 배열에 있는 ●의 개수는 1+2+3+ … +□ (개)

배열의 순서	1	2	3	4	…	□
●의 개수	1	1+2	1+2+3	1+2+3+4	…	1+2+3+ … +□

두 종류 이상의 모양 조각들이 배열된 경우

배열이 늘어남에 따라 다른 모양 조각의 수가 각각 어떻게 변하는지 조사합니다.

 지도 예시

📖 《열려라 심화》 4-1. 55쪽

바둑돌을 다음과 같이 배열하였다. 여덟째 놓은 흰 바둑돌의 수와 아홉째 놓은 검은 바둑돌의 수를 모두 더한 값을 구하시오.

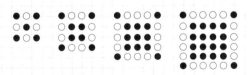

배열이 늘어나면 흰 바둑돌과 검은 바둑돌의 수가 각각 바뀝니다. 따라서 흰 바둑돌과 검은 바둑돌이 늘어가는 규칙을 따로 찾아야 합니다.

4학년 1학기

우선 흰 바둑돌은 바깥 사각형의 꼭짓점을 제외한 네 변에 배열됩니다. 따라서 흰 바둑돌의 수는 (바깥 사각형의 한 변에 있는 흰 바둑돌의 수)×4입니다. 한편 검은 바둑돌은 전체 바둑돌의 수에서 흰 바둑돌의 수를 빼면 됩니다. 즉 검은 바둑돌의 수는 (전체 바둑돌의 수)−(흰 바둑돌의 수)입니다. 전체 바둑돌의 수는 3×3, 4×4, … 로 늘어나고, 여기에서 흰 바둑돌의 수를 빼면 일반화된 식을 정리할 수 있습니다.

이를 직접 표로 정리해 봅니다.

배열 순서	1	2	3	⋯	□
흰 바둑돌	1×4	2×4	3×4	⋯	□×4
검은 바둑돌	3×3−1×4	4×4−2×4	5×5−3×4	⋯	(□+2)×(□+2)−□×4

여덟째 놓은 흰 바둑돌의 수는 8×4=32(개), 아홉째 놓은 검은 바둑돌의 수는 11×11−9×4=85(개)입니다.

따라서 답은 32+85=117(개)입니다.

교과서 개념 지도법

분모가 같은 분수의 덧셈과 뺄셈을 배웁니다. 자연수의 덧셈과 뺄셈의 원리와 유사하여 아이들이 쉽게 이해합니다. 다만 3학년 때 배운 분수, 가분수, 대분수의 의미를 정확히 알고 있어야 합니다. 교과서에서는 영역 모델, 분수 길이 모델, 수직선 모델 등을 이용한 구체적 조작 활동을 통해 계산 원리를 형식화해야 한다고 강조합니다. 즉, 정확한 원리부터 이해한 후 계산 알고리즘을 가르쳐야 한다는 뜻입니다.

대분수는 가분수로 나타내어 계산할 수 있으나, 교과서에는 대분수의 계산 방식만 나와 있습니다. 가분수보다는 대분수가 분수의 크기를 직관적으로 파악하기 쉽기 때문입니다. 그러나 초등 고학년 때 배우는 분수의 곱셈과 나눗셈의 계산은 대분수를 가분수로 변환해야 간단해지기 때문에, 분수의 덧셈과 뺄셈에서도 대분수를 가분수로 변환하여 계산하는 방법도 함께 지도하는 것이 필요합니다.

- 교과서 내용 $2\dfrac{1}{4} + 1\dfrac{2}{4} = (2+1) + (\dfrac{1}{4} + \dfrac{2}{4}) = 3\dfrac{3}{4}$

- 교사용 지도서 내용 $2\dfrac{1}{4} + 1\dfrac{2}{4} = \dfrac{9}{4} + \dfrac{6}{4} = \dfrac{15}{4} = 3\dfrac{3}{4}$

또한 아직 약분은 배우지 않은 단계이므로, 계산 중 혹은 계산이 끝난 후 결과를 약분하는 행위는 하지 않습니다.

심화 개념 지도법

이 단원 대부분의 심화 유형은 3학년 때 다뤘던 유형이 자연수에서 분수로만 바뀐 형태입니다. 비슷한 내용이 반복되므로, 3학년 과정부터 심화를 충실히 해 왔다면 쉽게 진도를 나갈 수 있을 것입니다.

초등 심화는 학년마다 비슷한 내용이 반복됩니다. 따라서 3학년 첫 심화가 가장 어렵고 힘듭니다. 그 과정만 넘기면 다음부터는 훨씬 수월해지니, 첫 심화 때 포기하지 말고 끝내는 것이 중요합니다. 따라서 이 학습 지도안은 3학년 과정부터 공부해야 효과가 좋으며, 아이가 진도를 나가지 못하면 앞 학년 심화 내용을 참고해야 합니다. 필요한 부분이 생기면 구체적으로 어디를 참고해야 하는지 안내하고 있으니 꼭 돌아가서 확인하기 바랍니다.

분수와 유리수의 차이

배경지식으로만 알고 있다가 아이가 잘못된 개념을 가지고 있으면 교정해 줍니다. 굳이 먼저 아이들에게 설명할 필요는 없습니다.

분수는 자연수로만 나타낼 수 없는 양의 크기를 표현하는 방법입니다. 한편 유리수는 $\dfrac{(정수)}{(0이\ 아닌\ 정수)}$ 꼴로 표현할 수 있는 수로, 분수와 소수로 표현할 수 있습니다.

따라서 $\dfrac{1}{\sqrt{3}}$ 은 분수이지만 유리수가 아닌 무리수로, 분수와 유리수는 동일한 개념이 아닙니다. 초등학교에서는 유리수인 분수만을 다룬다고 생각하면 됩니다. 즉, 유리수는 분수에 포함되며, 분수 중에는 무리수도 있습니다.

등식의 성질(연립방정식 활용하기)

매번 나오는 유형입니다. 식을 잘 세웠으면 넘어가도 되고, 아이가 이해할 수 있다면 풀이법까지 가르쳐 줘도 됩니다.

《열려라 심화》 4-1. 12쪽

가+나=$\dfrac{25}{8}$, 나+다=$\dfrac{28}{8}$, 다+가=$\dfrac{27}{8}$일 때 (가+나+다)를 구하여라.

다음의 정석 풀이에서는 '나'를 구하기 위해 (가+나)와 (나+다)를
더해 식을 만들고 (가+다)를 대입해 '나'만 남겼지만 어떤 문자를 선
택하든 상관없습니다. 등식의 성질을 이용하여 문자를 차례대로 제거
해 한 문자에 대한 식으로 정리하도록 하는 것이 가장 중요합니다.

 정석 풀이

$$(가+나)+(나+다)=\frac{25}{8}+\frac{28}{8}$$

$$나+나+(가+다)=\frac{53}{8}$$

$$나+나+\frac{27}{8}=\frac{26}{8}+\frac{27}{8}$$

$$나+나=\frac{26}{8}=\frac{13}{8}+\frac{13}{8}$$

$$나=\frac{13}{8}$$

$$가+나+다=(가+다)+나=\frac{27}{8}+\frac{13}{8}=\frac{40}{8}=5$$

겹치는 테이프

아이가 이 부분을 어려워하면, 3학년 1학기 1단원으로 돌아가 해당 개
념을 다시 학습합니다.

 《열려라 심화》 4-2. 14쪽

길이가 6cm인 테이프 6장을 $1\frac{3}{5}$ cm씩 이어 붙였을 때 전체 길이를 구하여라.

(겹친 부분의 수)=(전체 종이 개수)−1입니다. 전체 길이에서 겹쳐진 부분의 길이를 뺍니다. 따라서 답은 $6\times6-\dfrac{8}{5}+\dfrac{8}{5}+\dfrac{8}{5}+\dfrac{8}{5}+\dfrac{8}{5}=$ 28(cm)입니다.

빠르게 가는 시계, 느리게 가는 시계

3학년 1학기 5단원에 나온 유형이 분수로 등장합니다. 빨리 가는 경우는 시간을 더하고, 느리게 가는 경우는 시간을 빼면 됩니다. 아이가 어려워하면 역시나 해당 단원으로 돌아가 복습하면 됩니다.

지도 예시

《열려라 심화》 4-2. 16쪽

하루에 $1\dfrac{1}{3}$ 분씩 빨라지는 시계가 있습니다. 어느 달 1일 오전 6시에 정확한 시각을 맞추어 놓았을 때, 같은 달 5일 오후 6시에는 몇 시 몇 분을 가리킬까요?

문제에서는 하루 동안 빨라지는 시간만 제시해 두었는데, 문제를 풀려면 12시간 동안 빨라지는 시간도 알아야 합니다. 이를 어떻게 알 수 있을지를 생각해 보게 합니다. 하루 동안 빨라지는 시간을 이용하면 12시간 동안 빨라지는 시간을 구할 수 있습니다. 하루에 $\dfrac{4}{3}$ 분씩 빨라지므로, 12시간 동안 $\dfrac{2}{3}$ 분이 빨라집니다. 1일 오전 6시부터 5일 오후 6시까지는 4일 12시간이 흘렀으므로, $4\times\dfrac{4}{3}+\dfrac{2}{3}=\dfrac{18}{3}=6$(분)이 빨라집니다. 따라서 시계가 가리키는 시간은 오후 6시 6분입니다.

하루 $= 24$시간 $\rightarrow 1\dfrac{1}{3} = \dfrac{3+1}{3} = \dfrac{4}{3}$ (분)씩 빨라집니다.

12시간 $= 24$(시간)$\div 2 \rightarrow \dfrac{4}{3}$ 의 반은 $\dfrac{2}{3}$ 이므로 $\dfrac{2}{3}$ 분씩 빨라집니다.

5일 오후 6시−1일 오전 6시

$= 5$일 18시−1일 6시

$= 4$일 12시간

$\rightarrow \dfrac{4}{3} + \dfrac{4}{3} + \dfrac{4}{3} + \dfrac{4}{3} + \dfrac{2}{3} = \dfrac{18}{3} = 6$(분) 빨라집니다.

5일 오후 6시에 6분을 더하면 답은 5일 오후 6시 6분입니다.

4학년

2학기 2단원

삼각형

영역: 도형

교과서 개념 지도법

가장 기본 도형인 삼각형의 개념을 배우는 단원입니다. 3학년 1학기 때 배운 직각삼각형과 4학년 1학기 때 배운 예각삼각형과 둔각삼각형 모두 세 각의 크기의 합이 180°라는 개념은 이미 알고 있어야 합니다.

이 단원에서는 본격적으로 삼각형을 변의 길이와 각의 크기에 따라 분류하고 여러 가지 삼각형의 정의와 성질을 배웁니다. 삼각형을 변의 길이에 따라 분류하면 이등변삼각형, 정삼각형, 세 변의 길이가 모두 다른 삼각형으로 분류하고, 각의 크기에 따라 분류하면 예각삼각형, 둔각삼각형, 직각삼각형으로 분류합니다. 아이들이 많이 헷갈려하는 부분이 각에 따른 분류입니다. 예각삼각형은 모든 각이 예각이어야 하지만, 직각삼각형이나 둔각삼각형은 세 각 중 한 각만 직각이거나 둔각이면 된다는 차이점이 있습니다. 이때 한 삼각형을 두 가지 이름으로 부를 수 있습니다. 예를 들어 직각이 있는 이등변삼각형은 변의 속성에 따라 이등변삼각형으로 부르기도 하고 각의 속성에 따라 직각삼각형으로 부르기도 한다는 것을 알려 줘야 합니다.

전체적으로 개념만 제대로 알면 쉽게 넘어갈 수 있는 단원입니다. 다만 이때 '안다'라는 것은 '제대로 이해하고 어떤 의미인지 말할 수 있다'와 '필요할 때 끄집어낼 수 있다'의 뜻을 모두 포함합니다. 즉 개념을 정확히 이해하고, 그 개념을 정확히 외워 머릿속에 저장해 언제든지 끄집어낼 수 있어야 합니다.

심화 개념 지도법

이 단원의 심화 문제들은 중등 수준에 해당하는 고난도 문제들입니다. 삼각형의 복합 개념을 여러 번 이용해야 풀리는 문제가 다수 존재합니다. 심화 문제는 그 자체로 어려운 문제도 있지만, 이 단원에 나오는 유형같이 여러 개념을 사용해야만 풀리는 문제도 있습니다. 여러 개념을 사용해야 풀리는 문제들은 모든 개념에 대한 철저한 이해를 바탕으로 합니다. 따라서 문제를 푸는 데 필요한 개념들을 꼼꼼히 익히는 것이 중요합니다.

외각, 이등변삼각형, 정삼각형의 성질
다음의 개념들을 이용해 각의 크기를 구하는 문제들이 등장합니다. 정확히 익힌 후 문제에 응용할 수 있어야 합니다.

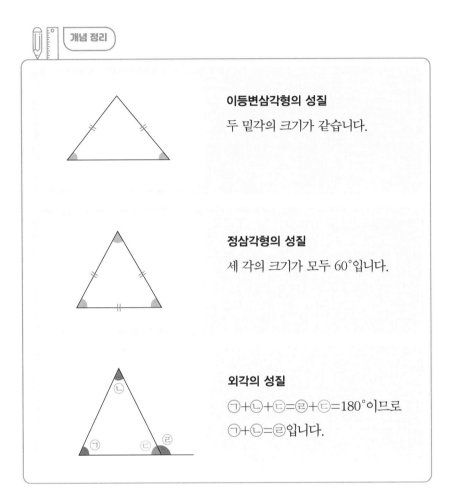

개념 정리

이등변삼각형의 성질

두 밑각의 크기가 같습니다.

정삼각형의 성질

세 각의 크기가 모두 $60°$입니다.

외각의 성질

㉠+㉡+㉢=㉣+㉢=$180°$이므로
㉠+㉡=㉣입니다.

아래 그림에서 사각형 ㄱㄴㄷㄹ은 정사각형이고, 삼각형 ㄱㅇㄹ은 정삼각형입니다. 이때 각 ㅇㄴㄷ과 각 ㄴㅇㄷ의 합을 구하시오.

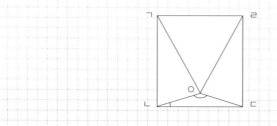

도형의 성질을 이용해, 길이가 같은 변과 크기를 알 수 있는 각도를 먼저 표시하게 지도합니다. 사각형 ㄱㄴㄷㄹ은 정사각형이고, 삼각형 ㄱㅇㄹ은 정삼각형이므로, 삼각형 ㄱㄴㅇ과 삼각형 ㄹㅇㄷ은 이등변삼각형임을 깨달아야 합니다. 그런 다음 정삼각형과 이등변삼각형의 각의 성질을 이용하면 (각 ㅇㄴㄷ)+(각 ㄴㅇㄷ)=15°+150°=165°입니다.

정사각형의 길이는 모두 같고, 한 각의 크기는 90°입니다.
→ 변 ㄱㄴ=변 ㄴㄷ=변 ㄷㄹ=변 ㄱㄹ
→ 각 ㄱㄴㄷ=각 ㄴㄷㄹ=각 ㄷㄹㄱ=각 ㄹㄱㄴ=90°

정삼각형의 길이는 모두 같고, 한 각의 크기는 60°입니다.
→ 변 ㄱㄹ=변 ㄱㅇ=변 ㅇㄹ
→ 각 ㄱㅇㄹ=각 ㅇㄹㄱ=각 ㄹㄱㅇ=60°

이등변삼각형의 두 밑각은 같습니다.

→ 각 ㄱㄴㅇ=각 ㄱㅇㄴ=(180°−30°)÷2=75°

→ 각 ㄹㅇㄷ=각 ㄹㄷㅇ=(180°−30°)÷2=75°

각 ㅇㄴㄷ은 90°−75°=15°입니다.

각 ㄴㅇㄷ은 180°−15°−15°=150°입니다.

따라서 (각 ㅇㄴㄷ)+(각 ㄴㅇㄷ)=15°+150°=165°입니다.

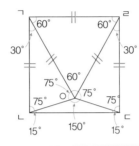

원과 반지름의 성질

반지름은 어디서 그어도 그 길이가 동일합니다. 이 성질을 이용하면 원 안에서 반지름을 변으로 하는 이등변삼각형과 정삼각형을 찾아낼 수 있습니다.

《열려라 심화》 4-2. 22쪽

다음 그림에서 선분 ㄹㅇ과 선분 ㄹㅁ의 길이가 같을 때 ㉠과 ㉡의 각도의 합을 구하시오.

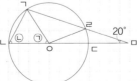

원과 반지름의 성질을 이용하여, 길이가 같은 변과 크기를 알 수 있는 각도를 먼저 표시할 수 있게 지도합니다. 원의 모든 반지름은 길이가 같으므로 선분 ㄹㅁ=선분 ㄹㅇ=선분 ㄱㅇ=선분 ㄴㅇ입니다. 이등변삼각형과 외각의 성질을 이용하면, ㉠은 각 ㄱㅁㅇ+각 ㅇㄱㅁ이고, ㉡은 (180°−㉠)÷2=60°임을 알 수 있습니다.

정석 풀이

선분 ㄹㅁ=선분 ㄹㅇ이므로 삼각형 ㄹㅁㅇ은 이등변삼각형입니다.
→ 각 ㄹㅁㅇ=각 ㄹㅇㅁ=20°

삼각형 외각의 성질을 이용하면 각 ㅇㄹㄱ=(각 ㄹㅇㅁ)+(각 ㄹㅁㅇ)=40°
선분 ㄹㅇ=선분 ㄱㅇ이므로 삼각형 ㄱㅇㄹ은 이등변삼각형입니다.
→ 각 ㅇㄱㄹ=각 ㅇㄹㄱ=40°

삼각형 외각의 성질을 이용하면
㉠=각 ㄱㅇㄴ=(각 ㅇㄱㅁ)+(각 ㄱㅁㅇ)=40°+20°=60°

선분 ㄱㅇ과 선분 ㄴㅇ은 둘 다 원의 반지름으로 길이가 같습니다. 따라서 삼각형 ㄱㄴㅇ은 이등변삼각형입니다.
→ 각 ㅇㄱㄴ=각 ㅇㄴㄱ
→ ㉡=(180°−㉠)÷2=60°입니다.

따라서 ㉠+㉡=120°입니다.

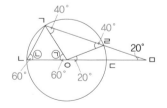

접은 도형에서 각도 구하기

접히는 부분의 각도가 같다는 개념을 이용해 풀 수 있는 문제들이 있습니다.

《열려라 심화》 4-2. 24쪽

다음 삼각형 ㄱㄴㄷ에서 ㉠의 크기를 구하여라.

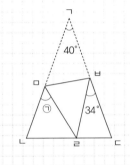

접힌 부분과 접기 전 부분이 똑같은 삼각형이므로, 접기 전과 접힌 부분의 각도 역시 같다는 것을 이용해 푸는 문제입니다. 크기가 같은 각도끼리 표시하게 해 봅니다.

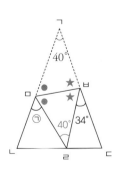

★와 ★와 34°는 평각(180°)을 이루므로 세 각의 합은 180°입니다. 따라서 ★은 73°입니다. ●와 40°와 ★(73°)은 삼각형의 세 내각으로, 합하면 180°입니다. 따라서 ●는 67°입니다. 마지막으로 ●와 ●와 ㉠은 평각을 이루므로 세 각의 합은 180°입니다. 따라서 ㉠은 46°입니다.

교과서 개념 지도법

3학년 1학기 때 배운 소수 한 자리 수에서 확장하는 단원입니다. 두 자리 수 소수와 세 자리 수 소수를 배우고, 10진 기수법에 대한 이해를 바탕으로 소수의 크기 비교 및 덧셈, 뺄셈까지 배웁니다. 소수의 덧셈, 뺄셈은 자연수의 덧셈, 뺄셈과 원리가 비슷하여 쉽게 이해합니다.

교과서에서는 수 모형, 모눈종이, 수직선 등을 활용해 소수의 개념과 계산 원리를 이해하도록 유도합니다. 따라서 단순 반복하는 연산 학습보다는 교과서를 바탕으로 한 원리 이해에 중점을 둬야 합니다.

지도 시 필요할 때마다 0을 활용할 수 있습니다. 다시 말해 이해를 돕기 위해 소수 마지막 자리에 0을 쓸 수 있습니다. 예를 들어 소수의 크기를 비교할 때, 0.4 > 0.38을 잘 이해하지 못할 수 있습니다. 이때 0.40>0.38의 형태로 설명해도 됩니다. 소수의 덧셈과 뺄셈에서도 이해를 돕기 위해 소수 끝자리에 0을 붙여 계산해도 됩니다. 2.35+1.573=2.350+1.573으로, 2.35−1.573=2.350−1.573으로 쓰는 식입니다.

심화 개념 지도법

분수와 소수의 관계

꼭 알려 줄 필요는 없는 배경지식입니다. 그런데 간혹 우수한 아이가 다음과 같이 질문하곤 합니다. $\frac{2}{5}$ 를 소수로 표현하면 나누어떨어져서 0.4라고 표현되는데, $\frac{1}{3}$ 과 같은 것은 소수로 만들면 0.33333…으로 계속 반복되는데 어떻게 해야 하냐고요.

초등학교 때 배우는 소수는 유한소수입니다. 유한소수란 소수점 뒤의 숫자의 개수가 유한 개인 소수를 뜻합니다. 중학교 때 소수점 뒤에 0이 아닌 숫자가 무한 개인 무한소수를 배웁니다.

한편, 초등 때 배우는 분수는 $\frac{2}{3}$, $\frac{1}{4}$, $\frac{5}{7}$ 등과 같이 0이 아닌 모든 자연수를 분모로 가질 수 있습니다. 그러나 초등 때 배우는 소수인 유한소수는 $\frac{1}{4} = \frac{25}{100} = 0.25$ 와 같이 분모를 10의 거듭제곱 꼴로 나타낼 수 있는 분수만을 가질 수 있습니다. $\frac{5}{7}$ 는 분모를 10의 거듭제곱 꼴로 나타낼 수 없으므로 초등 수준에서는 소수로 표현할 수 없습니다. 따라서 초등 과정에서는 모든 소수는 분수가 될 수 있지만, 모든 분수가 소수(유한소수)가 될 수 있는 것은 아닙니다. 훗날 중등 과정에서 이러한 분수를 소수로 표현하는 법, 즉 무한소수를 배운다고 알려 주면 됩니다.

무한소수 중 순환소수란 소수점 아래의 어떤 자리에서부터 일정한 숫자의 배열이 한없이 되풀이되는 소수로 $\frac{1}{3} = 0.33333\cdots$ 혹은 $\frac{1}{3} = 0.\overset{\bullet}{3}$ 으로 표현합니다.

한편 무한소수 중 $3.1473849\cdots$와 같이 비순환소수(순환하지 않는 무한소수)도 있는데, 분수꼴로 표현할 수 없습니다. 이러한 수를 분수꼴로 나타낼 수 있는 '유리수'와 대비시켜 '무리수'라고 부릅니다.

합과 차가 주어진 경우 미지수 구하기

《열려라 심화》 4-2. 28쪽

합이 15.8이고 차가 0.8인 두 수를 구하여라.

먼저 똑같이 나눠 갖고, 차이를 만들어 가게 지도합니다. 이때 적절한 연립방정식을 이용합니다. 다음과 같이 절차를 간단히 표로 만들어 정리하게 해도 좋습니다.

큰 수	작은 수	분배
7.9	7.9	15.8을 똑같이 나눕니다
7.9+0.4	7.9−0.4	작은 수에서 큰 수로 0.4를 줘서 0.8만큼 차이를 만듭니다
8.3	7.5	차가 0.8인 두 수

상자와 물건의 무게 문제

《열려라 심화》 4-2. 30쪽

> 똑같은 책 20권이 들어 있는 상자의 무게가 18.76kg입니다. 이 상자에서 책 7권을 빼고 다시 무게를 재니 12.53kg입니다. 빈 상자의 무게를 구하시오.

책 1권의 무게를 알면 나머지 값들을 다 알 수 있음을 파악하게 하고, 먼저 책 1권의 무게를 구하게 지도합니다.

책 7권의 무게는 책 20권이 들어 있는 상자의 무게에서 책 13권이 들어 있는 상자의 무게를 빼서 구할 수 있습니다. 따라서 책 7권의 무게는 6.23kg입니다.

이렇게 구한 책 7권의 무게를 7로 나누어야 책 1권의 무게를 구할 수 있는데, 아이는 아직 소수의 나눗셈을 배우지 않았습니다. 따라서 4학년 수준에서는 단위를 킬로그램-그램으로 바꾸어서 계산하는 과정이 나옵니다. 단위 변환 시 헷갈리지 않도록 주의합니다.

6.23kg을 단위 변환하여 6230g으로 바꾸고, 이를 7로 나누어 계산하면 책 1권의 무게는 890g(0.89kg)입니다. 따라서 책 20권의 무게는 890×20=17800(g)이고, 뺄셈을 위해 다시 단위를 바꾸면 17.8kg입니다. 빈 상자의 무게는 책 20권이 들어 있는 상자의 무게에서 책 20권의 무게를 뺀 0.96kg입니다.

(책 7권의 무게)=18.76−12.53=6.23(kg)

6.23(kg)=6230(g)이므로

(책 1권의 무게)=6230÷7=890(g)

(책 20권의 무게)=890×20=17800(g)

17800(g)=17.8(kg)이므로

(상자의 무게)=18.76−17.8=0.96(kg)

4 학년

사각형

영역: 도형

교과서 개념 지도법

4학년 2학기 때 2단원(삼각형), 4단원(사각형), 6단원(다각형)에 걸쳐 초등 과정 평면도형을 정리합니다. 초등 5~6학년 과정에서는 평면도형의 측정(둘레와 넓이)과 입체도형만 배웁니다.

이 단원에서 사각형을 구성하는 수직과 평행이라는 개념을 배운 후 사다리꼴, 평행사변형, 마름모, 직사각형과 정사각형의 뜻과 성질을 차례대로 학습합니다. 개념의 양이 만만치 않으므로, 개념을 이해했으면 암기하는 작업이 꼭 필요합니다. 여기서 배우는 개념이 중등 2학년 2학기 도형까지 연계되고, 고등수학에서도 도형 관련 문제가 나올 때마다 쓰이게 되기 때문입니다.

사각형은 변의 길이와 각의 크기 등에 따라 사다리꼴부터 정사각형까지 분류됩니다. 이때 사각형의 성질과 관계는 포함 관계가 아닌 정의를 이용해서 설명해야 합니다. 즉, 정사각형은 네 각이 모두 90°이므로 직사각형이고, 평행사변형은 한 쌍의 대변이 평행하므로 사다리꼴이라고 익히는 식입니다. 현재 과정에서는 여러 가지 사각형 사이의 관계나 포함 관계는 교과서에서 다루지 않습니다. 다음에 나오는 사각형의 성질을 교사용 지도서에서는 교습자가 숙지할 배경지식으로 소개하고 있습니다. 물론 알려 주지 말라는 이야기는 아니며 아이에게 지도해도 되지만, 굳이 그럴 필요는 없습니다.

사각형의 성질

성질	사다리꼴	평행사변형	마름모	직사각형	정사각형
한 쌍의 대변이 평행	O	O	O	O	O
두 쌍의 대변이 평행		O	O	O	O
두 쌍의 대변이 합동		O	O	O	O
모든 변이 합동			O		O
모든 각이 합동				O	O
이웃하는 변이 수직				O	O
대각선이 수직			O		O
선대칭			O	O	O
점대칭		O	O	O	O

다음은 사각형의 포함 관계를 한눈에 볼 수 있도록 정리한 그림입니다. 교습자는 배경지식으로 알고 있으면 됩니다.

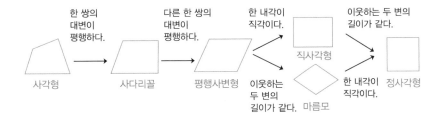

한 쌍의 대변이 평행하다. 다른 한 쌍의 대변이 평행하다. 한 내각이 직각이다. 이웃하는 두 변의 길이가 같다.

사각형 → 사다리꼴 → 평행사변형

직사각형 정사각형

이웃하는 두 변의 길이가 같다. 마름모 한 내각이 직각이다.

심화 개념 지도법

도형 영역에서는 수학 용어들이 많이 나옵니다. 간단히 설명하겠습니다.

'정의'는 증명의 대상이 아니라 받아들이는 대상입니다. 예를 들어 '이등변삼각형은 두 변의 길이가 같은 삼각형이다.'는 정의이고, 받아들이면 됩니다. 두 변의 길이가 같은 삼각형을 이등변삼각형이라고 부르기로 했다는 약속을 알면 됩니다.

한편 '정리'는 참인 명제를 뜻합니다. 명제란 참/거짓을 증명할 수 있는 문장으로, 정리는 증명이 가능합니다. '이등변삼각형의 두 밑각의 크기는 같다.'는 정리이고, 왜 성립하는지 증명이 가능합니다. 공식 또는 성질로 불리기도 합니다.

'증명'은 참인 명제가 왜 참인지를 설명하는 과정입니다. 한편 거짓인 명제는 왜 거짓인지 증명하는 것이 아니라 반례(성립하지 않는 예)를 보이면 됩니다. 예를 들어 '모든 분수는 유한소수다.'라는 명제는 거짓입니다. $\frac{1}{3}$ (0.333…) 과 같이 분수지만 유한소수가 아닌 반례 하나면 거짓임을 알 수 있습니다.

그런데 정리 중에 증명할 수 없지만 참으로 인정하는 정리를 '공리'

라고 합니다. 대부분의 평면도형 증명은 유클리드의 평행선 공리에서 출발합니다.

평행선 공리

유클리드 기하학에서는 '한 직선이 평행선과 만나서 생기는 동위각(같은 위치에 있는 각)의 크기는 같다.'를 공리로 놓습니다. 공리이기에 증명 없이 참으로 받아들입니다. 아이가 왜 그러냐고 물어보면, 참이기는 하지만 수학자들도 왜 참인지 보이기가 힘들어서 그냥 받아들인다고 설명하면 됩니다.

다음 그림에서 각 ㉠=각 ㉢은 평행선 공리에 의해서 성립하고, 각 ㉠과 각 ㉡은 맞꼭지각이라 같습니다. 그러므로 엇각(엇갈려 있는 각)인 각 ㉡과 각 ㉢도 같습니다.

평행한 두 직선 ㉮와 ㉯가 다른 한 직선과 만날 때
- 동위각의 크기는 서로 같습니다. 각 ㉠=각 ㉢
- 엇각의 크기는 서로 같습니다. 각 ㉡=각 ㉢

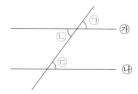

삼각형의 세 내각의 합이 180°인 이유

초등학교 때는 삼각형을 종이에 그린 후 오려서 세 각을 합쳐 보는 작업을 통해 삼각형의 세 내각의 합이 180°인지를 확인합니다. 중등으로 올라가면 삼각형의 세 내각의 합이 왜 180°인지 배우지만, 대부분의 아이들은 정확히 이해하지 못한 채 고등까지 가게 됩니다.

다음 내용은 평행선 공리를 이용해 삼각형의 세 내각의 합이 왜 180°인지를 증명하는 과정입니다. 제가 수업 시간에 4학년 아이들에게 설명을 해 봤는데, 대부분 잘 이해했습니다.

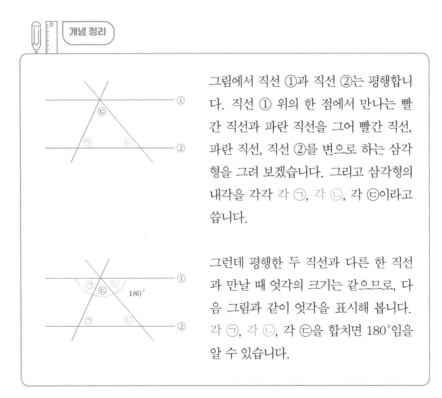

개념 정리

그림에서 직선 ①과 직선 ②는 평행합니다. 직선 ① 위의 한 점에서 만나는 빨간 직선과 파란 직선을 그어 빨간 직선, 파란 직선, 직선 ②를 변으로 하는 삼각형을 그려 보겠습니다. 그리고 삼각형의 내각을 각각 각 ㉠, 각 ㉡, 각 ㉢이라고 씁니다.

그런데 평행한 두 직선과 다른 한 직선과 만날 때 엇각의 크기는 같으므로, 다음 그림과 같이 엇각을 표시해 봅니다. 각 ㉠, 각 ㉡, 각 ㉢을 합치면 180°임을 알 수 있습니다.

여러 가지 사각형의 성질

여러 가지 사각형의 성질은 중등 2학년 2학기 과정에서 삼각형의 합동과 평행선의 성질 등을 이용해 증명하는데, 초등 과정에서는 직접 길이를 재거나 각도를 재는 방식으로 여러 가지 사각형의 성질을 확인합니다.

초등 심화 수준에서는 평행사변형의 정의와 평행선 공리를 이용해 평행사변형의 성질 중 하나인 '마주 보는 각이 서로 같고, 이웃한 두 각의 크기의 합이 180°이다.'를 증명합니다.

평행한 두 직선이 다른 직선과 만날 때 동위각의 크기와 엇각의 크기가 같으므로,

각 ㉠=각 ㉡(동위각이 같음), 각 ㉡=각 ㉢(엇각이 같음)

→ 각 ㉠=각 ㉢

같은 방법으로 하면, 각 ㉤=각 ㉣

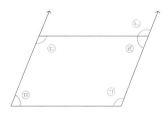

각 ㉠+각 ㉤+각 ㉢+각 ㉣=360°이고
각 ㉠+각 ㉠+각 ㉤+각 ㉤=360°이므로
각 ㉠+각 ㉤=180°

평행선 문제

평행선에서 동위각과 엇각의 성질을 이용하는 중등 1학년 2학기 때 나오는 문제 유형들이 초등 심화 문제로 나오곤 합니다.

지도 예시

💬《열려라 심화》4-2. 34쪽

다음 평행선에서 ㉠의 각도를 구하여라.

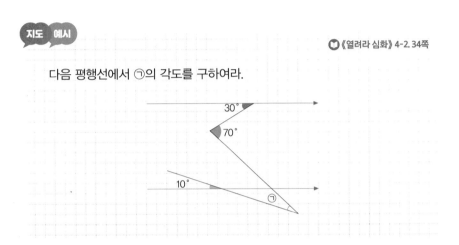

70°인 각의 꼭짓점을 지나며 두 평행선과 평행한 직선을 긋고, 평행선에서 엇각의 성질이 같다는 성질을 이용하게 합니다. 그러면 10°+㉠ =40°이고, 따라서 ㉠=30°임을 알 수 있습니다.

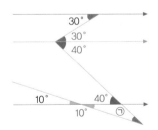

4 학년 | **2학기 5단원**

꺾은선그래프 영역: 자료와 가능성

교과서 개념 지도법

자료와 가능성 영역은 아이들이 쉽게 이해하는 영역입니다. 따라서 이 단원도 기본 개념만 잘 알고 있으면 쉽게 넘어갈 수 있습니다.

　이 단원에서는 지금까지 학습한 표·그림그래프·막대그래프의 개념을 바탕으로, 시간의 흐름에 따라 변화하는 자료를 조사하여 꺾은선그래프로 나타내어 통계적 사실을 찾아내고 해석하는 공부를 합니다. 자료의 값에 따른 변화를 시각적으로 잘 나타내기 위한 방법도 공부합니다(물결선 등).

　그림그래프, 막대그래프, 꺾은선그래프의 장단점을 파악하여 자료를 표현할 알맞은 그래프를 선택할 수 있는 능력을 길러야 합니다. 이 단원은 중등 1학년 2학기 통계의 '도수분포다각형'과 연계됩니다.

다음은 그래프의 종류와 특징을 정리한 표입니다. 지도 시 참고하면 좋습니다.

종류	특징
막대그래프	• 각 부분의 상대적인 크기를 비교하기 쉽습니다. • 수량의 크기를 정확하게 나타낼 수 있습니다.
그림그래프	• 자료의 수를 그림으로 비교하기 좋습니다. • 그림의 크기와 개수로 한눈에 쉽게 비교할 수 있습니다.
꺾은선그래프	• 시간에 따른 연속적인 변화를 알아보기 쉽습니다. • 조사하지 않은 중간의 값을 예상할 수 있습니다. • 앞으로 일어날 일을 예상하는 데 사용할 수 있습니다.

심화 개념 지도법

이 단원은 딱히 심화 개념이라고 할 것이 없습니다. 심화 문제의 경우도 대부분 그래프를 보고 해석하는 문제라 어렵지 않습니다.

따라서 심화 개념이 아닌 확장 개념의 관점에서 이중 꺾은선그래프를 설명합니다. 이중 꺾은선그래프는 서로 다른 두 자료를 하나의 그래프에 꺾은선그래프로 나타낸 것을 뜻하며, 두 자료를 비교 분석할 수 있어 편리합니다. 다시 말해 꺾은선그래프는 여러 자료를 비교하는 데 효과적으로 사용할 수 있는 시각적 도구라는 사실을 알려 줍니다.

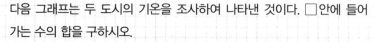

다음 그래프는 두 도시의 기온을 조사하여 나타낸 것이다. □안에 들어
가는 수의 합을 구하시오.

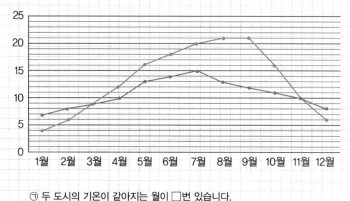

⑦ 두 도시의 기온이 같아지는 월이 □번 있습니다.
ⓒ 두 도시의 기온의 차가 가장 큰 경우는 □월이고 □도 차이가 납니다.

두 도시의 기온이 같아질 때는 두 그래프가 만나는 점을 찾으면 됩니다. 3월과 11월, 2번 있습니다. 기온의 차가 가장 클 때는 9월이며 기온의 차는 21−12=9(℃)입니다. 답은 2+9+9=20입니다.

4 학년

다각형

영역: 도형

교과서 개념 지도법

지금까지 공부한 삼각형, 사각형, 오각형, 육각형 개념의 가장 일반화된 형태인 다각형을 배웁니다. 다각형의 공통점과 차이점을 알아보고, 다각형의 일반적인 특징을 정리하고, 다각형의 대각선의 의미와 대각선의 개수 구하는 방법까지 다룹니다. 이 단원에서 배운 내용은 중등 1학년 2학기 평면도형에서 복습하게 됩니다.

특히 모양 만들기(채우기) 파트는 아이들이 구체물을 이용해서 실제 조작 체험을 할 수 있도록 합니다. 도형에 대한 감각을 키우는 데 아주 중요한 역할을 합니다. 이런 감각들이 기초가 되어 중등 도형과 고등 기하를 잘할 수 있는 토대가 다져집니다.

초등 교육과정에서 주로 다루는 볼록다각형 말고도 오목다각형이 있습니다. 볼록다각형이란 내각이 모두 $180°$보다 작아서 바깥쪽으로 볼록한 다각형을 말합니다. 오목다각형도 다각형의 정의에는 맞지만, 내각이 $180°$보다 커지거나 대각선이 다각형의 외부에 생기는 등의 특징이 있어, 아이들의 혼란을 막고자 다루지 않습니다.

심화 개념 지도법

중등 1학년 2학기에서 다루는 내용이지만, 심화교재를 풀 정도의 초등학생들이라면 충분히 이해할 수 있는 내용입니다. 삼각형, 사각형, 오각형이 가지는 구체적인 성질을 차근차근 알려 주면서 일반화된 성질을 도출해 줍니다.

다각형의 대각선의 개수

□각형에서 한 꼭짓점에서 그을 수 있는 대각선의 개수는 (□−3)개입니다. 한 꼭짓점에서 자기 자신 및 이웃한 꼭짓점에는 대각선을 긋지 못하기 때문입니다. 3개의 꼭짓점을 제외한 □각형의 모든 꼭짓점마다 (□−3)개의 대각선을 그을 수 있고, 대각선 하나를 2개의 꼭짓점이 공유하므로 □각형의 대각선의 개수는 (□−3)×□÷2(개)입니다.

다각형					
한 점에서 그을 수 있는 대각선의 수	0	1	2	3	4
전체 대각선의 수	0	2	5	9	14

다각형의 내각의 합

□각형의 한 꼭짓점에서 (□−3)개의 대각선을 그을 수 있으므로, □각형은 (□−2)개의 삼각형으로 분할됩니다. 삼각형의 세 내각의 합이 180°이므로, □각형의 내각의 합은 180°×(□−2)가 됩니다. 이때 □각형이 정다각형이라면 한 내각의 크기는 180°×(□−2)÷□입니다.

다각형	△	▢	⬠	⬡	⬢
삼각형의 수	1	2	3	4	5
내각의 합	180°	180°×2	180°×3	180°×4	180°×5

정오각형의 내각과 외각의 성질

정오각형 ㄱㄴㄷㄹㅁ은 한 내각의 크기가 108°이고, 선분 ㄴㅁ을 연결하면 삼각형 ㄱㄴㅁ은 이등변삼각형입니다. 따라서 세 내각의 크기는 각각 108°, 36°, 36°가 됩니다. 또한 삼각형 ㄱㄴㅁ의 세 내각의 크기를 이용하면 정오각형에서 만들 수 있는 모든 각을 찾아낼 수 있습니다. 내외각을 포함한 모든 각은 108°, 72°, 36°로 구성되어 있습니다.

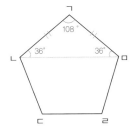 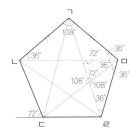

5
학년

5학년

수학 개괄

고등까지 학생들을 지도해 보면 아이들이 수학을 어려워하거나 포기하는 시점이 있습니다. 통계로도 나왔고 실제 제가 느끼기도 합니다. 바로 초등 5학년, 중등 2학년, 고등 1학년, 고등 2학년 시기입니다. 새롭게 배우는 내용이 많거나, 양이 많거나, 난도가 높은 마의 구간들입니다. 그 외에 연산 위주의 수학에서 처음으로 개념 위주의 수학을 배우는 초등 3학년과, 초등까지 잘 버텼던 아이들이 최초로 문자와 식을 배우며 정신을 못 차리는 중등 1학년 구간도 수포자가 발생하곤 합니다.

수학이 약한 초등 아이가 수포자가 되는 흐름은 다음과 같습니다. 초등 3학년 때 위기를 넘긴 아이들이 조금 쉬워지는 4학년 과정까지는 버티다가, 어려운 내용이 한번에 많아지는 초등 5학년 과정에서 대량으로 발생하는 것이죠.

5학년 수학이 어려운 이유는, 가장 어려운 개념인 분수를 집중적으로 배우기 때문입니다. 분수를 어려워하지 않는 아이 역시 원리는 모르고 계산 알고리즘만 외워서 문제를 푸는 경우가 많습니다. 분수 이외에도 자연수의 혼합 계산, 약수와 배수, 규칙과 대응, 합동과 대칭 등 새롭게 배우는 내용이 많아 아이들이 어려워합니다. 실제로도 아이가 5학년이 되었을 때 학원을 가장 많이 보내기 시작합니다. 더 이상 혼공으로 버티기에는 내용도 어렵고 아이들도 힘에 부치기 때문입니다.

그렇다면 수포자를 방지하는 가장 좋은 방법은 무엇일까요? 개념 이해 능력을 높이는 것입니다. 이런 능력은 1부에서 설명한 독서와 개념 정리 공부를 통해 얻어집니다. 특히 개념 필사는 5학년 때부터 시작하길 권하므로 꼭 참고하길 바랍니다.

만약 지금 개념 이해 능력을 높이지 않고 단순 문제풀이나 계산 알고리즘 익히기에만 치중하면, 그 이후에 도사리고 있는 수포자 구간을 절대 넘지 못합니다. 사실상 거의 전구간이 수포자 구간이라 할 수 있는 중고등 수학을 무사히 해내기 위해서, 교습자는 이 책에 실린 대로 정확히 공부할 수 있게 지도해야 합니다.

5학년 | 1학기 1단원

자연수의 혼합 계산 _{영역: 수와 연산}

교과서 개념 지도법

약속된 혼합 계산의 순서를 익히고 정확하게 계산할 수 있는 능력을 길러야 합니다. 이 단원은 중등 1학년 1학기의 정수와 유리수의 혼합 계산과 연계되므로 정확히 알아야 합니다. 계산 순서가 정해진 이유를 이해하고, 그 규칙(약속)대로 정확히 계산하도록 지도합니다.

심화 개념 지도법

3학년 및 4학년 과정에서 배웠던 심화 개념과 많이 중복되어 새롭게 배울 내용들이 적습니다. 아이가 5학년이라고 하여 이 부분만 보지 말고, 꼭 3학년 및 4학년 과정의 수와 연산 영역 심화 개념들을 복습하기 바랍니다. 이 단원에서 필요한 심화 개념들입니다. 참고할 단원은 3학년 1학기의 1·3·4단원, 3학년 2학기의 1·2단원, 4학년 1학기의 1·2단원, 4학년 2학기의 1·3단원입니다.

혼합 계산에서 어떤 수 구하기

어떤 수를 구하는 과정은 중등 방정식의 선행 개념이나 초등 고학년 심화 문제에서 자주 나오기 때문에 5학년 과정부터는 등식의 성질이나 연산의 역과정(이항)을 조금씩 가르쳐 주는 것도 좋습니다.

 《열려라 심화》5-1. 14쪽

2+3×□=14를 성립하게 하는 □에 들어갈 수를 구하여라.

우선 다음과 같이 등식을 활용한 초등 수준 풀이를 알려 줍니다.

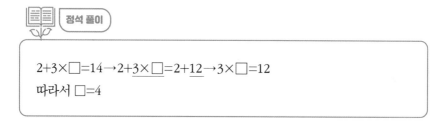

정석 풀이

2+3×□=14→2+3×□=2+12→3×□=12
따라서 □=4

아이가 잘 이해하면 다음의 연산의 역과정과 등식의 성질을 이용한 풀이를 알려 줍니다.

연산의 역과정

$2+3\times\square=14$

$3\times\square=14-2=12$ (과정①: $3\times\square$는 14보다 2만큼 작은 수)

$\square=12\div3$ (과정②: $\square$는 12를 3으로 나눈 수)

따라서 $\square=4$

등식의 성질

$2+3\times\square=14$

$(2+3\times\square)-2=14-2$ (과정①: 양변에 2를 빼도 등식은 성립)

$3\times\square=12$

$\dfrac{3\times\square}{3}=\dfrac{12}{3}$ (과정②: 양변을 3으로 나누어도 등식은 성립)

따라서 $\square=4$

1학기 2단원

약수와 배수

영역: 수와 연산

교과서 개념 지도법

이 단원에서 배우는 약수와 배수는 초등 3~4학년에서 학습한 곱셈과 나눗셈의 연산 개념을 바탕으로 정의됩니다. 초등 과정에서는 세 수가 아닌 두 수까지의 약수와 배수의 개념만 다루며, 소인수분해를 이용하지 않습니다. (소인수분해는 중등 1학년 1학기 때 배웁니다.)

이 단원에서 배우는 약수, 배수, 최대공약수, 최소공배수의 개념은 이후 분수의 약분과 통분 및 분모가 다른 분수의 덧셈과 뺄셈의 기초가 됩니다. 또한 중등 1학년 1학기 때 배울 소인수분해, 최대공약수, 최소공배수 학습에 꼭 필요합니다. 따라서 단순히 약수와 배수를 구하는 계산 알고리즘에 집중하기보다는 약수와 배수의 의미와 개념을 이해하는 학습이 필요합니다.

심화 개념 지도법

다양한 약수와 배수의 성질을 다룹니다. 그 외의 심화 개념은 3학년 2학기 2단원의 심화 개념과 겹치므로 해당 부분을 참고해 지도합니다.

약수와 배수의 성질

약수는 어떤 수를 나누어떨어지게 하는 수입니다. 배수는 어떤 수에 1배, 2배, 3배, … 한 수입니다. 약수와 배수는 다음이 성립합니다.

 개념 정리

> - $\triangle \div 1 = \triangle$, $\triangle \div \triangle = 1$이므로 0을 제외한 모든 수는 1과 자기 자신을 약수로 가집니다.
>   예) 12의 약수: 1, 2, 3, 4, 6, 12
>
> - $\triangle \times 1 = \triangle$이므로 모든 수는 자기 자신을 배수로 가집니다.
>   예) 12의 배수: 12, 24, 36, 48,…

다양한 약수 개수의 성질

 개념 정리

> - 제곱수(어떤 수에 자기 자신을 곱한 수: 1, 4, 9, 16, 25 등)는 약수의 개수가 홀수입니다. 제곱수를 지도할 때는 똑같은 수를 2번 곱한 수라고 설명합니다.

예)1×1, 2×2, 3×3,…

- 제곱수가 아닌 수는 약수의 개수가 짝수입니다.
- 소수(prime number)란 2, 3, 5, 7, 11,…등과 같이 약수가 1과 자기 자신밖에 없는 수를 말합니다. 즉 소수는 약수의 개수가 2개입니다.
- (소수)^2, 즉 소수의 제곱수는 약수의 개수가 3개입니다.
  예) 2^2=4의 약수: 1, 2, 4
  7^2=49의 약수: 1, 7, 49

최대공약수와 최소공배수와의 관계

중학교 때 문자와 식을 배워야 정확히 이해하는 개념이지만 초등 심화 문제에 활용됩니다. 다음의 12와 8을 이용한 예시를 통해 설명함으로써 원리를 알려 줍니다.

개념 정리

- 어떤 두 수의 최소공배수는 최대공약수의 배수고, 최대공약수는 최소공배수의 약수입니다.
  예) 12와 18의 최대공약수는 6이고, 최소공배수는 36입니다.
  36은 6의 배수이고, 6은 36의 약수입니다.

- 어떤 두 수의 최대공약수는 두 수를 더하거나, 빼거나, 곱한 수의 약수가 됩니다. 어떤 두 수의 곱은 두 수의 최대공약수와 최소공배수의 곱과 같습니다.
  예) 12=4×3, 8=4×2입니다.

따라서 12와 8의 최대공약수는 4, 최소공배수는 $4 \times 3 \times 2 = 24$입니다.

12+8=4×5 (두 수의 합은 최대공약수 4의 배수)

12−8=4×1(두 수의 차는 최대공약수 4의 배수)

12×8=4×24(두 수의 곱은 최대공약수×최소공배수)

배수 판정법

어떤 수를 보고 이 수가 어떤 수의 배수인지 간단하게 알아내는 방법입니다. 그 원리는, 어떤 수를 자릿값들의 합으로 분해해 보는 것입니다. 예를 들어 네 자리 수 (㉠㉡㉢㉣)을 자릿값별로 분해하면 다음과 같이 표현할 수 있습니다.

$$(㉠㉡㉢㉣) = ㉠ \times 1000 + ㉡ \times 100 + ㉢ \times 10 + ㉣$$

이렇게 분해해 보면 각 자릿값별로 배수를 판정할 수 있습니다.

2·4·8의 배수 판정법

네 자리 수 $(㉠㉡㉢㉣) = ㉠ \times 1000 + ㉡ \times 100 + ㉢ \times 10 + ㉣$입니다. 1000, 100, 10은 모두 2의 배수입니다. 따라서 일의 자리 수 ㉣이 2의 배수거나 혹은 없으면(0이면) 네 자리 수 (㉠㉡㉢㉣)은 2의 배수입니다. 마찬가지로 1000과 100이 4의 배수이므로, 끝 두 자리 수 (㉢㉣)이 4의 배수거나 없으면(00이면) (㉠㉡㉢㉣)은 4의 배수입니다. 또한 1000이 8의 배수이므로 끝 세 자리 수 (㉡㉢㉣)이 8의 배수거나 없으면

(000이면) (㉠㉡㉢㉣)은 8의 배수입니다.

 개념 정리

> • 2의 배수: 일의 자리 수가 2의 배수이거나 0으로 끝나는 수
>   예시) 124, 3248, 15210
>
> • 4의 배수: 끝 두 자리 수가 4의 배수이거나 00으로 끝나는 수
>   예시) 124, 3248, 15200
>
> • 8의 배수: 끝 세 자리 수가 8의 배수이거나 000으로 끝나는 수
>   예시) 123248, 123000

5의 배수 판정법

(㉠㉡㉢㉣)=㉠×1000+㉡×100+㉢×10+㉣에서 1000, 100, 10은 모두 5의 배수이므로, 일의 자리 수 ㉣이 5의 배수이거나 혹은 없으면(0이면) (㉠㉡㉢㉣)은 5의 배수가 됩니다.

 개념 정리

> • 5의 배수: 일의 자리 수가 0 또는 5인 수
>   예시) 125, 3490

3·9의 배수 판정법

3과 9의 배수를 판정하는 원리는 조금 더 복잡합니다.

(㉠㉡㉢㉣)=㉠×1000+㉡×100+㉢×10+㉣을 가르기 하면 다음

과 같이 정리할 수 있습니다.

$$(\text{㉠㉡㉢㉣}) = \text{㉠} \times 999 + \text{㉡} \times 99 + \text{㉢} \times 9 + (\text{㉠}+\text{㉡}+\text{㉢}+\text{㉣})$$

999, 99, 9는 모두 3의 배수이자 9의 배수입니다. 따라서 (㉠+㉡+㉢+㉣)을 가지고 판정합니다. (㉠+㉡+㉢+㉣)이 3의 배수이면 네 자리 수 (㉠㉡㉢㉣)은 3의 배수가 되고, (㉠+㉡+㉢+㉣)이 9의 배수이면 네 자리 수 (㉠㉡㉢㉣)은 9의 배수가 됩니다.

개념 정리

- 3의 배수: 각 자리 숫자의 합이 3의 배수인 수
- 9의 배수: 각 자리 숫자의 합이 9의 배수인 수

여기까지 공부했다면 123840이라는 재미있는 수를 알려 줍니다. 123840은 각 자리 숫자의 합이 1+2+3+8+4+0=18입니다. 18은 3의 배수이자 9의 배수이므로 123840은 3의 배수이자 9의 배수입니다. 한편, 일의 자리 수가 0이므로 123840은 2의 배수이자 5의 배수이기도 하고, 끝 두 자리 수인 40이 4의 배수이기에 4의 배수이기도 하고, 끝 세 자리 수인 840이 8의 배수이기에 8의 배수이기도 합니다.

교과서 개념 지도법

함수 개념의 기초가 되는 매우 중요한 단원입니다. 고등수학은 곧 함수와 방정식이라고 해도 과언이 아닙니다. 때문에 꼼꼼하고 정확한 개념 정리가 필요합니다.

4학년 1학기 6단원에서 수 배열과 계산식 배열 등을 중심으로 양의 규칙적인 변화를 공부했다면, 이 단원에서는 두 양 사이의 대응 관계를 탐구하고 이를 기호를 사용해 표현해 보는 데 초점을 둡니다.

교과서에서는 이 단원을 공부할 때, 일상 언어로 정확하게 표현해 보는 활동을 충분히 해서 먼저 대응 관계의 의미를 정확하게 이해하도록 한 다음 식으로 나타내도록 지도하는 것을 강조합니다.

두 양 사이의 대응 관계를 식으로 나타내는 방법은 어떤 양을 독립 변수로 선택하느냐에 따라 다릅니다. 가령 자전거 대수를 □, 자전거 바퀴 수를 △라고 합니다. 이때 독립 변수를 □, 종속 변수를 △로 하면 △=2×□인 대응 관계가 형성됩니다. 반대로 독립 변수를 △, 종속 변수를 □로 하면, □=△÷2라는 대응 관계를 만들 수 있습니다.

· □과 △의 대응 관계 ·

□	1	2	3	4	⋯
△	4	7	10	13	⋯

아울러 대응 관계를 분석할 때, 두 양의 관계와 변화에 초점을 맞추도록 지도해야 합니다. 다시 말해 위의 대응 관계에서 "△가 3개씩 늘어나네."라는 식으로 어느 하나의 변화에만 초점을 맞추는 것이 아니라, "□가 1씩 커질 때, △는 3씩 커지네."라고 말하며 (□, △)의 대응 관계를 △=3×□+1이라고 찾아낼 수 있도록 이끌어야 합니다.

5학년 1학기

심화 개념 지도법

함수는 두 기호 사이의 대응 관계 중에 두 기호 모두에 수가 들어가는 대응 관계를 뜻합니다. 중고등학교에서 배우는 함수는 1차원→1차원으로의 대응 관계입니다. 예를 들어 f : □→2×□+3이라는 식이 있을 때, 이것을 f(□)=2×□+3이라고 표현하면 1차함수가 되는 것입니다. 그리고 1차원인 수직선 위의 1이라는 점이 또 다른 1차원 수직

선 위의 2라는 점에 대응하는 1차원→1차원 대응 관계인 1차함수를 2
차원인 좌표평면에 다음 그림과 같이 나타낼 수 있습니다. 참고로 차원
의 의미를 설명하면, 1차원이라는 표현은 수직선 위의 점을 뜻합니다.
2차원은 좌표평면 위의 점으로 순서쌍 (2, 3)과 같이 표현됩니다. 3차
원은 공간 위의 점으로 순서쌍 (1, 2, 3)과 같이 표현할 수 있습니다.

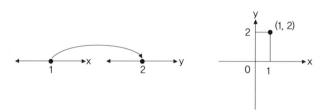

다양한 대응 관계

함수의 기초가 되는 다양한 대응 관계를 설명해 주면 아이들이 대응
관계를 이해하는 데 도움이 됩니다. 아이에게 설명할 때는 1차원이나
2차원이라는 말은 빼고 설명합니다. 이런 대응 관계를 찾을 수 있다고
간략하게 얘기하는 것입니다.

1차원 → 1차원

$\square \rightarrow \bigcirc$: $\bigcirc = 2 \times \square + 3$

$\square$	1	2	3	4	⋯
$\bigcirc$	5	7	9	11	⋯

1차원 →2차원

$\square \rightarrow (\bigcirc, \diamondsuit)$: $\bigcirc = 2 \times \square$, $\diamondsuit = \square + 1$

□	1	2	3	4	...
(○,◇)	(2, 2)	(4, 3)	(6, 4)	(8, 5)	...

2차원 →1차원

$(○, ◇) → □ : □ = 2 × ○ + 3 × ◇$

(○,◇)	(1, 1)	(2, 2)	(3, 3)	(4, 4)	...
□	5	10	15	20	...

2차원 →2차원

$(○, ◇) → (□, △) : □ = 2 × ○, △ = ◇ + 1$

(○,◇)	(1, 1)	(2, 2)	(3, 3)	(4, 4)	...
(□,△)	(2, 2)	(4, 3)	(6, 4)	(8, 5)	...

5학년 1학기

대응 관계를 쉽게 찾는 팁

아이가 스스로 규칙을 찾는 연습을 시킨 후, 다음과 같은 패턴을 정리
해 줍니다. 등차수열(1차함수) 아이디어를 이용한 것입니다. 처음부터
공식처럼 가르쳐 주면 원리는 모른 채 공식에 대입해서 풀게 됩니다.
물론 원리를 초등학생들에게 정확히 이해시키기는 힘듭니다. 왜냐하
면 등차수열이나 1차함수의 개념이 어느 정도 잡혀야 이해할 수 있기
때문입니다. 빨리 구하는 팁 정도로 알려 줍니다.

□가 1씩 늘어날 때, ○가 2씩 늘어나는 경우

공차가 2인 등차수열 또는 기울기가 2인 1차함수로 볼 수 있으므로 ○=2×□±( )의 꼴입니다. ( ) 안에 들어갈 값은 숫자의 대응 관계를 이용해서 찾습니다. □=1일 때, ○=5이므로 ○=2×□+3입니다.

□	1	2	3	4	...
○	5	7	9	11	...

□가 2씩 늘어날 때, ○가 6씩 늘어나는 경우

□가 1씩 늘어날 때, ○가 늘어나는 양을 3으로 볼 수 있으므로, 공차가 3인 등차수열의 꼴인 ○=3×□±( )이고, □=2일 때, ○=5이므로 ○=3×□−1입니다.

□	2	4	6	8	...
○	5	11	17	23	...

□가 1씩 늘어날 때, ○가 3씩 줄어드는 경우

공차가 −3인 등차수열이므로 ○=( )−3×□의 꼴입니다.

  □=1일 때, ○=100이므로 ○=103−3×□입니다.

□	1	2	3	4	...
○	100	97	94	91	...

5학년

1학기 4단원

약분과 통분

영역: 수와 연산

교과서 개념 지도법

이 단원에서는 5학년 1학기 2단원에서 학습한 약수와 배수, 공약수, 최대공약수, 공배수, 최소공배수를 이용하여 크기가 같은 분수를 만드는 방법을 배우며, 이를 통해 분수를 약분하고 통분하는 방법을 배웁니다.

크기가 같은 분수를 만드는 활동인 약분과 통분은 서로 다른 분모를 가진 다양한 분수를 비교하고, 분수의 사칙연산에 있어 기본적이고 중요한 개념입니다. 약분은 분수를 단순화함으로써 그 양을 쉽게 파악할 수 있게 해 주며, 분수의 곱셈 및 나눗셈의 계산에 활용됩니다. 또한 통분은 두 분수의 크기를 비교할 때나, 분모가 다른 분수의 덧셈과 뺄셈을 할 때 이용됩니다.

심화 개념 지도법

분수는 아이들이 많이 어려워하고 초등 수포자를 유발하는 원인 중 하나입니다. 그러므로 심화 문제를 공부할 때도 조심스럽게 접근합니다. 여기서 제시하는 심화 개념들은 결코 쉽지 않고, 문제들의 난도도 상당합니다. 아이가 잘하지 못하더라도 '이 단원이 어려우니 그럴 수 있다'라는 생각을 의식적으로 하면서 여유를 가지는 것이 중요합니다.

☐의 배수 개수 구하기

지도 예시

《열려라 심화》 5-1. 34쪽

$\dfrac{\square}{100}$ 꼴의 진분수 중에서 기약분수의 개수를 구하여라.

진분수와 기약분수의 개념을 정확히 알고 있어야 합니다. 진분수는 분모가 분자보다 큰 분수를 뜻하므로 ☐에 들어갈 수 있는 수는 1~99까지입니다. 기약분수란 분모와 분자가 1 이외에는 공약수가 없는 분수이므로, 1~99 중 1을 제외하고 100과 공약수가 있는 수를 제외하면 답이 나옵니다. 100의 약수는 1, 2, 4, 5, 10, 20, 25, 50, 100인데, 4는 2의 배수고 10, 20, 25, 50은 2와 5의 배수입니다. 따라서 2의 배수와 5의 배수만 찾아낸 후 중복을 제거하면 된다는 사실을 알 수 있습니다. 2의 배수가 49개, 5의 배수가 19개, 10의 배수(2의 배수이자 5의 배수)가 9개이므로 2 또는 5의 배수의 개수는 49+19−9=59(개)입니다.

따라서 기약 분수의 개수는 99-59=40(개)입니다.

 정석 풀이

□: 1, 2, 3, 4, … 99 (99개)

2의 배수: 2, 4, 6, 8, … 98(=2×49) (49개)

5의 배수: 5, 10, 15, 20, … 95(=5×19) (19개)

10의 배수: 10, 20, 30, … 90(=10×9) (9개)

2 또는 5의 배수=49+19-9=59(개)

□ 중 2의 배수도 아니고 5의 배수도 아닌 수 =99-59=40(개)

분모와 분자의 합이나 차가 주어지는 경우

 지도 예시

《열려라 심화》 5-1. 36쪽

분모와 분자의 합이 100이고, 기약 분수로 나타내면 $\frac{1}{3}$ 인 분수를 구하여라.

분모와 분자에 같은 수를 곱해도 같은 분수임을 이용합니다. 3과 1에 동일한 수를 곱해 100을 만들려면 $3×\square+1×\square=100$이라는 식을 세울 수 있고, 결국 $4×\square=100$이므로 □는 25입니다. 다시 말해 $\frac{1}{3}$의 분모와 분자의 합이 4이므로, 분모와 분자에 25를 곱합니다. 따라서 답은 $\frac{1}{3}=\frac{1×25}{3×25}=\frac{25}{75}$ 입니다.

분모와 분자에 같은 수를 더하거나 빼는 경우

지도 예시

⚙️《열려라 심화》 5-1. 38쪽

$\dfrac{49}{67}$ 의 분모, 분자에 같은 수를 더해서 $\dfrac{7}{9}$ 과 같은 수를 만들려고 합니다. 분모, 분자에 얼마를 더하면 될까요?

$\dfrac{49}{67}$의 분모, 분자에 같은 수 $\square$를 더하면, $\dfrac{49+\square}{67+\square}$ 가 됩니다.

$\dfrac{49+\square}{67+\square} = \dfrac{7}{9}$ 이기 위해서는 $\dfrac{49+\square}{67+\square}$ 의 분모, 분자의 차와 $\dfrac{7 \times \bigcirc}{9 \times \bigcirc}$ 의 분모, 분자의 차가 같아야 합니다. $\dfrac{49+\square}{67+\square}$ 의 분모, 분자의 차는 $\dfrac{49}{67}$ 의 분모, 분자의 차와 일치합니다.

따라서 $\dfrac{7}{9}$ 과 $\dfrac{49}{67}$ 의 분모와 분자의 차를 일치시킵니다. $\dfrac{49}{67}$ 는 분모와 분자의 차가 18이고, $\dfrac{7}{9}$ 은 2이므로 $\dfrac{7}{9}$ 의 분모, 분자에 9를 곱합니다.

$\dfrac{7}{9} = \dfrac{7 \times 9}{9 \times 9} = \dfrac{63}{81} = \dfrac{49+14}{67+14}$ 이므로, 14를 더하면 됩니다.

1학기 5단원

분수의 덧셈과 뺄셈

영역: 수와 연산

교과서 개념 지도법

이 단원은 4학년 2학기 때 배운 분모가 같은 분수의 덧셈과 뺄셈을 확장하여, 분모가 다른 분수의 덧셈과 뺄셈을 배웁니다. 아이들은 특히 대분수의 덧셈과 뺄셈을 어려워하고 잘 이해하지 못하는 경우가 많습니다. 답답하더라도 요령을 가르치기보다는 교과서 순서대로 설명하여 원리를 정확히 알려 줍니다. 교과서에서는 먼저 그림을 이용하여 분모가 다른 분수의 덧셈과 뺄셈의 원리를 설명한 후, 4단원에서 배운 약분과 통분의 개념을 이용하여 분모를 같게 만들어 계산하는 방법을 알려 줍니다.

분모가 다른 분수의 덧셈과 뺄셈(그림 이용)

$$\frac{1}{4} + \frac{2}{3}$$

$$\frac{3}{12} + \frac{8}{12}$$

분모가 다른 분수의 덧셈과 뺄셈(약분과 통분 이용)

$$\frac{1}{4} + \frac{2}{3} = \frac{1 \times 3}{4 \times 3} + \frac{2 \times 4}{3 \times 4} = \frac{3}{12} + \frac{8}{12} = \frac{11}{12}$$

$$\frac{1}{4} + \frac{2}{3} = \frac{1 \times 6}{4 \times 6} + \frac{2 \times 8}{3 \times 8} = \frac{6}{24} + \frac{16}{24} = \frac{22}{24} = \frac{22 \div 2}{24 \div 2} = \frac{11}{12}$$

심화 개념 지도법

이 단원의 심화 개념은 기본 개념으로부터 확장되는 개념입니다. 내용은 어렵지만, 초등 개념을 이용하여 전부 설명이 가능합니다.

서로 다른 단위분수(분자가 1인 분수)의 합으로 나타내기

분자를 분모의 서로 다른 약수들의 합으로 나타냅니다.

- $\dfrac{3}{4} = \dfrac{1+2}{4} = \dfrac{1}{4} + \dfrac{2}{4} = \dfrac{1}{4} + \dfrac{1}{2}$

- $\dfrac{3}{4} = \dfrac{9}{12} = \dfrac{1+2+6}{12} = \dfrac{1}{12} + \dfrac{2}{12} + \dfrac{6}{12} = \dfrac{1}{12} + \dfrac{1}{6} + \dfrac{1}{2}$

$$\cdot \quad \frac{3}{4} = \frac{9}{12} = \frac{2+3+4}{12} = \frac{2}{12} + \frac{3}{12} + \frac{4}{12} = \frac{1}{6} + \frac{1}{4} + \frac{1}{3}$$

$$\cdot \quad \frac{3}{4} = \frac{18}{24} = \frac{1+2+3+12}{24} = \frac{1}{24} + \frac{2}{24} + \frac{3}{24} + \frac{12}{24} = \frac{1}{24} + \frac{1}{12} + \frac{1}{8} + \frac{1}{2}$$

$$\cdot \quad \frac{3}{4} = \frac{18}{24} = \frac{1+2+3+4+8}{24} = \frac{1}{24} + \frac{2}{24} + \frac{3}{24} + \frac{4}{24} + \frac{8}{24}$$

$$= \frac{1}{24} + \frac{1}{12} + \frac{1}{8} + \frac{1}{6} + \frac{1}{3}$$

지도 예시

《열려라 심화》 5-1. 42쪽

분수 $\frac{11}{16} = \frac{1}{㉮} + \frac{1}{㉯} + \frac{1}{㉰}$ 로 나타낼 수 있을 때, ㉮, ㉯, ㉰에 들어갈 알맞은 자연수들의 합을 구하시오.

1단계: 11을 16의 약수(1, 2, 4, 8, 16) 중 3개의 합으로 표현할 수 있는지를 확인합니다.

2단계: 1+2+8=11임을 이용합니다.

3단계: $\frac{11}{16} = \frac{1}{16} + \frac{2}{16} + \frac{8}{16} = \frac{1}{16} + \frac{1}{8} + \frac{1}{2}$

4단계: ㉮+㉯+㉰=16+8+2=26

부분 분수: 통분의 역연산

복잡한 계산식을 아주 간단하게 바꾸는 공식입니다. 사실 고등학교 때 배우는 공식이지만 초중등 심화 문제에 자주 나오니, 알려 주면 매우 유용합니다. 원리를 알려 주고 싶으면 다음의 개념 설명 순서대로 설명해 주면 됩니다.

부분 분수의 공식

$$\frac{\bigcirc}{\square \times \triangle} = \frac{\text{최초 분자}}{\text{분모의 차}} \left(\frac{1}{\text{작은 수}} - \frac{1}{\text{큰 수}} \right) = \frac{\bigcirc}{\triangle - \square} \left(\frac{1}{\square} - \frac{1}{\triangle} \right)$$

$\dfrac{1}{\square} - \dfrac{1}{\triangle}$ 을 통분으로 계산하면 $\dfrac{\triangle - \square}{\square \times \triangle}$ 입니다.

$\dfrac{1}{\square} - \dfrac{1}{\triangle} = \dfrac{\triangle - \square}{\square \times \triangle}$ 의 양변을 $(\triangle - \square)$로 나누면 $\dfrac{1}{\triangle - \square} \left(\dfrac{1}{\square} - \dfrac{1}{\triangle} \right) = \dfrac{1}{\square \times \triangle}$ 이고,

양변에 ○을 곱하면 $\dfrac{\bigcirc}{\triangle - \square} \left(\dfrac{1}{\square} - \dfrac{1}{\triangle} \right) = \dfrac{\bigcirc}{\square \times \triangle}$ 입니다.

좌변을 통분하여 우변과 같아짐을 확인합니다.

이를 실제 수에 적용하면 다음과 같습니다.

- $\dfrac{3}{\square \times (\square + 2)} = \dfrac{3}{2} \left(\dfrac{1}{\square} - \dfrac{1}{\square + 2} \right)$

- $\dfrac{7}{3 \times 5} = \dfrac{7}{2} \left(\dfrac{1}{3} - \dfrac{1}{5} \right)$

- $\dfrac{1}{3 \times 5} = \dfrac{1}{2} \left(\dfrac{1}{3} - \dfrac{1}{5} \right)$

- $\dfrac{1}{2 \times 3} = \dfrac{1}{1} \left(\dfrac{1}{2} - \dfrac{1}{3} \right) = \left(\dfrac{1}{2} - \dfrac{1}{3} \right)$

지도 예시

《열려라 심화》 5-1. 44쪽

$\dfrac{1}{10 \times 11} + \dfrac{1}{11 \times 12} + \dfrac{1}{12 \times 13} + \dfrac{1}{13 \times 14}$ 의 값을 구하시오.

$$\frac{\bigcirc}{\square \times \triangle} = \frac{\text{최초 분자}}{\text{분모의 차}} \left(\frac{1}{\text{작은 수}} - \frac{1}{\text{큰 수}} \right) = \frac{\bigcirc}{\triangle - \square} \left(\frac{1}{\square} - \frac{1}{\triangle} \right)$$ 에서, 분모의

차와 분자의 값이 모두 1이므로 $\left(\dfrac{1}{\text{작은 수}} - \dfrac{1}{\text{큰 수}} \right)$ 로 변형합니다. 주어진

식을 부분분수로 고치면 다음과 같습니다.

$$\left(\frac{1}{10} - \frac{1}{11} \right) + \left(\frac{1}{11} - \frac{1}{12} \right) + \left(\frac{1}{12} - \frac{1}{13} \right) + \left(\frac{1}{13} - \frac{1}{14} \right)$$

$$= \frac{1}{10} - \frac{1}{14} = \frac{7}{70} - \frac{5}{70} = \frac{2}{70} = \frac{1}{35}$$

합과 차가 주어지는 유형

등식의 성질을 이용해 구하게 유도합니다. 형식만 분수가 되었을 뿐,
결국 등식의 성질을 이용하는 것은 똑같습니다. ○만큼 차이가 나게
하려면 한쪽이 다른 쪽에게 $\dfrac{\bigcirc}{2}$ 만큼 주면 된다는 것은 이미 앞서 여
러 번 익힌 바 있습니다.

 지도 예시

《열려라 심화》 5-1, 46쪽

합이 $3\dfrac{5}{7}$ 이고, 차가 $1\dfrac{3}{7}$ 인 두 수를 구하여라.

두 수의 합이 $\dfrac{26}{7}$ 이므로, 합을 동일하게 나눈 다음 주어진 차이만큼
을 만들면 됩니다. 즉 합의 절반에 차의 절반을 더하고 뺍니다. $\dfrac{26}{7}$ 의

절반인 $\dfrac{13}{7}$ 에 $\dfrac{10}{7}$ 의 절반인 $\dfrac{5}{7}$ 를 더하고 뺍니다.

$\dfrac{13}{7} + \dfrac{5}{7} = \dfrac{18}{7}$, $\dfrac{13}{7} - \dfrac{5}{7} = \dfrac{8}{7}$ 이므로, 구하고자 하는 두 수는 $\dfrac{18}{7}$

과 $\dfrac{8}{7}$ 입니다.

$$\square + \triangle = \frac{26}{7} \ , \square - \triangle = \frac{10}{7}$$

$$\square + \triangle = \square + \triangle + (\triangle - \triangle) = \triangle + \triangle + (\square - \triangle) = \triangle + \triangle + \frac{10}{7} = \frac{26}{7}$$

$$\triangle + \triangle = \frac{16}{7} = \frac{8}{7} + \frac{8}{7}$$

$$\triangle = \frac{8}{7} \ , \square = \frac{18}{7}$$

일 문제

여러 명이 일을 하는 문제나 수족관에 물을 채우는 문제들이 출제됩니다. 분수의 합을 이용합니다.

《열려라 심화》 5-1. 48쪽

어떤 일을 혼자서 끝내는 데 다혜는 6시간, 하늬는 12시간, 시헌이는 20시간이 걸립니다. 다혜와 하늬가 함께 2시간 동안 일을 하고, 나머지 일을 시헌이 혼자 마무리했다면, 시헌이가 일을 한 시간은 얼마일까요?

일을 끝내는 시간을 이용해 각각 1시간 동안 하는 일의 양을 구합니다. 가장 작은 단위를 구해 해결합니다. 어떤 일을 끝내는 데 다혜는 6시간, 하늬는 12시간, 시헌이는 20시간이 걸리므로, 각각 1시간 동안 하는 일의 양은 다혜 $\frac{1}{6}$, 하늬 $\frac{1}{12}$, 시헌 $\frac{1}{20}$입니다. 다혜와 하늬가 함께 일을 하면 1시간에 $\frac{1}{6} + \frac{1}{12} = \frac{1}{4}$ 만큼 일을 하므로 2시간 동안 전체 일의 $\frac{1}{2}$ 을 하게 됩니다. 시헌이는 전체 일을 끝내는 데 20시간이 걸리므로, 남은 $\frac{1}{2}$의 일을 끝내는 데 10시간이 걸립니다.

다각형의 둘레와 넓이

영역: 측정

교과서 개념 지도법

아이들을 지도해 보면, 다각형 둘레는 대개 어려워하지 않고 잘 이해합니다. 하지만 다각형 넓이는 이해하기 어려워하며 원리는 모른 채 공식만 암기하는 경우가 많습니다. 따라서 넓이를 구하는 정확한 원리를 다음의 순서에 따라 알려 줍니다. 모든 순서는 다 위계적이므로 건너뛰지 않습니다.

직사각형의 넓이

교과서는 아이들이 직접 측정하여 둘레의 길이와 넓이를 이해하도록 단위넓이 $1cm^2$를 도입하고, 이를 통해 직사각형 넓이 공식을 만듭니다. 한 변의 길이가 $1cm$인 정사각형의 넓이를 $1cm^2$라 정의합니다. 정의한다는 말은 그렇게 하겠다는 약속입니다. 즉, 출발점을 제시하는 개념입니다. 한 변의 길이가 1cm인 정사각형의 넓이를 1cm²라 부르기로 하고, 거기서부터 논리를 전개해 나가겠다는 선언입니다.

다음 개념 정리에서 직사각형 '가'와 정사각형 '나'의 넓이를 구하려면 한 변의 길이가 1cm인 정사각형이 몇 개 들어 있는지 세면 됩니다. 직사각형 '가'의 경우는 12개가 들어 있어 '가'의 넓이는 1(cm²)×12=12(cm²)이고, 정사각형 '나'는 16개가 들어 있어 '나'의 넓이는 1(cm²)×16=16(cm²)입니다. 이것은 결국 (가로의 길이)×(세로의 길이)와 같습니다. 이를 토대로 넓이 공식을 유도할 수 있습니다.

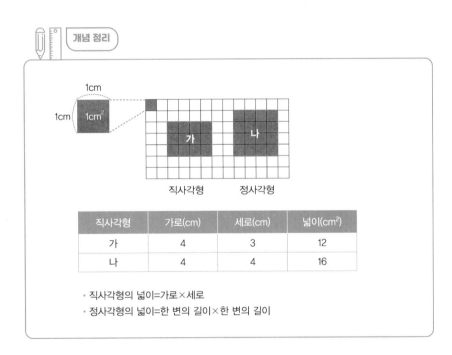

개념 정리

직사각형	가로(cm)	세로(cm)	넓이(cm²)
가	4	3	12
나	4	4	16

- 직사각형의 넓이=가로×세로
- 정사각형의 넓이=한 변의 길이×한 변의 길이

평행사변형의 넓이

직사각형의 넓이 공식을 이용해 평행사변형의 넓이를 구합니다.

개념 정리

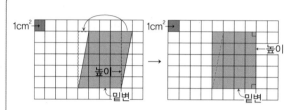

- (직사각형의 가로)=(평행사변형의 밑변의 길이)
- (직사각형의 세로)=(평행사변형의 높이)
- (평행사변형의 넓이)=(직사각형의 넓이)
→ 평행사변형의 넓이=밑변의 길이×높이

삼각형의 넓이

평행사변형의 넓이 공식을 이용해 삼각형의 넓이를 구합니다.

개념 정리

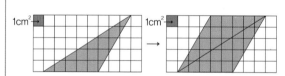

똑같은 삼각형 2개를 겹치지 않게 이어 붙여서 평행사변형을 만듭니다.

- (평행사변형의 밑변의 길이)=(삼각형의 밑변의 길이)
- (평행사변형의 높이)=(삼각형의 높이)
- (삼각형의 넓이)=(평행사변형이 넓이의 반)=(평행사변형의 넓이)÷2
→ 삼각형의 넓이=밑변의 길이×높이÷2

마름모의 넓이

직사각형의 넓이 공식을 이용하여 마름모의 넓이를 구합니다.

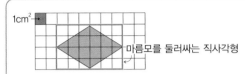

- (직사각형의 가로)=(마름모의 한 대각선의 길이)
- (직사각형의 세로)=(마름모의 다른 대각선의 길이)
- (마름모의 넓이)=(직사각형의 넓이)÷2
→ 마름모의 넓이=한 대각선의 길이×다른 대각선의 길이÷2

사다리꼴의 넓이

평행사변형의 넓이 공식을 이용하여 사다리꼴의 넓이를 구합니다.

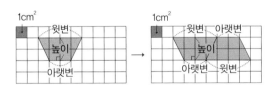

똑같은 사다리꼴 2개를 겹치지 않게 이어 붙여서 평행사변형을 만듭니다.

- (사다리꼴의 넓이)=(평행사변형의 넓이)÷2
→ 사다리꼴의 넓이=(윗변의 길이+아랫변의 길이)×높이÷2

심화 개념 지도법

직각으로 이루어진 도형의 둘레의 길이

가로를 이루는 파란 선분과 세로를 이루는 빨간 선분이 서로 수직일 경우, 두 도형의 둘레의 길이는 같습니다. 직관적으로 선을 눈으로 옮겨 붙여 볼 수 있기에 아이가 쉽게 이해하는 개념입니다.

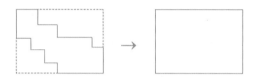

사각형에서 도로를 제외한 부분의 넓이 구하기

도로 부분을 없애고 색칠한 부분을 한쪽으로 모아서 넓이를 구할 수 있습니다. 아이가 잘 이해하지 못할 때는, 문제를 복사해서 가위로 오리고 조각들을 모아 보게 합니다.

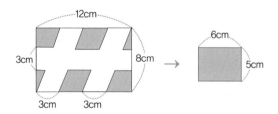

평행선에서 높이가 같은 도형의 넓이 성질

(○×밑변×높이) 꼴의 넓이 공식을 가지는 삼각형, 평행사변형 등은

밑변의 길이와 높이가 같으면 모양에 상관없이 넓이가 같으며, 높이가 같을 때는 밑변의 길이의 비가 넓이의 비를 결정합니다.

밑변의 길이와 높이가 각각 같을 때

밑변의 길이와 높이가 각각 같으면 모양이 다르더라도 넓이는 같습니다.

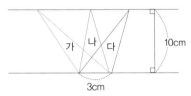

(가의 넓이)=(나의 넓이)=(다의 넓이)

$$=3 \times 10 \div 2 = 15 (\text{cm}^2)$$

밑변의 길이 또는 높이가 같을 때

밑변의 길이 또는 높이가 2배, 3배, 4배, …가 되면 넓이도 2배, 3배, 4배, …가 됩니다.

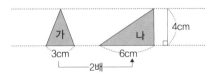

(가의 넓이)$=3 \times 4 \div 2 = 6 (\text{cm}^2)$

(나의 넓이)$=6 \times 4 \div 2 = 12 (\text{cm}^2)$

평행선에서 밑변의 길이가 같으면 삼각형의 넓이가 같다는 성질(등적변형)을 이용하면 다음과 같은 흥미로운 문제들을 해결할 수 있습니다.

《열려라 심화》 5-1. 56~57쪽 참고

사각형 ㄱㄴㄷㄹ과 넓이가 같은 삼각형을 그려 보시오.

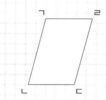

사각형 ㄱㄴㄷㄹ에서 ㄱㄷ을 연결합니다. 점 ㄹ을 지나고 선분 ㄱㄷ과 평행한 직선과 선분 ㄴㄷ의 연장선과의 교점을 ㅁ이라고 합니다. 점 ㄱ과 점 ㅁ을 연결하면, 삼각형 ㄱㄷㄹ과 삼각형 ㄱㄷㅁ은 밑변의 길이와 높이가 같으므로 넓이가 같습니다. 따라서 사각형 ㄱㄴㄷㄹ과 삼각형 ㄱㄴㅁ의 넓이가 같다는 것을 알 수 있습니다.

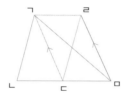

《열려라 심화》 5-1. 56~57쪽 참고

다음 직사각형에서 꺾인 경계선 ㄱㄴㄷ은 직사각형의 넓이를 이등분합니다. 점 ㄱ을 지나면서 직사각형의 넓이를 이등분하는 선분을 그려 보시오.

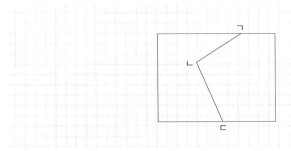

점 ㄴ을 지나면서 선분 ㄱㄷ과 평행한 직선을 긋고, 직사각형과 만나는 점을 ㄹ, ㅁ이라고 하면, 삼각형 ㄱㄴㄷ과 삼각형 ㄱㅁㄷ은 밑변의 길이가 같고 높이가 같으므로 넓이가 같습니다. 따라서 선분 ㄱㅁ은 직사각형의 넓이를 이등분합니다.

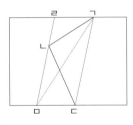

 지도 예시

◑《열려라 심화》 5-1. 57쪽

다음 그림에서 삼각형 ㄴㅁㄹ의 넓이가 8m²입니다. 삼각형 ㄱㅁㄷ의 넓이를 구하시오.

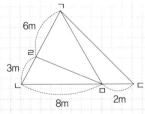

삼각형의 높이가 나와 있지 않으므로 직접 계산이 불가능하며, 삼각형 ㄴㅁㄹ의 넓이에서 밑변의 길이를 비교하여 유추합니다.

삼각형 ㄴㅁㄹ의 넓이가 8이기에 삼각형 ㄱㄹㅁ의 넓이를 구할 수 있습니다. 삼각형 ㄱㄹㅁ은 삼각형 ㄴㅁㄹ과 높이가 같고 밑변의 길이가 2배이므로, 넓이가 16입니다. 따라서 삼각형 ㄱㄴㅁ의 넓이는 삼각형 ㄴㅁㄹ과 삼각형 ㄱㄹㅁ의 넓이를 합친 24입니다.

삼각형 ㄱㄴㅁ은 삼각형 ㄱㅁㄷ과 높이가 같고 밑변의 길이는 4배이므로 넓이도 4배입니다.

따라서 삼각형 ㄱㅁㄷ의 넓이는 24÷4=6(㎡)입니다.

5 학년 2학기 1단원

수의 범위와 어림하기

영역: 측정

교과서 개념 지도법

아이들이 많이 어려워하는 단원은 아닙니다. 단, 미만, 초과, 이상, 이하, 버림, 올림, 반올림 등 각 용어의 정확한 의미를 알게 해야 합니다.

수의 범위는 수를 몇 개의 범위로 구분하여 나눌 때 사용되는 개념입니다. 수의 범위 관련 용어(미만, 초과, 이상, 이하)는 중고등수학에서도 계속 나오므로 이해를 완료한 후 암기가 필수입니다. 어림과 관련한 용어는 '반올림' 정도가 중고등수학에서 쓰이고, 고등수학에서는 '가우스 함수'가 '버림'의 개념을 활용한 내용으로 나옵니다. 가우스 함수란 독일의 수학자 가우스가 만든 함수인데 [2.3]=2, [3.52]=3과 같이 소수점 이하 자리의 수를 버리고 정수로 만드는 함수를 뜻합니다. 고등학교 때 배우면 복잡한 기호로 정의되어 어려워 보이지만, 사실은 이 단원에서 배우는 버림이라는 개념을 이용한 간단한 함수입니다.

특히 이 단원 지도 시 경곗값이 포함되는지를 구분하여 정확히 지도해야 합니다. 즉 2<□≤5에서 □에 들어갈 수 있는 수는 3, 4, 5이지만 2<□<5에서 □에 들어갈 수 있는 수는 3, 4입니다. 이와 같은 경곗값 개념이 중등 2학년 때 배우는 부등식에서 활용 문제로 자주 출제되는데 아이들이 매우 어려워합니다.

한편 어림의 경우 약속에 따른 형식적 처리 방법으로 올림, 버림, 반올림을 하기보다는 생활에서 어림수가 필요한 상황을 제시하여 그 의미와 필요성을 명확히 알고, 생활에 직접 활용하는 데 중점을 두어 지도하도록 합니다. 따라서 바로 시중 문제집을 구입해 학습하는 것보다, 교과서를 보며 각각의 어림이 실생활에 왜 필요하고 어떻게 활용되는지 익히는 것을 추천합니다. 시중 문제집의 경우 실생활에서 어림이 쓰이는 상황보다는 어림의 뜻과 의미를 알려 주는 데 집중하기에, 처음부터 접하는 것은 바람직하지 않습니다.

심화 개념 지도법

부등식의 성질

선행 개념으로 교습자는 배경지식으로 알아 둡니다. 같은 수를 부등호 양변에 더하고 빼고 곱하고 나누어도 부등식은 성립한다는 성질입니다. 필요 시 아이들에게 지도합니다. 심화 문제를 풀 때 부등식의 성질을 이용해야 원활히 풀리는 문제들이 꽤 많습니다.

개념 정리

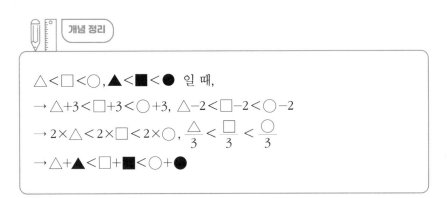

$\triangle < \square < \bigcirc$, $\blacktriangle < \blacksquare < \bullet$ 일 때,

→ $\triangle + 3 < \square + 3 < \bigcirc + 3$, $\triangle - 2 < \square - 2 < \bigcirc - 2$

→ $2 \times \triangle < 2 \times \square < 2 \times \bigcirc$, $\dfrac{\triangle}{3} < \dfrac{\square}{3} < \dfrac{\bigcirc}{3}$

→ $\triangle + \blacktriangle < \square + \blacksquare < \bigcirc + \bullet$

지도 예시

《열려라 심화》 5-2. 12쪽

어떤 자연수에 5를 곱한 후, 100을 더한 수를 버림하여 100의 자리까지 나타내니 3300이 되었습니다. 어떤 수 중 가장 큰 자연수를 구하시오.

버림의 의미를 정확히 이해했는지 묻는 문제입니다. 우선 어떤 수를 $\square$로 놓은 후 식을 세우도록 지도합니다. $5 \times \square + 100$이 3300보다 크거나 같고, 3400보다는 작습니다.

즉 $3300 \le 5 \times \square + 100 < 3400$이고, $3200 \le 5 \times \square < 3300$에서 $640 \le \square < 660$이므로 $\square$에 들어갈 가장 큰 자연수는 659입니다.

교과서 개념 지도법

분수의 곱셈은 분자는 분자끼리, 분모는 분모끼리 곱한다는 계산 알고리즘을 이용하면 쉽게 해결됩니다. 그러나 교과서에서는 이러한 계산 알고리즘을 이용한 형식화는 나중에 암기하도록 하고, 우선 분수 계산의 원리부터 차근차근 이해하는 것을 강조합니다.

분수×자연수 또는 자연수×분수

교과서는 분수의 곱셈을 설명하는 다양한 원리를 여러 도구를 이용해 구분하여 설명합니다.

동수누가의 원리

예) $\dfrac{2}{5} \times 3 = \dfrac{2}{5} + \dfrac{2}{5} + \dfrac{2}{5} = \dfrac{6}{5}$ 입니다. 즉 $\dfrac{2}{5}$ 가 3개 있습니다.

곱셈에 대한 교환법칙 이용

분수의 곱셈에 대한 교환법칙을 자연수의 곱셈을 예로 설명합니다.

예) $2 \times 3 = 2+2+2 = 6$, $3 \times 2 = 3+3 = 6 \rightarrow 2 \times 3 = 3 \times 2$

예) $3 \times \dfrac{3}{4} = \dfrac{3}{4} \times 3 = \dfrac{9}{4}$ 입니다. 즉 $\dfrac{3}{4}$ 이 3개 있습니다.

길이 모델을 이용한 설명

예) $6 \times \dfrac{2}{3} = 4$ 입니다. 즉 6의 $\dfrac{2}{3}$ 는 4입니다.

예) $3 \times \dfrac{3}{4} = \dfrac{9}{4}$ 입니다. 3의 $\dfrac{3}{4}$ 은 $\dfrac{9}{4}$ 입니다.

① 1의 $\dfrac{3}{4}$ 만큼 색을 칠합니다.

② 3의 $\dfrac{3}{4}$ 만큼 색을 칠합니다. $\dfrac{3}{4}$ 이 3개이므로 $\dfrac{9}{4}$ 입니다.

예) $2 \times \dfrac{4}{3} = \dfrac{8}{3}$ 입니다. 즉 2의 $\dfrac{4}{3}$ 는 $\dfrac{8}{3}$ 입니다.

① $1 \times \dfrac{1}{3}$ 만큼 색을 칠합니다.

② $2 \times \dfrac{1}{3}$ 만큼 색을 칠합니다.

③ 모아 보면 $2 \times \dfrac{1}{3} = \dfrac{2}{3}$ 임을 알 수 있습니다.

④ $2 \times \dfrac{4}{3}$ 만큼 색을 칠합니다. 즉 $2 \times \dfrac{1}{3}$ 만큼 4번 칠합니다.

분수×분수

넓이 모델을 이용해서 설명합니다.

예) $\dfrac{1}{3} \times \dfrac{1}{4} = \dfrac{1}{12}$ 입니다. 즉 $\dfrac{1}{3}$ 의 $\dfrac{1}{4}$ 은 $\dfrac{1}{12}$ 입니다.

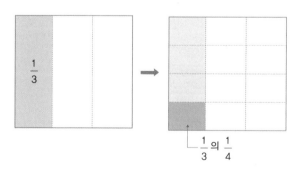

예) $\dfrac{4}{5} \times \dfrac{2}{3} = \dfrac{8}{15}$ 입니다. 즉 $\dfrac{4}{5}$ 의 $\dfrac{2}{3}$ 는 $\dfrac{8}{15}$ 입니다.

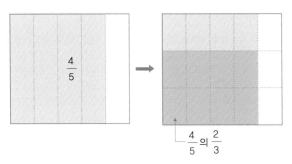

$\dfrac{4}{5}$의 $\dfrac{2}{3}$

예) $2\dfrac{2}{3} \times 1\dfrac{1}{4} = \dfrac{8}{3} \times \dfrac{5}{4} = \dfrac{10}{3} = 3\dfrac{1}{3}$ 입니다.

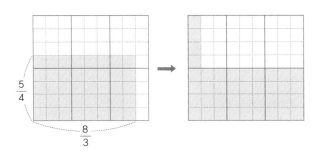

가로가 $\dfrac{8}{3}$, 세로가 $\dfrac{5}{4}$ 인 직사각형의 넓이를 구하는 것으로 이해합니다. 굵은 선으로 둘러싸인 하나의 사각형의 넓이가 1이고, 이를 식에 맞게 작은 정사각형으로 나누어 봅니다. 분수식으로 답을 구하기 위해 작은 주황색 정사각형들을 둘레에 맞게 옮겨서 채워 나가면, 직사각형 3칸과 $\dfrac{4}{12}$ 만큼 채울 수 있음을 알 수 있습니다.

주의 사항

자연수의 곱셈에서는 항상 그 결과가 커지지만, 분수의 곱셈은 그 결과가 작아질 수도 있습니다. 또한 대분수가 포함된 곱셈에서 분배법칙이나 결합법칙을 이용하여 계산하는 법도 배웁니다. 이 모든 것이 아이들에게는 매우 추상적입니다. 따라서 수를 다루기 전에 먼저 구체적이고 시각적인 모델을 통하여 지도합니다.

개념 정리

- 분수의 곱셈 결과는 작아질 수도 있습니다.

$$\frac{1}{2} \times \frac{1}{3} = \frac{1}{6}$$

- 대분수의 경우 분배법칙이 적용됩니다.

$$1\frac{1}{3} \times 2 = (1 + \frac{1}{3}) \times 2 = (1 \times 2) + (\frac{1}{3} \times 2) = 2 + \frac{2}{3} = 2\frac{2}{3}$$

→ 1이 2개, $\frac{1}{3}$ 이 2개

심화 개념 지도법

아이들은 분수 자체를 어려워하기 때문에 분수 심화 문제들은 더욱 어려워하는 경향이 있습니다. 가급적 시각적 모델을 이용해서 푸는 방법을 알려 준 후, 이것에 어느 정도 익숙해지면 추상적 계산법을 알려 줍니다. 추상적 계산법이란 다음과 같은 계산 공식을 뜻합니다.

$$\frac{\triangle}{\square} \times \frac{\bigcirc}{\bigstar} = \frac{\triangle \times \bigcirc}{\square \times \bigstar}$$

분수와 실제 수치가 주어지는 유형

《열려라 심화》 5-2. 18쪽

우리 반 남학생은 전체의 $\frac{7}{10}$ 입니다. 남학생과 여학생의 차이가 16명이라면 우리 반 전체 학생은 몇 명입니까?

남학생이 전체에서 차지하는 부분을 통해 여학생이 전체에서 차지하는 부분을 구한 후, 그 둘의 차를 분수 모양으로 구합니다.

정석 풀이

우리 반 전체 학생을 막대 10칸으로 나타냅니다. (분모가 10이기 때문)

남학생($\frac{7}{10}$)은 막대 7칸이고, 여학생($\frac{3}{10}$)은 막대 3칸입니다.

남학생과 여학생의 차이: $\frac{7}{10} - \frac{3}{10} = \frac{4}{10}$ 이므로 막대 4칸입니다.

막대 4칸=16(명)이므로 막대 1칸=4(명)입니다.
따라서 막대 10칸=40(명)입니다.

| 4 | 4 | 4 | 4 | 4 | 4 | 4 | 4 | 4 | 4 |

이를 수로만 계산하면 다음과 같습니다. 남학생이 전체의 $\frac{7}{10}$이므로, 여학생은 전체의 $\frac{3}{10}$입니다. 남학생과 여학생의 차이는 $\frac{7}{10} - \frac{3}{10} = \frac{4}{10}$입니다. 전체의 $\frac{4}{10}$가 16명이므로, 전체의 $\frac{1}{10}$은 4명입니다. 따라서 우리 반 전체 학생은 40명입니다.

실제 수치를 분수를 이용해서 푸는 유형

《열려라 심화》 5-2. 20쪽

2시간 15분 동안 900km를 비행하는 비행기가 1시간 12분 동안 비행하는 거리를 구하시오.

시간을 분수로 고칩니다. 15분은 $\frac{1}{4}$시간, 12분은 $\frac{1}{5}$시간입니다. 주의할 것은 시간을 분으로 고쳐서 풀지 않고, 분을 시간으로 고쳐서 분수의 곱셈을 이용하여 해결합니다. 시간을 분으로 고쳐서 푸는 방법은 6학년 과정의 비례식을 배운 후에 이용합니다.

 정석 풀이

(2시간 15분=$2\frac{1}{4}$시간)을 막대로 나타냅니다. 한칸은 $\frac{1}{4}$ 시간입니다.

9칸($2\frac{1}{4}$시간)동안 900km 비행하므로 1칸($\frac{1}{4}$ 시간)에 100km 비행합니다.

| 100 | 100 | 100 | 100 | 100 | 100 | 100 | 100 | 100 | | |

(1시간 12분=$1\frac{1}{5}$시간)을 막대로 나타냅니다. 한 칸은 $\frac{1}{5}$시간입니다.

5칸(1시간)동안 400km 비행하므로 1칸($\frac{1}{5}$ 시간)에 80km 비행합니다.

| 80 | 80 | 80 | 80 | 80 | 80 | | | | | |

따라서 1시간 12분(6칸)에 480km 비행합니다.

이를 수로만 계산하면 다음과 같습니다. 2시간 15분을 분수로 표현하면 $2\frac{1}{4}=\frac{9}{4}$ 시간이고, 1시간 12분은 $1\frac{1}{5}=\frac{6}{5}$ 시간입니다. $\frac{9}{4}$ 시간 동안 900km를 비행하므로 $\frac{1}{4}$ 시간 동안 100km를 비행합니다. 그러므로 1시간 동안 400km를 비행한다고 계산 가능합니다.

따라서 $\frac{6}{5}$ 시간 동안 $400\times\frac{6}{5}=480$(km)를 비행합니다.

분자를 통일하여 그림을 이용하는 유형

 《열려라 심화》 5-2. 22쪽

우리 학교 학생은 600명입니다. 남학생의 $\frac{2}{7}$ 와 여학생의 $\frac{1}{4}$ 이 같다면, 남학생은 몇 명입니까?

분자를 똑같게 만들어 비교합니다. 남학생과 여학생 그림에서의 한 칸의 크기를 같다고 풀 수 있기 때문에 쉽게 접근할 수 있습니다. 남학생의 $\frac{2}{7}$ 는 여학생의 $\frac{2}{8}$ 와 같습니다. 이것을 그림으로 나타내면 다음과 같습니다. 남학생은 7칸이고, 여학생은 8칸입니다. 전체 학생은 15칸입니다.

남학생

여학생

그림에서 전체 학생(15칸)이 600명이므로, 1칸은 40명입니다. 따라서 남학생은 7칸이므로 7×40=280(명)이고, 여학생은 8칸이므로 8×40=320(명)입니다.

이것을 분수의 곱셈을 이용하여 계산하면 다음과 같습니다. 남학생은 전체 인원의 $\frac{7}{15}$(15칸 중에 7칸)이고, 여학생은 $\frac{8}{15}$(15칸 중에 8칸)이므로 남학생=$600 \times \frac{7}{15} = 280$(명)이고, 여학생 = $600 \times \frac{8}{15} = 320$(명)입니다.

5학년 | 2학기 3단원

합동과 대칭

영역: 도형

교과서 개념 지도법

4학년 1학기 평면도형의 이동에서 평면도형의 이동에 관한 기초 개념을 배운 바 있습니다. 이 단원에서는 도형을 직접 겹쳐 보는 조작 활동을 통해 합동의 기초 개념과 선대칭도형, 점대칭도형의 기본 원리를 학습합니다.

도형의 합동은 도형의 대칭을 이해하기 위한 필수 개념이며, 도형의 대칭은 이후 직육면체, 각기둥과 각뿔을 배우는 데 기본이 됩니다.

선대칭도형을 그리는 법

각 꼭짓점별로 대칭축에 수직인 선분을 그립니다. 그 후 수직선에서 같은 거리만큼 떨어진 지점에 점을 찍고 점들끼리 연결합니다.

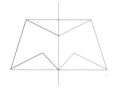 

점대칭도형을 그리는 법

각 꼭짓점과 대칭의 중심점을 연결하는 선분을 그립니다. 그 후 점에서 같은 거리만큼 떨어진 지점에 점을 찍고 점들끼리 연결합니다.

 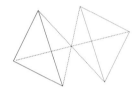

심화 개념 지도법

종이접기 문제

종이접기 문제는 중등 1~2학년에도 등장하며, 중학생도 많이 어려워하는 유형입니다. 그러나 합동과 대칭의 기본 개념을 확장해서 설명하면 초등학생들도 충분히 이해할 수 있습니다.

 접힌 도형이라는 것은 원래 도형과 접힌 도형이 합동(같은 것)이며, 접은 선을 기준으로 한 선대칭도형임을 뜻합니다. 따라서 합동의 성질과 정사각형, 정삼각형, 이등변삼각형의 성질을 이용해서 해결할 수 있습니다. 이렇듯 대부분의 심화 문제들은 여러 가지 개념을 복합적으로 적용해야 하는 경우가 많습니다. 따라서 각각의 개념들을 충분히 숙지하고 있다면 해결할 수 있습니다.

구하고자 하는 값을 찾기 위해 먼저 구해야 하는 것들이 무엇인지 파악하고, 그것을 구하기 위해 써야 하는 개념을 꺼낼 줄 알아야 합니다. 이는 여러 가지 개념들을 머릿속에 완벽하게 갖고 있어야 가능합니다.

 지도 예시

《열려라 심화》 5-2. 31쪽

정사각형 모양의 종이를 다음 그림과 같이 접었습니다. ㉮의 각도를 구하시오.

 **정석 풀이**

각 ㅁㄹㄷ=90°이고, 각 ㄹㅁㄷ=60°이므로, 각 ㅁㄷㄹ=30°입니다.

삼각형 ㄷㄹㅁ과 삼각형 ㄷㅂㅁ은 합동이므로 각 ㅁㄷㄹ=각 ㅁㄷㅂ=30°입니다. (각 ㅁㄷㄹ)+(각 ㅁㄷㅂ)+(각 ㅂㄷㄴ)=90°이므로 각 ㅂㄷㄴ=30°입니다.

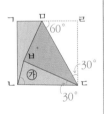

한편 정사각형 ㄱㄴㄷㄹ에서 변 ㄹㄷ=변 ㅂㄷ=변 ㄴㄷ이므로, 삼각형 ㄴㅂㄷ은 이등변삼각형임을 알 수 있습니다. 따라서 ㉮=각 ㄴㅂㄷ입니다.

삼각형의 내각의 합은 180°이므로 ㉮+(각 ㄴㅂㄷ)+(각 ㅂㄷㄴ)=180°인데, ㉮=각 ㄴㅂㄷ이고 각 ㅂㄷㄴ=30°이므로 ㉮+㉮+30°=180°입니다. 따라서 ㉮=75°입니다.

교과서 개념 지도법

3학년 1학기 때 처음 소수를 배우고, 4학년 2학기에서는 소수 셋째 자리까지 배운 후 소수 사이의 관계와 소수의 크기 비교를 바탕으로 덧셈과 뺄셈을 배웠습니다. 이를 제대로 익혔다는 전제 하에 소수의 곱셈을 지도합니다.

지도할 때 아이가 곱의 소수점 위치를 찾는 활동을 지나치게 기능적으로 접근하지 않도록 주의할 필요가 있습니다. 지나치게 기능적인 접근이란, 우리가 흔히 소수의 곱셈을 하는 방식입니다. 즉, 소수점의 위치와 관계없이 자연수의 계산 방법대로 계산한 다음, 곱하는 수와 곱해지는 수에 포함된 소수의 자리 수의 합과 같게 소수점의 위치를 정해서 찍는 방법입니다. 이처럼 지나치게 계산 기능만을 강조할 경우, 아이들은 맹목적으로 문제에 포함된 소수의 소수점 아래 자리 수를 세어서 답의 소수점의 위치를 결정하지만 '왜 그런지', '왜 이런 결과가 나오는지'에 대해서는 이해하지 못하는 경우가 태반입니다. 우선 분수와 소수의 관계를 바탕으로 개념적으로 이해하도록 하고, 요령과 방법은 그다음에 알려 줍니다.

(소수)×(자연수)

첫 번째, 동수누가의 개념을 적용해 곱셈을 알려 줍니다. $0.4×3=0.4+0.4+0.4=1.2$입니다. 0.4가 3개 있으므로 1.2라는 사실을 정확히 알도록 합니다.

두 번째, 소수를 분수로 나타내 해결해 봅니다. 교과서에서는 소수와 분수는 동일한 대상을 표현하는 서로 다른 방법으로 설명하고 있습니다. 모든 분수는 소수(유한소수)로 표현할 수 없지만, 모든 소수(유한소수)는 분수로 표현이 가능하기 때문에 이미 알고 있는 분수의 곱셈을 이용하여 소수의 곱셈을 이해하는 방법으로 소개합니다.

$$0.4×3=\frac{4}{10}×3=\frac{12}{10}=1.2$$

세 번째, 이미 아는 자연수의 곱셈 방법을 이용한 계산입니다. $4×3=12$이므로, $0.4×3=1.2$입니다. 교과서에는 이 부분을 다음과 같은 두 가지 방법으로 설명합니다. 첫 번째는 $4(mm)×3=12(mm)$에서 mm를 cm로 고쳐서 표현하면 $0.4(cm)×3=1.2(cm)$입니다. 따라서 4

×3=12이면 0.4×3=1.2입니다. 두 번째는 4의 $\frac{1}{10}$ 이 0.4이므로, 12도 $\frac{1}{10}$ 이 되어 1.2가 됩니다.

(자연수)×(소수)

첫 번째, 그림을 이용하여 해결하는 과정을 공부합니다.

다음의 사각형은 각각 1이고, 사각형 안의 한 칸은 0.1입니다. 5× 0.7=3.5란 5의 0.7은 3.5라는 뜻이라는 것을 그림을 보며 확인합니다. 즉 1마다 0.7씩 채워 5×0.7을 만들어 보고, 이를 직접 세어 3.5가 됨을 확인합니다.

두 번째, 소수를 분수로 나타내어 해결해 봅니다. 5×0.7=5× $\frac{7}{10}$ =3.5입니다.

세 번째, 자연수의 곱을 이용하는 방법입니다. 5×7=35에서 5× 0.7=3.5를 도출합니다.

(소수)×(소수)

첫 번째, 그림을 이용하여 해결하는 과정을 공부합니다.

0.8×0.6=0.48임을 확인하기 위해, 가로 0.8에 세로 0.6인 직사각형의 넓이를 구해 봅니다. 한 변의 길이가 1인 큰 정사각형을 가로와 세로로 각각 10등분합니다. 그러면 한 변의 길이가 0.1인 작은 정사각형

이 100개가 만들어집니다.

그다음, 가로 0.8 중에서 세로 0.6에 해당하는 작은 정사각형에 색을 칠합니다. 색을 칠한 정사각형의 개수가 48개이므로 전체 100개 중 48개인 $\frac{48}{100}$=0.48이 됩니다.

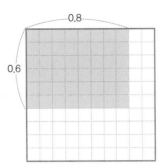

두 번째, 소수를 분수로 나타내어 해결해 봅니다. $0.8 \times 0.6 = \frac{8}{10} \times \frac{6}{10} = \frac{48}{100} = 0.48$입니다.

세 번째, 자연수의 곱을 이용하는 방법입니다. $8 \times 6 = 48$에서 $0.8 \times 0.6 = 0.48$를 도출합니다.

심화 개념 지도법

초등 3~4학년 과정에서 다뤘던 심화 유형이 수만 소수로 바뀌어서 다시 반복됩니다. 참고할 단원은 3학년 1학기 4단원, 3학년 2학기 1단원, 4학년 1학기 3단원, 5학년 1학기 1단원, 5학년 2학기 2단원입니다.

연속한 자연수의 곱에서 수의 끝에 위치한 0의 개수 구하기

1부터 10까지 전부 곱하면, 수의 끝에 위치한 연속한 0의 개수는 몇 개일까요? 1부터 10까지 전부 곱한 값은 3628800으로, 정답은 2개입니다.

이런 문제를 내는 의도는 $1×2×3×4×5×6×7×8×9×10$을 직접 계산하라는 뜻이 아니라, 규칙과 아이디어를 찾아내 해결하라는 뜻입니다. 즉 끝자리에 0이 나오는 조건을 생각할 수 있어야 합니다. 끝자리에 0이 나오려면 10이 곱해져야 합니다. 10이 1번 곱해지면 0이 하나, 2번 곱해지면 0이 2개 나옵니다. 즉 끝자리에 나오는 0의 개수는 곱해진 10의 개수가 결정합니다. $10=2×5$이므로 10의 개수는 2와 5의 개수가 결정합니다. 아이가 여기에 생각이 미치도록 조금씩 힌트를 줍니다. $1×2×\cdots×10$에서 2의 개수는 2의 배수인 2, 4, 6, 8, 10이 결정하고, 특히 $4=2×2$, $8=2×2×2$이므로 곱해진 2의 개수는 2(1개), 4(2개), 6(1개), 8(3개), 10(1개)로 총 1+2+1+3+1=8(개)입니다. 반면 5의 개수는 5의 배수 5, 10이 결정하고 총 2개입니다. 다시 말해 연속된 자연수에서 2는 항상 5보다 동일하게 혹은 더 많이 나옵니다. 따라서 연속한 자연수의 경우 5의 개수만 알면, 끝자리부터 연속한 0의 개수를 구할 수 있습니다.

연속한 자연수의 곱에서 5의 개수를 빨리 구하는 팁을 소개합니다.

$$5 \,\big|\, 1×2×3×4×\text{⑤}×6×7×8×9×\text{⑩}$$
$$\text{①}×\text{②}$$

1~10까지의 연속한 자연수의 곱을 5로 나눕니다. 5와 10만 나눌 수 있고, 몫은 각각 1과 2입니다. 그것을 밑에 적습니다. 2가 5로 나누어 떨어지지 않으므로, 5의 개수는 2개입니다.

$1 \times 2 \times \cdots \times 99$를 계산했을 때, 끝자리부터 연속한 0의 개수를 구해봅시다. 0의 개수를 구하기 위해서는 5의 개수를 구하면 됩니다.

$$5 \underline{)\ 1 \times 2 \times 3 \times \cdots \times 99}$$
$$5 \underline{)\ 1 \times 2 \times 3 \times \cdots \times 19} \quad \rightarrow \ 19개$$
$$1 \times 2 \times 3 \qquad\qquad \rightarrow \ 3개$$

따라서 5의 개수＝19+3＝22개

1~99까지의 수 중에서 5의 배수 중 가장 큰 수인 95를 5로 나눴을 때 몫인 19를 구하고, 두 번째 줄에 $1 \times 2 \times 3 \times \cdots \times 19$를 씁니다. 1~19까지의 수 중에서 5의 배수 중 가장 큰 수인 15를 5로 나눴을 때 몫인 3을 구하고, $1 \times 2 \times 3$을 세 번째 줄에 씁니다. 3은 5로 나눌 수 없으므로 여기서 멈추고, 각각의 몫인 19와 3의 합인 22를 구합니다. 그렇다면 $1 \times 2 \times 3 \times \cdots \times 99$에 5는 22개 들어 있고, 끝자리부터 연속한 0의 개수는 22개가 됩니다.

🔵《열려라 심화》 5-2. 34쪽

0.01×0.02×0.03×0.04×0.05×0.06×0.07×0.08×0.09×0.10를 계산하면, 소수 몇 자리 수가 됩니까? (단, 0.10=0.1이다)

끝에 위치한 0의 개수를 구하는 개념을 이용합니다. 5의 개수를 구하면 뒤에 0이 몇 개 붙는지 알 수 있고, 그렇게 붙은 0은 자리 수에서 사라진다는 사실을 깨닫게 합니다.

 정석 풀이

0.01×0.02×0.03×0.04×0.05×0.06×0.07×0.08×0.09×0.10은 소수 두 자리 수를 10개 곱했으므로(2×10=20) 소수 20자리 수가 됩니다.
그런데 1×2×3×4×⋯×9×10에 5가 2번 곱해졌으므로, 끝자리부터 연속한 0의 개수가 2개입니다.
0은 소수점 뒤에서는 사라지므로, 20자리에서 두 자리를 뺍니다.
따라서 소수 18자리 수가 됩니다.

속력 문제: 공원, 호수, 운동장

원형 모양의 운동장에서 2명이 서로 같은 방향 혹은 반대 방향으로 움직여 만나는 상황은 다음과 같습니다.

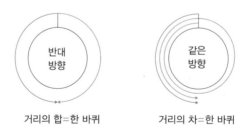

거리의 합=한 바퀴　　　거리의 차=한 바퀴

반대 방향으로 돌다가 만날 때는 2명이 움직인 거리의 합이 운동장 1바퀴와 같습니다. 한편 같은 방향으로 돌다가 만날 때는 빠른 사람이 느린 사람을 따라 잡아야 만나므로 2명이 움직인 거리의 차가 운동장 1바퀴와 같습니다. 아이가 잘 이해하지 못하면 교습자가 그림을 그려 설명해 주면 좋습니다.

 지도 예시

《열려라 심화》 5-2. 36쪽

문정이는 1분에 300m를 걷고, 채윤이는 1분에 200m를 걷습니다. 둘레가 1.7km인 호수를 동일한 지점에서 반대 방향으로 돌았을 때 만나는 시간과, 같은 방향으로 돌았을 때 만나는 시간을 각각 구하시오.

 정석 풀이

1. 반대 방향으로 돈다면, 둘이 걸은 거리가 합쳐서 1700(m)가 되어야 합니다.
   1분에 문정이와 채윤이가 움직인 거리의 합: 300+200=500(m)
   1700÷500=3.4(분)이므로, 둘이 만나는 데 걸리는 시간은 3분 24초입니다.

2. 같은 방향으로 돈다면, 문정이는 1분 동안 채윤이보다 100m를 더 걷습니다.
   따라서 1분 동안 둘의 거리의 차: 300−200=100(m)
   둘이 만나기 위해서는 문정이가 채윤이를 1바퀴(1700m)만큼 따라잡아야 합니다.
   따라서 차이가 1700m만큼 벌어져야 합니다.
   둘이 만나는 데 걸리는 시간은 1700÷100=17(분)입니다.

빈 병의 무게 구하기

《열려라 심화》 5-2. 38쪽

콜라 1.5L가 들어 있는 병의 무게는 3.3kg입니다. 콜라 300ml를 마시고 다시 무게를 재어 보니 2.7kg이 되었습니다. 빈 병의 무게를 구하시오.

콜라 300ml의 무게부터 구합니다.

콜라 300ml=3.3−2.7=0.6(kg)입니다.

따라서 콜라 1.5L=1500(ml)의 무게는 0.6×5=3(kg)입니다.

빈 병의 무게는 콜라 1.5L가 들어 있는 병의 무게에서 콜라의 무게를 빼면 나옵니다.

따라서 3.3−3=0.3(kg)입니다.

교과서 개념 지도법

초등 최초로 입체도형을 배웁니다. 직육면체와 정육면체의 뜻과 성질, 겨냥도, 전개도 등을 배우는데 아주 어려운 단원은 아닙니다. 6학년 과정에서 직육면체의 측정과 각기둥과 각뿔, 원기둥, 원뿔, 구 등의 모든 입체도형에 대해 배우기 전 워밍업 과정입니다.

간혹 전개도를 어려워하는 아이가 있습니다. 전개도를 직접 오린 후 접어서 입체도형을 만들어 보는 조작 체험을 하게 합니다. 특히 전개도를 접었을 때 생기는 직육면체의 모양을 추측하는 문제를 어려워하는 경우는, 실제 전개도를 그리고 접어 보는 조작 체험을 통해 해결하도록 합니다.

정육면체의 전개도는 다음과 같이 총 11개가 존재합니다.

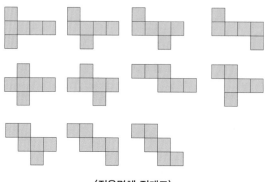

〈정육면체 전개도〉

　한편 가로, 세로, 높이가 서로 다른 길이인 직육면체의 전개도는 하나의 직육면체로 만들 수 있는 전개도의 수가 66가지입니다. 정육면체 각각의 전개도의 가로, 세로, 높이에 서로 다른 길이를 집어넣는 방법인 6을 곱해서 66가지가 나옵니다. 즉, 직육면체 전개도는 정육면체 전개도 하나당 6개씩 있다고 생각하면 좋습니다. 따라서 직육면체의 전개도를 찾는 문제는 정육면체 전개도를 기반으로 해서 찾으면 좋습니다.

　다음 예시는 정육면체 전개도 중 하나를 직육면체라고 생각하고 만든 직육면체 전개도입니다. 마주보는 면은 합동이기 때문에 서로 다른 면을 집어넣는 방법이 총 여섯 가지가 생깁니다. 각 면에 쓰인 숫자는 마주 보는 면끼리 동일한 숫자를 집어넣은 것입니다.

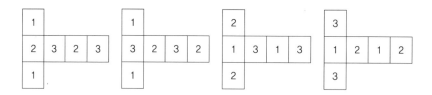

2			
3	1	3	1
2			

3			
2	1	2	1
3			

심화 개념 지도법

뚜껑이 없는 정육면체 상자를 나타내는 전개도 (뒤집거나 돌려서 같은 모양 제외)

우선 총 5개의 면으로 구성된 전개도를 생각합니다. 가로로 놓인 면의 개수에 따라 다음과 같이 분류합니다.

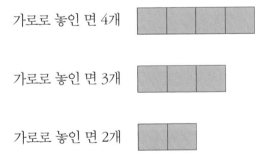

가로로 놓인 면 4개

가로로 놓인 면 3개

가로로 놓인 면 2개

그다음, 가로로 놓인 면에 나머지 면들을 붙여서 뚜껑이 없는 정육면체를 찾아냅니다. 찾아내는 과정에 뒤집거나 돌려서 같은 모양은 제외합니다. 직접 일일이 해 봐야 합니다. 이 과정에서 추론 능력과 공간

지각 능력이 향상됩니다.

가로로 놓인 면 4개

가로로 놓인 면 3개

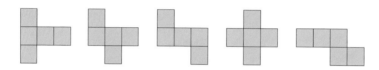

가로로 놓인 면 2개

색칠된 면의 개수에 따른 정육면체 분류

여러 개의 정육면체를 쌓은 큐브 겉면에 여러 가지 색을 칠한 후, 색칠된 면의 개수를 묻는 문제가 자주 나옵니다. 하나가 아닌 여러 개의 정육면체를 다루는 것이므로 다소 까다롭지만, 논리적으로 생각하고 면과 모서리 그리고 꼭짓점의 개념이 잡혀 있으면 어렵지 않게 풀 수 있습니다.

다음 379쪽과 같이 색칠된 큐브를 면의 개수에 따라 분류해 봅니다.

세 면이 색칠된 정육면체는 각 꼭짓점에 존재합니다. 정육면체의 꼭짓점은 8개이므로 세 면이 색칠된 정육면체는 총 8개입니다. 그림에서 파란색으로 표시되어 있습니다.

두 면이 색칠된 정육면체의 개수는 각 모서리에 2개씩 존재합니다. 정육면체 모서리가 총 12(개)이므로 두 면이 색칠된 정육면체는 $12 \times 2 = 24$개입니다. 그림에서 녹색으로 표시되어 있습니다.

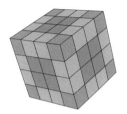

한 면이 색칠된 정육면체의 개수는 각 면에 4개씩 존재합니다. 정육면체의 면은 6개이므로 한 면이 색칠된 정육면체의 개수는 $6 \times 4 = 24$(개)입니다.

모든 면이 색칠되지 않은 정육면체의 개수는 겉면에 드러나지 않은 정육면체의 개수입니다. 겉에 색칠된 정육면체를 깎아 내면, 한 변이 2인 정육면체이므로 총 $2 \times 2 \times 2 = 8$(개)입니다.

교과서 개념 지도법

간단한 통계를 배웁니다. 이 단원에서 배우는 평균은 중등 1학년 2학기 및 3학년 2학기 과정의 통계와 연계되며, 가능성은 중등 2학년 2학기 과정의 확률로 확장해서 배웁니다. 중등 수준으로 깊게 들어가기 전 수박 겉핥기 식으로 간단한 개념들만 배우기에 아이들이 어려워하지 않는 단원입니다.

평균은 각 자료 값을 모두 더해 자료의 수로 나눈 값으로 교과서에서는 자료를 대표하는 값으로 이야기하며, 다음과 같이 정의합니다.

$$(평균) = \frac{(자료\ 값을\ 모두\ 더한\ 수)}{(자료의\ 수)}$$

가능성은 어떤 상황에서 특정한 일이 일어나기를 기대할 수 있는 정도로 다음과 같이 3가지 경우만 다룹니다.

불가능하다	반반이다	확실하다
0	$\frac{1}{2}$	1

심화 개념 지도법

가능성의 경우 개념이 간단하여 쉬운 문제만 출제되지만, 평균의 경우 선행 개념인 방정식을 이용할 줄 아는 것이 필요합니다. 아이들이 식은 세우지만 방정식을 몰라 식을 못 푸는 경우가 생기기도 합니다. 6학년을 바라보는 시점이기도 하니, 이 단계에서 □, △ 등 모양을 이용하여 미지수를 구하는 방정식 풀이법을 조금씩 가르쳐 줍니다. 무엇을 미지수로 둬야 할지 생각하게 이끌어 줍니다.

《열려라 심화》 5-2. 46쪽

> 시헌이네 반 학생 40명이 만점이 100점인 수학 시험을 보았습니다. 남학생 점수의 평균만 10점 오르면 학급 전체 평균이 80점이 되고, 여학생 점수의 평균만 10점 오르면 학급 전체 평균은 75점이 됩니다. 시헌이네 학급 전체 학생 평균은 몇 점입니까?

평균에 자료의 수를 곱하면 자료 값을 모두 더한 수, 즉 총점이 됨을 알아야 풀 수 있는 문제입니다. 미지수를 올바르게 설정한 후, 평균을 구하는 식을 이용해 총점을 구하는 식을 세울 수 있어야 합니다. 그 후 평균이 오를 때 전체 총점이 얼마큼 늘어나는지 구하면 됩니다.

시헌이네 반 학생 중 남학생의 수를 □, 여학생의 수를 △, 전체 총점을 ○라고 합니다.

1. 남학생의 평균이 10점 올라 전체 80점이 되었다면
   (늘어난 전체 총점)=○+10×□=80×40=3200(점)입니다.
   즉 ○+10×□=3200…①

2. 여학생의 평균이 10점 올라 전체 평균이 75점이 되었다면
   (늘어난 전체 총점)=○+10×△=75×40=3000(점)입니다.
   즉 ○+10×△=3000…②

3. ①-②를 하면, (○+10×□)-(○+10×△)=3200-3000=200(점)입니다.
   즉 (10×□-10×△)=200이므로, □-△=20입니다.

4. 시헌이네 반 학생은 모두 40명이므로 □+△=40입니다.
   두 수의 합이 40이고 차가 20이므로 □와△에 각각 20씩 넣은 후, 20만큼의 차이를 만들기 위해 절반 10을 남학생에게는 더하고, 여학생에게는 뺍니다. 따라서□=30,△=10입니다.

5. □=30, ○+10×□=3200이므로 ○+10×30=3200입니다.
   ○+300=3200이므로 ○=2900입니다.

6. (학교 전체 평균)=(전체 총점)÷(전체 인원수)=2900÷40=72.5(점)

6

학년

6학년

수학 개괄

초등 6학년 수학은 전반적으로 5학년 수학보다는 부담이 적습니다. 과거 6학년 수학에 있던 어려운 내용들이 5학년 과정과 중등 1학년 과정으로 옮겨 갔기 때문입니다. 그러나 대부분 중등 1학년 과정에서 배울 내용들과 연계성이 높은 단원들로 구성되었기 때문에 꼼꼼하게 학습해야 합니다. 비와 비율, 비례식과 비례 배분은 중등 과정에 직접 연계되기 때문에 중요하며, 도형 단원도 중등 1학년 2학기 때 다시 복습 및 심화되는 과정입니다.

가장 주의해야 하는 단원은 분수의 나눗셈입니다. 원리는 모른 채 요령만 익혀 계산하는 경우가 많기 때문에 처음부터 정확한 원리를 이해하도록 지도하고 확인해야 합니다.

6학년은 중등 과정을 준비해야 하는 시기이기도 합니다. 따라서 중등 선행 때문에 대수 파트(분수·소수의 나눗셈, 비와 비율, 비례식과 비례 배분)는 심화까지 꼼꼼하게 학습하고, 도형 파트는 개념만 정확히 알고 넘어가는 학습 전략을 세우는 것도 괜찮습니다. 왜냐하면 중학교에 진학한 후 1학년 2학기 때 도형 파트를 복습하기 때문입니다.

분수의 나눗셈

영역: 수와 연산

교과서 개념 지도법

아이들이 분수의 나눗셈을 배울 때, 원리는 모른 채 계산 알고리즘을 이용하여 기계적으로 계산하려 듭니다. 정확한 원리를 먼저 이해시킨 다음 빠르게 계산하는 방법을 알려 주는 게 올바른 순서입니다. 6학년 1학기 1단원에서는 (자연수)÷(자연수)와 (분수)÷(자연수)를 배웁니다.

분수의 나눗셈 개념 정리

(자연수)÷(자연수)

교과서에서는 구체적인 그림을 이용하여 (자연수)÷(자연수)의 원리를 이해시킵니다. 우선 등분제를 통해 원리부터 정확하게 이해시킨 후에 $\triangle \div \bigcirc = \dfrac{\triangle}{\bigcirc}$ 으로 계산해도 됨을 알려 줍니다.

 개념 정리

자연수와 자연수의 나눗셈은 분수로 나타낼 수 있습니다.

- 빵 1개를 3명이 나눠 먹으면 $\dfrac{1}{3}$ 조각씩 먹게 됩니다.
  따라서 $1 \div 3 = \dfrac{1}{3}$ 입니다.

- 빵 2개를 3명이 나눠 먹으면,
  빵 1개당 $\dfrac{1}{3}$ 조각씩 먹습니다. 즉 $\dfrac{1}{3} + \dfrac{1}{3} = \dfrac{2}{3}$
  조각을 먹게 됩니다.
  따라서 $2 \div 3 = \dfrac{2}{3}$ 입니다.

- 빵 7개를 3명이 똑같이 나눠 먹으면, 3명이 2개씩 나눠 먹고,
  나머지 1개를 3등분해서 먹게 됩니다.
  따라서 $7 \div 3 = 2 + \dfrac{1}{3} = \dfrac{7}{3}$ 입니다.
  따라서 $\triangle \div \bigcirc = \dfrac{\triangle}{\bigcirc}$ 입니다.

(분수)÷(자연수)

(분수)÷(자연수) 역시 그림을 이용하여 원리를 정확히 알게 한 후, $\dfrac{\bigcirc}{\square} \div \triangle = \dfrac{\bigcirc \div \triangle}{\square}$ 으로 계산해도 됨을 알려 줍니다. 특히 $\bigcirc \div \triangle$ 가 나누어떨어지지 않을 때는, $\dfrac{\bigcirc}{\square}$ 의 분모와 분자에 적당한 수를 곱하여 분자가 $\triangle$ 로 나누어떨어지게 만들면 계산할 수 있음을 알려 줍니다.

분수와 자연수의 나눗셈은 분수로 나타낼 수 있습니다.

• 다음 막대기에서, $\dfrac{6}{7}$ 의 절반은 색칠되어 있는 6개의 직사각형의 절반이

므로 $6 \div 2 = 3$개입니다. 따라서 $\dfrac{6}{7} \div 2 = \dfrac{6 \div 2}{7} = \dfrac{3}{7}$ 입니다.

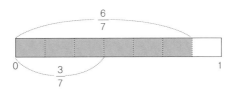

• $\dfrac{4}{7} \div 3 = \dfrac{4 \times 3}{7 \times 3} \div 3 = \dfrac{12}{21} \div 3 = \dfrac{12 \div 3}{21} = \dfrac{4}{21}$

따라서 $\dfrac{\bigcirc}{\square} \div \triangle = \dfrac{\bigcirc \div \triangle}{\square}$ 입니다.

나눗셈을 곱셈으로 바꿔서 계산하기

아이가 등분제를 통해 나눗셈의 원리를 이해했다면 쉽게 계산할 수 있는 알고리즘을 알려 줍니다.

 개념 정리

$\dfrac{\bigcirc}{\square} \div \triangle = \dfrac{\bigcirc}{\square} \times \dfrac{1}{\triangle}$ 입니다.

$\dfrac{2}{3} \div 4$의 몫은 $\dfrac{2}{3}$ 를 4등분한 것 중 하나입니다.

이것은 $\dfrac{2}{3}$ 의 $\dfrac{1}{4}$ 이므로, 결국 $\dfrac{2}{3} \div 4 = \dfrac{2}{3} \times \dfrac{1}{4}$ 입니다.

이를 그림으로 나타내면 다음과 같습니다.

6학년 1학기

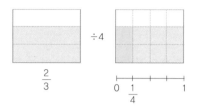

$$\frac{2}{3}$$

$$0 \quad \frac{1}{4} \quad 1$$

이를 수식으로 나타내면 다음과 같습니다.

$$\frac{\bigcirc}{\square} \div \triangle = \frac{\bigcirc \times \triangle}{\square \times \triangle} \div \triangle = \frac{\bigcirc \times \triangle \div \triangle}{\square \times \triangle} = \frac{\bigcirc}{\square \times \triangle} = \frac{\bigcirc}{\square} \times \frac{1}{\triangle}$$

심화 개념 지도법

3학년부터 계속 반복되는 유형들로 수만 분수로 바뀌어서 나옵니다. 새로운 심화 유형은 없다고 생각해도 됩니다. 3학년 1학기 3단원, 3학년 2학기 2단원, 4학년 1학기 3단원 등을 참고하면 좋습니다.

이 단원에서는 분수의 나눗셈을 이용하여 다양하게 표현되는 일률 문제가 등장하는데, 일률이란 단위 시간당 이루어지는 일의 양을 뜻합니다. 즉 일률 문제는 주어진 조건을 이용해 어떤 일을 완료하는 데 걸리는 시간을 구하는 것입니다(일 문제라고도 부릅니다). 문제를 해결하기 위해서는 단위 시간 동안 할 수 있는 일의 양을 먼저 구해야 하며, 이를 분수의 나눗셈을 이용해 표현할 수 있다는 사실을 알아야 합니다. 다양한 유형을 지도 예시를 통해 정리해 보았습니다.

📖《열려라 심화》6-1. 12쪽

> 어떤 일을 끝내는 데 은재가 혼자서 하면 8일이 걸리고, 은재와 대환이가 함께하면 6일이 걸립니다. 대환이가 혼자서 하면 며칠이 걸릴까요?

전체 일을 1이라 놓고, 각각의 경우 하루에 할 수 있는 일의 양을 먼저 구합니다. 전체 일의 양을 1로 놓고 하루의 할 수 있는 일의 양을 분수꼴로 표현합니다. 은재는 일을 끝내는 데 8일이 걸리므로 하루에 $\frac{1}{8}$ 만큼 할 수 있고, 은재와 대환이가 함께 일하면 6일이 걸리므로 하루에 $\frac{1}{6}$ 만큼 할 수 있습니다. 따라서 대환이가 하루에 할 수 있는 일의 양은 $\frac{1}{6} - \frac{1}{8} = \frac{1}{24}$ 이므로 대환이는 혼자서 일을 끝내는 데 24일이 걸립니다.

 정석 풀이

전체 일을 1이라고 놓습니다.

(은재가 하루에 할 수 있는 일의 양)$= \frac{1}{8}$

(은재와 대환이가 하루에 할 수 있는 일의 양)$= \frac{1}{6}$

(대환이가 하루에 할 수 있는 일의 양)$= \frac{1}{6} - \frac{1}{8} = \frac{4}{24} - \frac{3}{24} = \frac{1}{24}$

따라서 대환이가 일을 끝내는 데 걸리는 시간은 24일입니다.

 지도 예시

📖 《열려라 심화》 6-1. 16쪽

욕조에 수도를 틀어 물을 채웁니다. 배수구를 막고 물을 채우면 가득 차는 데 15분이 걸립니다. 배수구를 열고 8분 동안 물을 채우다가 배수구를 막고 물을 채우면, 가득 차는 데 17분이 걸립니다. 배수구를 열어 놓은 채 물을 채운다면, 욕조에 물이 가득 차는 데 얼마나 걸릴까요?

각 경우마다 1분 동안 움직이는 물의 양을 구합니다. 욕조에 가득 찬 물의 양을 1이라고 놓고, 값을 찾아갑니다. 우선 배수구가 막혀 있을 때 1분에 욕조의 $\frac{1}{15}$씩 물을 채울 수 있습니다. 한편 8분 동안 배수구를 열어 놓고 물을 채우고, 이후 배수구를 막고 물을 채워서 총 17분이 걸렸습니다. 배수구를 막았다면 17분 동안 $\frac{1}{15} \times 17 = \frac{17}{15}$만큼 물이 채워졌을 테니, 배수구를 통해 8분 동안 $\frac{2}{15}$ 만큼 물이 빠져나갔다는 것을 알 수 있습니다. 따라서 배수구를 통해 물은 1분에 $\frac{2}{15} \div 8 = \frac{1}{60}$씩 빠져나갑니다. (채워지는 양)−(빠져나가는 양)을 계산하면 1분 동안 배수구를 열고 채울 수 있는 물의 양이 나옵니다.

 정석 풀이

(배수구를 막고 1분 동안 채울 수 있는 물의 양) $= \frac{1}{15}$

(배수구를 막고 17분 동안 채울 수 있는 물의 양) $= \frac{1}{15} \times 17 = \frac{17}{15}$

(배수구를 열고 8분 동안 빠져나가는 물의 양) $= \frac{2}{15}$

(배수구를 열고 1분 동안 빠져나가는 물의 양) $= \frac{2}{15} \div 8 = \frac{1}{60}$

(배수구를 열고 1분 동안 채울 수 있는 물의 양) $= \frac{1}{15} - \frac{1}{60} = \frac{4}{60} - \frac{1}{60}$

$$= \frac{3}{60} = \frac{1}{20}$$

따라서 배수구를 열고 물을 채우려면 20분이 걸립니다.

6
학년

1학기 2단원

각기둥과 각뿔

영역: 도형

교과서 개념 지도법

아이들이 크게 어려워하지 않는 단원입니다. 각기둥과 각뿔의 정의와
구성 요소, 용어 등만 정확히 알게 하면 됩니다.

각기둥의 전개도는 여러 가지 방법으로 그려 보게 함으로써 아이의
공간 지각 능력, 논리적 사고력, 창의성을 기르게 합니다. 아울러 각기
둥과 각뿔의 꼭짓점의 수, 면의 수, 모서리의 수 사이의 규칙을 찾아보
는 활동에서 규칙성과 연계한 수학적 추론 능력을 기르게 합니다.

심화 개념 지도법

각기둥과 각뿔의 성질

중등 1학년 2학기 과정에서 배우는 공식입니다. 하지만 초등 심화 문제에 규칙성과 연계한 수학적 추론 능력을 기르는 형태로 자주 나오니 교습자는 배경지식으로 알고 있어야 합니다. 아이가 실제 문제를 풀 때, 각기둥과 각뿔을 실제 그려 보고 밑면의 모양과 면의 수, 모서리의 수, 꼭짓점의 수 사이의 관계를 추론할 수 있도록 유도합니다.

	□각기둥		□각뿔	
겨냥도	삼각기둥	사각기둥	삼각뿔	사각뿔
밑면의 모양	□각형		□각형	
면의 수	□ + 2		□ + 1	
모서리의 수	□ × 3		□ × 2	
꼭짓점의 수	□ × 2		□ + 1	

지도 예시

◐《열려라 심화》 6-1. 20쪽

밑면의 모양이 동일한 각기둥과 각뿔이 있습니다. 각기둥의 모서리의 개수가 15개일 때, 각 뿔의 면의 개수를 구하시오.

다양한 각기둥을 그려 보고 모서리와 밑면의 모양과의 관계를 추론하게 합니다.

각기둥의 모서리가 15개이면 오각기둥입니다. 오각기둥과 밑면의 모양이 동일한 각뿔은 오각뿔입니다. 오각뿔의 면의 개수는 6개입니다.

전개도 심화

아이들이 어려워할 때는 복사를 하거나 종이에 그린 후 실제로 오려서 조작 체험을 통해 문제를 풀게 합니다. 이런 과정을 통해 전개도와 입체도형과의 연결 관계가 자연스럽게 형성되며, 공간 지각 능력도 생기게 됩니다.

 지도 예시

《열려라 심화》 6-1. 22쪽

다음은 육각기둥에 물을 채운 모양이다. 육각기둥에서 물이 묻어 있는 부분을 오른쪽 전개도에 색을 칠해 표시하시오.

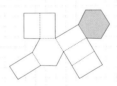

아이들이 잘 못 풀 때는 다음의 전개도를 복사 또는 그려서 오린 후, 입체 도형을 만들고, 물이 묻은 부분을 추론하게 합니다.

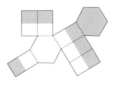

교과서 개념 지도법

소수의 연산은 4학년 2학기의 소수의 덧셈과 뺄셈, 5학년 2학기의 소수의 곱셈, 그리고 6학년 때 배우는 소수의 나눗셈으로 완성됩니다. 6학년 1학기의 소수의 나눗셈은 나누는 수가 자연수인 경우를 다루고, 6학년 2학기 때는 나누는 수가 소수인 경우를 다룹니다.

소수의 개념은 크게 두 가지로 나뉩니다. 분모가 10의 거듭제곱인 분수이자, 소수점을 이용하여 10진법으로 나타낸 기호입니다. 따라서 이와 같은 소수 개념으로부터 소수의 나눗셈을 수행할 수 있습니다. 소수를 분수로 바꾼 다음, 분수의 나눗셈 방법에 따라 계산하고 그 결과를 다시 소수로 고쳐서 구하는 것입니다.

소수의 나눗셈은 분수로 고쳐 계산해 봅니다.

$$3.24 \div 2 = \frac{324}{100} \div 2 = \frac{324 \div 2}{100} = \frac{162}{100} = 1.62$$

$$3.24 \div 5 = \frac{3240}{1000} \div 5 = \frac{3240 \div 5}{1000} = \frac{648}{1000} = 0.648$$

$$3 \div 4 = \frac{3}{4} = \frac{75}{100} = 0.75$$

이렇게 분수의 나눗셈을 이용해서 소수의 나눗셈 계산 원리를 이해한 후, 형식화된 세로 계산법을 알려 줍니다.

 개념 정리

소수의 세로셈 방법은 자연수의 원리와 같습니다.

$$
\begin{array}{r}
7.99 \\
2\,\overline{)\,15.98} \\
14 \\
\hline
19 \\
18 \\
\hline
18 \\
18 \\
\hline
0
\end{array}
$$

$\frac{1}{100}$배 ── $1598 \div 2 = 799$ ── $\frac{1}{100}$배

→ $15.98 \div 2 = 7.99$ ←

심화 개념 지도법

3학년부터 계속 반복되는 유형들이 수만 소수로 바뀌어서 나옵니다. 3학년 때부터 심화교재를 꾸준히 푼 학생들은 5학년 심화부터 속도가 빨라지고, 6학년 심화는 한 달에 1권씩 끝내곤 합니다. 그 정도로 매 학년 비슷한 유형들이 반복됩니다. 참고할 단원은 3학년 1학기 3단원, 3학년 2학기 2단원, 4학년 1학기 3단원, 6학년 1학기 1단원입니다.

자동차 연비 문제

연비란 연료 1리터로 갈 수 있는 거리를 뜻합니다. 이것이 속력 문제와 연동되어 출제됩니다.

지도 예시

《열려라 심화》 6-1. 26쪽

> 장호는 1L의 연료로 5km를 갈 수 있는 스포츠카를 타고 서영이네 집에 갔다 오려고 합니다. 서영이네 집까지의 거리가 30.4km이고, 연료 1L의 값이 1700원이라면 서영이네 집을 갔다 오는 데 필요한 연료의 값은 얼마입니까?

연료의 값을 알려면 필요한 연료의 양을 구해야 하고, 그러면 왕복하는 거리를 알아야 합니다. 차근차근 필요한 값들을 구할 수 있게 끌어 줍니다. 우선 서영이네 집을 왕복하는 데 필요한 연료의 양을 구합니다. 서영이네 집까지 왕복 거리가 60.8km이므로, $60.8 \div 5 = 12.16$ (L)의 연료가 필요합니다. 따라서 필요한 연료의 값은 $12.16 \times 1700 = 20672$ (원)입니다.

기차와 터널 문제

기차와 터널 문제는 중학교까지 자주 나오는데 크게 두 가지 유형으로 나뉩니다. 하나는 기차가 터널을 통과하는 데 걸리는 시간을 구하는 문제이고, 다른 하나는 기차가 터널에 들어가서 보이지 않는 시간을 구하는 문제입니다.

거리, 속력, 시간 관련한 문제에서 시간을 구하고 싶을 때는 움직인 거리를 단위 시간당 이동 거리로 나눠 주면 됩니다. 예를 들어 1분에 300m를 달리는 자동차로 1200m를 이동할 때 걸리는 시간을 구하고 싶으면, 이동 거리(1200m)를 단위 시간당 이동 거리(300m)로 나눠 줍니다. 1200÷300이므로, 4분이 걸립니다. 만약 문제에 단위 시간당 이동 거리가 나오지 않는다면 직접 구해야 합니다. 어떤 자동차가 1200m를 4분 동안 이동했다면, 단위 시간당 이동 거리는 1200m를 4로 나눠서 구할 수 있습니다.

 《열려라 심화》 6-1. 28쪽

1분에 400m씩 가는 기차가 600m 길이의 터널을 통과하려고 합니다. 기차의 길이가 120m일 때, 기차가 터널을 완전히 통과하는 데 걸리는 시간과 터널에 들어가서 안 보이는 시간을 각각 구하시오. (단, 시간은 분 단위로 구하시오.)

터널을 통과하는 데 필요한 거리는 기차와 터널의 길이를 합하고, 기차가 터널 속에 들어가 안 보이는 거리는 터널과 기차의 길이를 빼야 합니다. 왜 그런지 그림을 직접 그려 가며 알도록 합니다.

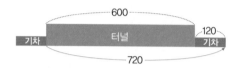

기차가 터널을 완전히 통과하기 위해서는 기차의 꼬리까지 전부 빠져나와야 하므로, 기차는 (터널 길이)+(기차 길이)만큼 이동해야 합니다.

따라서 기차가 터널을 통과하는 데 걸리는 시간은 $(600+120) \div 400 = 1.8$(분)입니다.

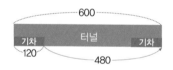

한편, 기차가 터널에 들어가서 안 보이기 위해서는, 기차가 터널 속에 완전히 들어간 후 기차의 앞머리가 터널 밖으로 빠져나오는 순간까지의 거리를 이동한 셈입니다. 그 길이는 (터널 길이)−(기차 길이)입니다.

따라서 기차가 터널에 들어가서 안 보이는 시간은 $(600-120) \div 400 = 1.2$(분)입니다.

비와 비율

영역: **규칙성**

교과서 개념 지도법

이 단원에서는 두 양의 크기를 비교하는 상황에서 비의 개념을 이해하고 그 관계를 비로 나타내는 것뿐만 아니라, 비율을 이해하고 비율을 분수, 소수, 백분율로 나타내는 것을 배웁니다. 특히 아이들이 용어의 정의와 의미를 자주 잊어버리므로 반드시 이해 후 암기를 시켜야하는 단원입니다.

비와 비율은 중등 과정의 함수 및 확률과 연계됩니다. 비, 기준량, 비교하는 양, 비율의 뜻과 개념을 정확히 알아야 중등 1학년 과정의 정비례, 반비례 등의 개념을 이해할 수 있고, 이후 1차함수의 기울기 등을 이해하는 데 도움이 됩니다. 한편 확률에서는 전체에 대한 부분의 비율을 표현할 때 비를 이용한 비례 배분이 사용됩니다.

비

두 수를 나눗셈으로 비교하기 위해 기호 :을 사용하여 □:△와 같이 나타난 것을 '비'라고 합니다. 이때 □를 비교하는 양, △를 기준량이라고 합니다. 기준량과 비교하는 양을 정확하게 구분할 수 있어야 합니다.

200원짜리 사탕과 600원짜리 사탕을 비교할 때, 뺄셈을 이용해서 400원 차이가 난다고 비교할 수도 있고, 나눗셈을 이용해서 3배 차이가 난다고 비교할 수도 있습니다. 이때 전자는 절대적인 양을 비교하기에 절대적 비교라 하고, 후자는 하나의 양을 기준으로 삼아 비교하기에 상대적 비교라고 합니다. '비'는 나눗셈을 이용하는 상대적 비교에 해당합니다.

비율

기준량에 대한 비교하는 양의 크기를 '비율'이라고 합니다. 비율은 '비의 값'으로 불리기도 합니다.

$$(\text{비율}) = (\text{비교하는 양}) \div (\text{기준량}) = \frac{(\text{비교하는 양})}{(\text{기준량})}$$

3:5를 비율로 나타내면 $\frac{3}{5} = 0.6$입니다. 여기에서 5는 기준량이고, 비교하는 양은 3입니다. 즉 3은 5를 기준으로 0.6만큼이고, 비교하는 양을 기준량으로 나눈 값을 비율 또는 비의 값이라고 합니다.

백분율

기준량을 100으로 할 때의 비율을 백분율이라고 합니다. 비율 $\frac{2}{5}$를 백분율로 나타내면 $\frac{40}{100}$이고, 이를 40%라 쓰고 40퍼센트라 읽습니다. 참고로 퍼센트(percent)에서 per는 기호 '/'를 나타내고, cent는 프랑스어로 100이라는 뜻입니다. 즉 40퍼센트를 뜯어보면 40/cent이고, $40/100 = \frac{40}{100}$입니다.

주의할 것은 $\frac{2}{5} = \frac{40}{100} = 40\%$이지만, $\frac{2}{5} \times 100 = 40$입니다. 이 정의를 잘못 이해하는 아이들은 종종 $\frac{2}{5} \times 100 = 40\%$라고 쓰는데 이것은 잘못된 표현입니다. $\frac{2}{5}$가 40%이고, $\frac{2}{5} \times 100$은 40입니다.

심화 개념 지도법

이 단원에서 배우는 개념은 속력, 인구, 축척, 타율, 농도, 할인율 등 실생활에 많이 활용됩니다. 여기서는 중고등 수학에서도 자주 나오는 속력, 농도, 할인율에 대해 알아봅니다.

속력(빠르기)

속력이란 이동하는 데 걸린 시간에 대한 이동 거리의 비율을 말합니다. 속력의 정의로부터 다음의 파생 공식을 만들어 낼 수 있습니다.

정의: (속력)$= \dfrac{(거리)}{(시간)}$, 파생 공식: (거리)$=$(속력)$\times$(시간), (시간)$= \dfrac{(거리)}{(속력)}$

속력 문제를 풀 때는 세 가지 속력 공식을 동시에 활용하는 경우가 많으므로, 문제를 풀기 전에 연습장에 세 가지 속력 공식을 미리 써 놓고 그 공식을 어떻게 활용할지를 생각해 보라고 지도합니다.

지도 예시

🔵《열려라 심화》 6-1. 32쪽

> 시속 3km로 2시간 동안 갈 수 있는 거리를 오토바이를 타고 시속 20km로 간다면 몇 분이 걸릴까요?

시속 3km로 2시간 동안 갈 수 있는 거리는 $3 \times 2 = 6$(km)이고, 6km거리를 시속 20km로 달릴 때 걸리는 시간은 $\frac{6}{20} = 0.3$(시간)입니다. 시간을 분으로 고치려면 60을 곱하면 되므로, 0.3시간은 $60 \times 0.3 = 18$(분)입니다.

소금물의 농도(진하기)

농도란 소금물의 양에 대한 소금의 비율을 말하며, 100을 곱하면 백분율로 쉽게 나타낼 수 있습니다.

$$(\text{농도}) = \frac{(\text{소금의 양})}{(\text{소금물의 양})} \times 100$$

또한 농도와 소금물의 양이 주어졌을 때 소금의 양을 구하려면 역연산이 들어갑니다. 농도와 소금물의 양을 곱한 후 100으로 나눕니다.

$$(\text{소금의 양}) = \frac{(\text{농도})}{100} \times (\text{소금물의 양})$$

《열려라 심화》 6-1. 34쪽

소금 50g을 녹여 소금물 150g을 만든 후, 물 50g을 더 넣었을 때, 소금물의 농도는?

물을 더 넣어도 소금의 양은 일정하다는 것을 이용합니다. 총 소금물의 양은 150+50=200(g)이고, 소금의 양은 50g이므로, 소금물의 농도는 $\frac{50}{200} \times 100 = 25(\%)$입니다.

할인율

어떤 물건의 정가와 할인가를 구하는 형태로 자주 등장합니다. 교과서에서는 간단하게 어떤 물건의 할인율이 더 높은지가 나오고, 심화 유형으로는 여러 번 할인하거나 여러 번 인상했을 때, 혹은 인상과 할인을 반복하는 형태로 자주 등장합니다. 핵심은 □ 원에 대한 △%를 구하고, 인상할 때는 원가에 더해 주고 할인할 때는 원가에서 빼는 것입니다.

□를 △% 인상하는 공식

$$\square \times (1 + \frac{\triangle}{100}) = \square + \square \times \frac{\triangle}{100}$$

□를 △% 인상한다는 말은 기존의 □에 △% 인상한 부분을 더한다는 의미입니다. 이것을 식으로 나타내면 $\square + \square \times \frac{\triangle}{100}$ 이고, 이것을 정리하면 $\square \times (1 + \frac{\triangle}{100})$로 표현할 수 있습니다. 지도 시 구체적인 예를

들어 설명하고, 그것을 토대로 일반화된 공식을 알려 줍니다.

아이에게 친숙한 과자를 예로 들면 1000원짜리 과자 가격을 30% 인상한 가격은 $1000+1000\times\dfrac{30}{100}=1000+300=1300$으로 설명해 준 후, 다음의 공식으로 형식화합니다.

$$1000\times(1+\dfrac{30}{100})=1000\times1.3=1300$$

□를 △% 할인하는 공식

$$\square\times(1-\dfrac{\triangle}{100})=\square-\square\times\dfrac{\triangle}{100}$$

□를 △% 인하한다는 말은 기존의 □에 △% 인하한 부분을 뺀다는 의미입니다. 이것을 식으로 나타내면 $\square-\square\times\dfrac{\triangle}{100}$ 이고, 이를 정리하면 $\square\times(1-\dfrac{\triangle}{100})$ 로 표현할 수 있습니다. 지도 시 구체적인 예를 들어 설명하고, 그것을 토대로 일반화된 공식을 알려 줍니다.

예를 들어 1000원짜리 과자 가격을 30% 할인했다고 하면 가격은 $1000-1000\times\dfrac{30}{100}=1000-300=700$으로 설명해 준 후, 다음과 같은 공식으로 형식화합니다.

$$1000\times(1-\dfrac{30}{100})=1000\times0.7=700$$

여러 번 인상하는 경우

구체적인 예로 설명해 준 후, 공식으로 형식화합니다.

1000원짜리 과자 가격을 30% 올린 후, 20% 올린 가격을 예시로 듭니다. 1000원짜리 과자 가격을 30% 올리면 $1000\times(1+\dfrac{30}{100})=1000\times$

1.3=1300(원)이 됩니다. 이후, 20%를 추가로 올리면 $1300 \times (1+\frac{20}{100})$ =1300×1.2=1560(원)이 됩니다. 이를 형식화하면 다음과 같습니다.

$$1000 \times (1+\frac{30}{100}) \times (1+\frac{20}{100})=1000 \times 1.3 \times 1.2=1560$$

여러 번 할인하는 경우

구체적인 예로 설명해 준 후, 공식으로 형식화합니다.

1000원짜리 과자 가격을 30% 할인 후, 20% 할인한 가격을 예시로 듭니다. 1000원짜리 과자 가격을 30% 할인하면 $1000 \times (1-\frac{30}{100})$ =1000×0.7=700(원)이 됩니다. 이후, 20%를 추가로 할인하면 $700 \times (1-\frac{20}{100})=700 \times 0.8=560$(원)이 됩니다. 이를 형식화하면 다음과 같습니다.

$$1000 \times (1-\frac{30}{100}) \times (1-\frac{20}{100})=1000 \times 0.7 \times 0.8=560$$

인상과 할인이 반복되는 경우

구체적인 예로 설명해 준 후, 공식으로 형식화합니다.

1000원짜리 과자 가격을 30% 올린 후, 20% 할인한 가격을 예로 듭니다. 1000원짜리 과자 가격을 30% 올리면, $1000 \times (1+\frac{30}{100})$ =1300(원)입니다. 이것을 20% 할인하면 $1300 \times (1-\frac{20}{100})=1040$(원)입니다. 이를 형식화하면 다음과 같습니다.

$$1000 \times (1+\frac{30}{100}) \times (1-\frac{20}{100})=1000 \times 1.3 \times 0.8=1040$$

교과서 개념 지도법

이 단원은 실생활에 필요한 자료를 수집하여 분류하고 이를 표로 정리한 다음, 표의 내용을 직관적으로 알아볼 수 있도록 간단한 그래프로 바꾸어 나타내는 활동으로 구성되어 있습니다. 4학년 때 다룬 막대그래프와 꺾은선그래프는 표에 나타난 절대적 수치를 사용하여 그래프를 그렸다면, 이번 단원에서 다루는 띠그래프와 원그래프는 전체와 부분 사이의 관계를 비율로 나타내는 비율 그래프입니다. 그림그래프는 여러 자료의 수치를 그림의 크기로 나타냅니다. 아이가 특별히 어려워하지 않는 단원입니다. 그냥 표를 관찰하고 수치를 파악하면 되기 때문에 특별한 지도법이 없습니다.

교과서 개념 지도법

5학년 1학기 때는 단위넓이를 이용하여 넓이를 수량화했으며, 넓이의 단위로 cm^2, m^2를 배웠습니다. 이 단원에서는 단위부피를 이용하여 직육면체의 부피를 수량화하고, 부피의 단위로 cm^3, m^3를 학습하며, 직육면체의 부피를 구하는 방법을 배우게 됩니다.

직육면체의 부피

교과서에서는 직육면체의 부피 구하는 과정을, 5학년 1학기의 넓이 구하는 과정 복습을 통해 자연스럽게 추론하도록 유도하라고 강조합니다. 단위부피가 1인 정육면체를 이용하여, 쌓기나무 조작 체험을 통해 직육면체의 부피를 구하는 원리를 터득하도록 합니다.

넓이와 부피의 비교

넓이	부피
• 일정한 평면에 걸쳐 있는 공간이나 범위의 크기 • 단위넓이의 개수	• 넓이나 높이를 가진 물건이 공간에서 차지하는 크기 • 단위부피의 개수
단위넓이 한 변이 1인 정사각형	단위부피 한 모서리가 1인 정육면체
mm^2, cm^2, m^2, km^2 등	mm^3, cm^3, m^3, km^3 등
공식을 이용한 간접 측정 5cm 3cm (직사각형의 넓이)=(가로)×(세로)	공식을 이용한 간접 측정 (직육면체의 부피) = (가로)×(세로)×(높이)

직육면체 부피 구하는 방법

4cm
3cm
5cm

(직육면체의 부피)=(가로)×(세로)×(높이)
=(밑면의 넓이)×(높이)

5개   5×3=15개   5×3×4=60개

직육면체의 부피와 겉넓이

개념 정리

직육면체 겉넓이 구하는 방법

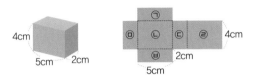

세 면의 넓이를 각각 2배하여 더하기

㉠×2+㉡×2+㉢×2

$=(5×2)×2+(5×4)×2+(2×4)×2=76(cm^2)$

직육면체 부피와 겉넓이와의 관계

부피는 같지만 겉넓이가 커지려면 뭉쳐 있던 도형을 펼치면 됩니다.
겉넓이는 같지만 부피가 작아지려면 기존 도형을 잘라 내면 됩니다.

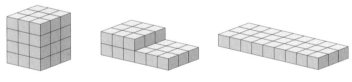

부피는 같지만 겉넓이가 점점 커지는 경우

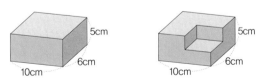

겉넓이는 같지만 부피는 작아지는 경우

심화 개념 지도법

직육면체 부피를 구하는 공식을 이용하면 각기둥의 부피를 구하는 공식을 유도할 수 있습니다. 기둥의 부피 구하는 공식은 밑면의 모양에 상관없이 (밑넓이)×(높이)입니다.

다양한 각기둥의 높이 공식을 유도하는 방법을 소개합니다. 아이에게 다음의 공식들을 단순히 암기시키는 것이 아니라, 처음 출발점(정의)에서부터 어떻게 유도되고 확장되는지를 설명해 주는 것 자체가 의미가 있습니다.

밑면이 평행사변형인 기둥의 부피

밑면인 평행사변형을 자르고 붙여 직사각형으로 만들어, 직육면체 부피 구하는 공식을 이용합니다. 즉, 밑면이 평행사변행인 기둥을 직육면체로 변형시킵니다.

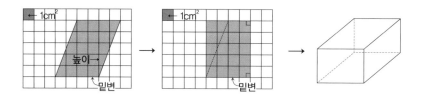

(평행사변형 기둥의 부피)=(직육면체 부피)

$\qquad$ =(직사각형 넓이)×(높이)

$\qquad$ =(평행사변형 넓이)×(높이)

$\qquad$ =(밑넓이)×(높이)

삼각기둥의 부피

밑면인 삼각형을 2개 붙여 평행사변형을 만들어, 밑면이 평행사변형 인 기둥의 부피 구하는 공식을 이용합니다.

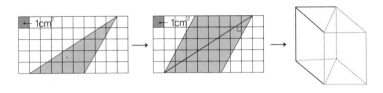

$$(\text{삼각기둥의 부피}) = \frac{1}{2} \times (\text{평행사변형 기둥의 부피})$$
$$= \frac{1}{2} \times (\text{평행사변형 넓이}) \times (\text{높이})$$
$$= (\text{삼각형의 넓이}) \times (\text{높이})$$
$$= (\text{밑넓이}) \times (\text{높이})$$

각기둥의 부피

다음 그림처럼 밑면인 다각형을 쪼개면 삼각형이 됩니다. 여러 개의 삼각기둥의 부피의 합을 이용해 다각기둥의 부피를 구합니다.

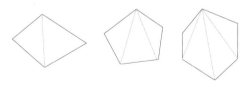

다음과 같이 오각기둥이 있을 때, 밑면을 3개의 삼각형으로 쪼개고, 각 삼각형의 넓이를 ㉠, ㉡, ㉢이라고 합니다.

(오각기둥의 부피)=(3개의 삼각기둥의 부피의 합)

= ㉠×(높이)+㉡×(높이)+㉢×(높이)

=(㉠+㉡+㉢)×(높이)

=(오각형의 넓이)×(높이)

=(밑넓이)×(높이)

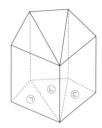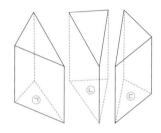

6학년

2학기 1단원
분수의 나눗셈

영역: 수와 연산

교과서 개념 지도법

1학기 때 (분수)÷(자연수)를 배웠다면, 이 단원에서는 (분수)÷(분수)를 배웁니다. 분수의 나눗셈은 초등학교에서 학습하는 소수의 나눗셈과 중등부터 학습하는 유리수, 유리수의 계산, 문자와 식 등을 학습하는 데 토대가 되는 내용입니다. 교과서에서는 분수의 나눗셈 역시 포함제 나눗셈과 등분제 나눗셈의 두 가지 관점으로 설명합니다. 만약 필요하다면 3학년 1학기 3단원의 내용을 다시 참고합니다.

포함제 나눗셈의 관점

분모가 같은 분수의 나눗셈을 포함제(동수누감)의 관점으로, 분자끼리 자연수의 나눗셈을 하는 식으로 생각하는 방식입니다. 만일 분모가 다르다면 통분한 후 계산합니다. 분모가 같은 분수의 나눗셈은 분수의 나눗셈이 무엇을 의미하는지 파악하는 데 도움이 됩니다. 하지만 분수의 나눗셈을 뒤집어 곱셈으로 바꾸어 표현할 수 있는 원리를 설명하기에는 적절하지 않기에 우선 그 설명은 미뤄 둡니다.

___

개념 정리

포함제 나눗셈의 의미

- $\dfrac{\bigcirc}{\bigstar} \div \dfrac{\triangle}{\bigstar} = \bigcirc \div \triangle = \dfrac{\bigcirc}{\triangle}$

$\dfrac{8}{3} \div \dfrac{2}{3} = 8 \div 2 = 4$ 에서 $\dfrac{8}{3}$ 에는 $\dfrac{2}{3}$ 가 4번 포함되는 이유는 8에 2가 4번 포함되기 때문이므로 8÷2와 같습니다.

- 분모가 다를 때는, 분모를 같게 만들어 계산합니다.

예) $\dfrac{2}{3} \div \dfrac{3}{5} = \dfrac{10}{15} \div \dfrac{9}{15} = 10 \div 9 = \dfrac{10}{9}$

- (자연수)÷(분수)의 경우 자연수를 분모가 같은 분수로 바꾸어 계산합니다.

예) $3 \div \dfrac{2}{5} = \dfrac{15}{5} \div \dfrac{2}{5} = 15 \div 2 = \dfrac{15}{2}$

___

등분제 나눗셈의 관점(단위 비율 결정 상황)

등분제 나눗셈에서 나누는 수가 분수인 경우에는 등분제의 의미를 확장하기 위해 적절한 새로운 의미를 도입합니다. '단위 비율 결정'이라는 개념입니다. 단위 비율 결정이라는 개념의 도입을 통해 분모가 다른 나눗셈을 분수의 곱셈으로 나타낼 수 있는 원리를 설명하고, 나누는 수가 분수인 등분제 나눗셈을 이해합니다. 이를 통해 분수의 나눗셈을 나누는 수를 역수로 만들어 곱셈으로 계산하는 원리를 익힐 수 있습니다.

'물 $\frac{4}{5}$ L를 물통에 채워 보니 2통이 가득 찼습니다. 1통을 가득 채울 수 있는 물의 양은 얼마입니까?'는 $\frac{4}{5} \div 2$로 쉽게 나타낼 수 있습니다. 아이들은 자연수 나눗셈에서는 등분제 상황을 쉽게 생각할 수 있으나, 나누는 수가 분수인 경우는 이런 등분제가 자연스럽지 않습니다. 가령 '물 $\frac{4}{5}$ L를 물통에 채워 보니 $\frac{2}{3}$가 찼습니다. 1통을 가득 채울 수 있는 물의 양은 얼마입니까?'는 수식으로 쉽게 나타내기가 힘듭니다. 이것을 수식으로 표현하면 $\frac{4}{5} \div \frac{2}{3}$인데, 아이들은 이를 자연스럽게 이해하기 힘듭니다. 이를 단위 비율 결정 상황으로 계산하는 법을 차근차근 교과서 순서에 따라 학습하도록 합니다.

'단위 비율'이라는 것은 1을 기준으로 하는 것을 뜻합니다. 따라서 '단위 비율 결정 상황'은 1을 기준으로 정리한다는 의미입니다. 어떻게 보면 비례식과도 유사합니다. 예를 들어 철근 $\frac{1}{2}$ m의 무게가 $\frac{3}{4}$ kg이라면 철근 1m의 무게는 $\frac{3}{2}$ kg입니다. 1m를 기준으로 수식을 정리하면 $\frac{3}{4} \div \frac{1}{2} = \frac{3}{2}$입니다. 철근 2m의 무게가 3kg일 경우 1m를 기준으로 정리하면 $3 \div 2$인 것과 같은 원리입니다. 단위 비율 결정 상황을 이해한 후 다음의 두 가지 방식으로 분수의 나눗셈을 이해합니다.

첫째, 물 $\frac{4}{5}$ L를 물통에 채워 보니 $\frac{2}{3}$가 찼으므로, $\frac{1}{3}$을 채우는 데

는 $\frac{2}{5}$(L)가 필요합니다. 물통 $\frac{1}{3}$을 채우는 데는 $\frac{2}{5}$L가 필요하므로, 1통(단위 비율)을 가득 채우는 데는 $\frac{2}{5} \times 3 = \frac{6}{5}$(L)가 필요합니다.

이것을 수식으로 표현하면 다음과 같은 순서로 분수의 나눗셈이 곱셈으로 표현됩니다.

$$\frac{4}{5} \div \frac{2}{3} = \frac{4}{5} \div 2 \times 3 = \frac{4}{5} \times \frac{1}{2} \times 3 = \frac{4}{5} \times \frac{3}{2} = \frac{6}{5}$$

둘째, 물 $\frac{4}{5}$L를 물통에 채워 보니 $\frac{2}{3}$가 찼으므로, 3배를 하면 물 2통을 채우는 데는 $\frac{12}{5}$L가 필요합니다. 따라서 1통(단위 비율)을 가득 채우는 데는 $\frac{6}{5}$L가 필요합니다.

이것을 수식으로 표현하면 다음과 같은 순서로 분수의 나눗셈이 곱셈으로 표현됩니다.

$$\frac{4}{5} \div \frac{2}{3} = \frac{4}{5} \times 3 \div 2 = \frac{4}{5} \times 3 \times \frac{1}{2} = \frac{4}{5} \times \frac{3}{2} = \frac{6}{5}$$

분수의 나눗셈 지도 시 주의 사항

첫째, 계산 절차나 방법에 중점을 두기보다는 원리의 이해에 초점을 맞추어 지도합니다.

둘째, 나눗셈을 하면 결과가 작아진다는 일반적인 사실이, 분수의 나눗셈에서는 틀릴 수도 있다는 것을 확인시켜 줍니다. 예를 들어 $3 \div \frac{1}{2} = 6$입니다.

심화 개념 지도법

역수를 곱하는 분수의 나눗셈의 다양한 이해 ①

다음과 같은 절차를 밟아 역수를 곱하는 분수의 나눗셈의 원리를 유도할 수 있습니다.

개념 정리

> **역수를 곱하는 분수의 나눗셈**
>
> 1. 모든 수는 1로 나누면 자기 자신이 나옵니다.
>
>   예) $2 \div 1 = 2$, $\dfrac{2}{3} \div 1 = \dfrac{2}{3}$, $\dfrac{3}{2} \div 1 = \dfrac{3}{2}$
>
> 2. 두 수를 나눌 때, 나누는 수와 나뉘는 수에 일정한 수를 곱하거나 나눈 후 두 수를 나눠도 그 결과는 같습니다.
>
>   예) $12 \div 4 = (12 \times 3) \div (4 \times 3) = (12 \div 2) \div (4 \div 2) = 3$
>
> 3. 두 수를 나눌 때, 나누는 수의 역수를 두 수에 곱한 후 나눕니다. 역수란 서로 곱해서 1이 되는 수입니다. $3 \times \dfrac{1}{3} = 1$이므로 3의 역수는 $\dfrac{1}{3}$이고, $\dfrac{1}{3}$의 역수는 3입니다.
>
>   예) $\dfrac{5}{2} \div 3 = (\dfrac{5}{2} \times \dfrac{1}{3}) \div (3 \times \dfrac{1}{3}) = (\dfrac{5}{2} \times \dfrac{1}{3}) \div 1 = \dfrac{5}{2} \times \dfrac{1}{3} = \dfrac{5}{6}$
>
> 4. 나누는 수가 분수일 때도, 나누는 수의 역수를 두 수에 곱한 후 나눕니다.
>
>   예) $3 \div \dfrac{5}{2} = (3 \times \dfrac{2}{5}) \div (\dfrac{5}{2} \times \dfrac{2}{5}) = (3 \times \dfrac{2}{5}) \div 1 = 3 \times \dfrac{2}{5} = \dfrac{6}{5}$
>
>   예) $\dfrac{5}{2} \div \dfrac{3}{4} = (\dfrac{5}{2} \times \dfrac{4}{3}) \div (\dfrac{3}{4} \times \dfrac{4}{3}) = (\dfrac{5}{2} \times \dfrac{4}{3}) \div 1 = \dfrac{5}{2} \times \dfrac{4}{3} = \dfrac{20}{6}$

6학년 2학기

역수를 곱하는 분수의 나눗셈의 다양한 이해 ②

다음의 원리를 이용해 역수를 곱하는 분수의 나눗셈의 원리를 유도합
니다.

> **역수를 곱하는 분수의 나눗셈**
>
> 1. 나눗셈은 분수로 표현할 수 있습니다.
>
> $$\square \div \bigcirc = \frac{\square}{\bigcirc}$$
>
> 2. 분수의 분모와 분자에 똑같은 수를 곱하면 그 값은 같습니다.
>
> $$\frac{\square}{\bigcirc} = \frac{\square \times \triangle}{\bigcirc \times \triangle}$$
>
> 3. 1과 2를 통해, 다음이 성립함을 알 수 있습니다.
>
> $$\frac{\triangle}{\square} \div \frac{\bigstar}{\bigcirc} = \frac{\frac{\triangle}{\square}}{\frac{\bigstar}{\bigcirc}} = \frac{\frac{\triangle}{\square} \times (\square \times \bigcirc)}{\frac{\bigstar}{\bigcirc} \times (\square \times \bigcirc)} = \frac{\triangle \times \bigcirc}{\bigstar \times \square} = \frac{\triangle}{\square} \times \frac{\bigcirc}{\bigstar}$$
>
> 예) $\dfrac{5}{2} \div \dfrac{3}{7} = \dfrac{\frac{5}{2}}{\frac{3}{7}} = \dfrac{\frac{5}{2} \times 14}{\frac{3}{7} \times 14} = \dfrac{5 \times 7}{3 \times 2} = \dfrac{5}{2} \times \dfrac{7}{3}$

단위 비율 결정 상황을 이용해서 심화 문제 풀기

《열려라 심화》 6-2. 14쪽

아빠가 사 온 구슬을 다혜, 하늬, 시헌이가 차례로 전체의 $\frac{1}{5}$, $\frac{1}{3}$, $\frac{7}{15}$ 씩 나누어 가지면 시헌이는 다혜보다 구슬을 16개 더 많이 가지게 됩니다. 이 구슬을 다시 주머니에 넣고 다혜, 하늬, 시헌이가 차례로 전체의 $\frac{1}{4}$, $\frac{1}{3}$, $\frac{5}{12}$ 씩 나누어 가지면 하늬는 다혜보다 구슬을 몇 개 더 많이 가지게 됩니까?

통분을 하여 분수의 분모를 모두 동일하게 바꾸면 전체 양을 1로 놓고 생각할 수 있습니다. 시헌이가 전체 구슬의 $\frac{7}{15}$, 다혜가 전체 구슬의 $\frac{1}{5} = \frac{3}{15}$ 을 가졌습니다. 둘의 차이는 $\frac{4}{15}$ 이고, 이것이 구슬 16개와 같으므로, 전체 구슬의 $\frac{1}{15}$ 은 구슬 4개와 같습니다. 따라서 전체 구슬의 개수는 60개입니다. 전체 개수를 구했으니 다음은 쉽습니다.

정석 풀이

전체 개수를 □라고 하면

(첫 번째로 시헌이와 다혜가 가진 구슬의 개수의 차)

$= (\frac{7}{15} - \frac{3}{15}) \times □ = \frac{4}{15} \times □ = 16$

따라서 $\frac{1}{15} \times □ = 16 \div 4 = 4$, $□ = 4 \times 15 = 60$

(두 번째로 다혜가 가진 구슬의 수) $= 60 \times \frac{1}{4} = 15$

(두 번째로 하늬가 가진 구슬의 수) $= 60 \times \frac{1}{3} = 20$

(두 번째로 다혜와 하늬가 가진 구슬의 개수의 차) $= 20 - 15 = 5$

거꾸로 풀기

지도 예시

《열려라 심화》 6-2. 16쪽

지율이가 전체 사탕의 $\dfrac{2}{9}$ 를 먹고, 지율이가 먹고 남은 사탕의 $\dfrac{3}{7}$ 을 어머니가 먹었습니다. 저녁 때 퇴근한 아버지가 지율이와 어머니가 먹고 남은 사탕의 $\dfrac{9}{20}$ 를 먹었더니, 사탕이 66개 남았습니다. 전체 사탕은 몇 개입니까?

구체적인 수가 주어진 건 가장 마지막에 남은 66개라는 사탕 개수입니다. 따라서 아버지에서부터 지율이가 먹기 전의 상황까지 역추적해야 한다는 사실을 알아야 합니다.

아버지가 남은 사탕의 $\dfrac{9}{20}$ 를 먹고 사탕이 66개 남았으므로, 남은 사탕의 $\dfrac{11}{20}$ 은 66개입니다. 따라서 남은 사탕의 $\dfrac{1}{20}$ 은 6개이고, 남은 사탕은 120개입니다.

어머니가 남은 사탕의 $\dfrac{3}{7}$ 을 먹고 120개가 남았으므로, 남은 사탕의 $\dfrac{4}{7}$ 가 120개이고, $\dfrac{1}{7}$ 은 30개이므로 남은 사탕은 210개입니다.

지율이가 전체 사탕의 $\dfrac{2}{9}$ 를 먹고 210개가 남았으므로, 전체 사탕의 $\dfrac{7}{9}$ 은 210개이고, $\dfrac{1}{9}$ 은 30개입니다.

따라서 원래 있던 전체 사탕은 270개입니다.

2학기 2단원
소수의 나눗셈

영역: 수와 연산

교과서 개념 지도법

소수는 분모가 10의 거듭제곱인 분수인 동시에, 소수점을 이용하여 10진법으로 나타낸 기호를 뜻합니다. 따라서 소수의 나눗셈은 자연수의 나눗셈을 이용하여 접근하는 것이 최종 학습 목표이지만, 계산 원리의 이해를 위해 소수를 분수로 바꾸어 분수의 나눗셈을 이용하는 것도 좋은 방법입니다.

　교과서에서는 길이의 단위 변환을 이용하여 자연수 나눗셈과의 유사성을 파악하게 한 후, 소수의 나눗셈을 분수의 나눗셈으로 바꾸어 소수의 나눗셈 방법을 설명하고 자연수 나눗셈 방식과 유사한 세로 계산으로 형식화합니다.

소수의 나눗셈을 계산하는 다양한 방법

길이의 단위 변환을 이용

'길이가 12.5cm인 테이프를 0.5cm씩 자르면 몇 조각이 될까요?'라는 문장을 수식으로 나타내면 12.5÷0.5입니다. 이때 단위를 mm로 바꾸면 '길이가 125mm인 테이프를 5mm씩 자르면 몇 조각이 될까요?'로 바꾸고 역시 수식으로 나타내면 125÷5가 됩니다.

따라서 12.5÷0.5=125÷5=25가 성립합니다.

분수의 나눗셈을 이용

소수를 분수로 바꾼 후, 분수의 나눗셈을 수행해 봅니다.

예) $12.5 \div 0.5 = \dfrac{125}{10} \div \dfrac{5}{10} = 125 \div 5 = 25$

똑같은 수를 곱한 후 나누기

□÷△=(□×○)÷(△×○)임을 이용합니다.

예) $12.5 \div 0.5 = (12.5 \times 10) \div (0.5 \times 10) = 125 \div 5 = 25$

세로 계산으로 형식화하기

$0.8\overline{)7.2}$ ⇨ $0.8\overline{)7.2}$ ⇨

$$
\begin{array}{r}
9 \\
8\overline{)72} \\
72 \\
\hline
0
\end{array}
$$

심화 개념 지도법

이 단원의 심화 유형은 자연수나 분수의 나눗셈에서 다뤘던 내용이 소수로만 바뀌어서 나옵니다. 따라서 기존에 학습했던 내용의 복습이라고 보면 좋습니다.

여러 단위가 혼합된 가격 구하기(연비와 유사)

기준 단위를 정하여 문제를 해결합니다.

《열려라 심화》 6-2. 20쪽

> 철근 2.5m의 무게가 25.2kg이고, 1m의 값은 8000원입니다. 그렇다면 철근 236.88kg의 값은 얼마입니까?

> 철근 1m의 가격이 주어졌으므로, 1m를 기준 단위로 정합니다.
> 철근 1m의 무게는 25.2÷2.5=10.08(kg)입니다.
> 따라서 철근 236.88kg의 길이는 236.88÷10.08=23.5(m)입니다.
> 철근 236.88kg의 가격은 23.5×8000=188000(원)입니다.

강물과 배의 속력 문제

배가 단위 시간만큼 이동하는 속도를 구하면 되는 문제인데, 이때 강물의 속력이 변수가 됩니다. 강물이 흐르는 방향과 배가 같은 방향으로 움직일 때는 배의 속력과 강물의 속력을 합한 크기로 배가 움직이고, 반대 방향으로 움직일 때는 배의 속력에서 강물의 속력을 뺀 크기로 배가 움직입니다. 이를 적절히 더하고 뺄 줄 알아야 합니다.

지도 예시

◆《열려라 심화》6-2. 22쪽

흐르지 않는 물에서 배는 1시간에 20km를 가고, 강물은 일정한 빠르기로 1시간 15분에 18.75km를 흐릅니다. 배가 현재 위치에서 533.75km 떨어진 지점을 왕복하는 데 걸리는 시간을 구하시오.

강물이 흐르는 방향으로 움직일 때는 강물의 빠르기만큼 빨라지고, 강물이 흐르는 방향을 거슬러 움직일 때는 강물의 빠르기만큼 늦어지는 것을 이용합니다. 또한 시간과 분을 소수로 바꿀 수 있어야 합니다.

강물이 1시간 15분(1.25시간)에 18.75km를 흐르므로, 1시간을 단위 시간으로 정해 1시간 동안 흐르는 거리를 구해 봅니다. 그러면 18.75÷1.25=15(km)를 흐른다는 걸 알 수 있습니다.

강물이 흐르는 방향으로 배가 움직이면 1시간에 20+15=35(km)를 갈 수 있고, 강물이 흐르는 방향과 반대 방향으로 배가 움직일 때는 1시간에 20−15=5(km)를 갈 수 있습니다. (시간)=(거리)÷(속력)이므로 533.75km를 왕복하는 데 걸리는 시간은 533.75÷35+533.75÷5=122(시간)입니다.

원가, 정가, 할인가

앞서 배웠던 6학년 1학기 4단원 비와 비율 심화 파트를 참고해 문제를 풀도록 지도합니다.

원가가 ☐원인 물건에 원가의 △%만큼 이익을 붙여서 정가를 정할 때, 정가는 다음과 같이 표현됩니다.

$$정가 = \square \times (1 + \frac{\triangle}{100})$$

할인가는 정가의 ◯%만큼 할인하는 것으로, 다음과 같이 표현됩니다.

$$할인가 = \square \times (1 + \frac{\triangle}{100}) \times (1 - \frac{\bigcirc}{100})$$

지도 예시

《열려라 심화》 6-2. 24쪽

어떤 제품을 8000원의 이익이 남도록 정가를 정하였습니다. 정가의 0.15만큼 할인하여 12개를 팔았더니 60000원의 이익이 생겼습니다. 이 제품의 원가는 얼마입니까?

12개를 팔아 60000원의 이익이 생겼으므로, 1개당 5000원의 이익이 생깁니다. 8000원의 이익이 생겨야 하는데, 5000원의 이익이 생긴 이유는 정가의 0.15만큼 할인했기 때문입니다.

따라서 (정가)×0.15=3000이고, (정가)=3000÷0.15=20000(원)입니다.

원가는 20000−8000=12000(원)입니다.

6학년 2학기

교과서 개념 지도법

2학년 1학기 때 쌓기나무로 간단한 모양을 만들고, '앞, 오른쪽'과 같은 표현을 이용하여 위치와 방향을 나타내는 학습을 했습니다.

이 단원에서는 공간에 있는 대상들을 여러 위치와 방향에서 바라본 모양과 쌓은 모양에 대해 알아보고, 쌓기나무로 쌓은 모양들을 평면에 나타내는 다양한 표현들을 배우며, 이 표현들을 보고 쌓은 모양과 쌓기나무의 개수를 추측하는 활동을 합니다.

어렸을 때부터 블록 등을 가지고 조작 체험을 많이 한 아이들은 이 단원을 매우 쉽게 학습해 내고, 그렇지 못한 아이들은 머릿속에서 추측해 푸는 데 어려움을 느낍니다. 이런 경우는 직접 쌓기나무로 모양을 쌓아 여러 방향에서 본 모양이나 쌓은 모양을 알아보게 하는 조작 체험을 시킵니다. 이런 조작 체험을 통해 아이들은 공간 지각 능력을 기를 수 있습니다.

심화 개념 지도법

색칠된 면의 개수에 따른 정육면체 분류

5학년 2학기 5단원 때 직육면체 심화 개념으로 배운 적이 있습니다. 그때 제대로 학습했다면 작은 정육면체에 색칠된 면이 몇 개인지에 따라 큰 정육면체에서 어디에 위치하는지, 그렇게 색칠된 작은 정육면체가 몇 개인지 알고 있을 것입니다. 여기에서 사고를 확장하는 문제가 종종 출제됩니다.

《열려라 심화》 6-2. 28쪽

쌓기나무로 정육면체를 만든 후 모든 바깥쪽 면에 색칠했습니다. 두 면만 칠해진 쌓기나무가 24개라면 한 면만 칠해진 쌓기나무는 몇 개입니까?

몇 개의 쌓기나무로 큰 정육면체를 만들었는지 주어지지 않았고 두 면만 칠해진 쌓기나무의 개수만 주어진 상태입니다. 정육면체 모양의 쌓기나무에 색을 칠했을 때, 색이 칠해진 면의 개수에 따라 쌓기나무를 분류하면 다음 그림과 같습니다.

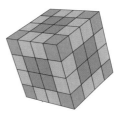

두 면만 칠해진 쌓기나무는 꼭짓점을 제외한 모서리에 놓인 쌓기나무임을 알 수 있습니다. (그림에서 초록색에 해당됨) 정육면체 모서리가 12개이고, 각 모서리마다 동일한 개수만큼 쌓기나무가 있으므로, 각 모서리당 24÷12=2(개)씩 두 면만 칠해진 쌓기나무가 존재합니다. 따라서 한 모서리의 길이는 2+2(꼭짓점)=4이며, 쌓기나무는 4×4×4=64(개)입니다.

따라서 한 면만 칠해진 쌓기나무는 한 면당 4개씩 존재하며(그림에서 보라색에 해당됨) 정육면체는 면이 6개이므로 한 면만 칠해진 쌓기나무는 2×2×6=24(개)입니다.

2학기 4단원
비례식과 비례 배분

영역: 규칙성

교과서 개념 지도법

6학년 1학기 '비와 비율'에서 나아가는 단원입니다. 이 단원에서는 두 수의 비에서 전항과 후항에 0이 아닌 같은 수를 곱하거나 나누어도 비율이 같다는 비의 성질을 배웁니다. 또한 비율이 같은 두 비를 식으로 나타낸 비례식을 도입하고, 비례식에서 외항의 곱과 내항의 곱이 같다는 성질을 발견합니다. 나아가 전체를 주어진 비로 배분하는 비례 배분을 이해하고 이를 활용하여 생활 속에서 비례 배분이 적용되는 문제를 해결합니다.

비의 성질

비의 전항과 후항에 0이 아닌 수를 곱하거나 나누어도 비율의 값은 같습니다.

$$비 □:△의 비율 = \frac{□}{△}$$

예) 비 $□×3:△×3$의 비율 $= \dfrac{□×3}{△×3} = \dfrac{□×3÷3}{△×3÷3} = \dfrac{□}{△}$

예) 비 $□÷3:△÷3$의 비율 $= \dfrac{□÷3}{△÷3} = \dfrac{□÷3×3}{△÷3×3} = \dfrac{□}{△}$

특히 가장 중요한 개념은 비율로부터 비례식을 정의하는 부분입니다. 초등 과정에서는 비율이 같은 두 비를 등호(=)를 사용하여 나타낸 식을 비례식이라고 합니다. 한편 교습자는 다음의 중등 이상에서의 정의도 알아 둡니다.

'두 비 $□:△$와 $○:★$의 비율이 같을 때 두 비는 같다고 정의되며, 이를 등호를 써서 $□:△=○:★$로 나타내고 비례식이라고 한다.'

비례식은 중등 과정의 함수, 도형의 닮음에 연계되고, 방정식이나 부등식의 활용 문제를 푸는 데 자주 이용됩니다. 고등 과정에서는 유리식에 연계되니 개념을 확실히 알고 가야 합니다.

비례식의 성질

비례식의 내항과 외항의 곱은 같습니다.

$$\overbrace{6}^{} : 4 = \underbrace{18}_{} : 12$$

외항 ──── 외항

내항 ── 내항

곱셈식을 다음과 같이 비례식으로 나타낼 수 있습니다.

$\square \times 3 = \triangle \times 2 \rightarrow \square : \triangle = 2:3$ 또는 $\square : 2 = \triangle : 3$

나눗셈식을 다음과 같이 비례식으로 나타낼 수 있습니다.

$\dfrac{\square}{3} = \dfrac{\triangle}{2} \rightarrow \square : \triangle = 3:2$ 또는 $\square : 3 = \triangle : 2$

비례 배분

전체를 주어진 비로 배분하는 것을 비례 배분이라 합니다.

$\square$를 $\triangle : \bigcirc$로 비례 배분하면 $\square \times \dfrac{\triangle}{\triangle + \bigcirc}$, $\square \times \dfrac{\bigcirc}{\triangle + \bigcirc}$

예)사탕 20개를 다혜와 시헌이가 3:2로 나눠 가지면 각각 몇 개씩 가질까요?

다혜$= 20 \times \dfrac{3}{3+2} = 12$(개), 시헌$= 20 \times \dfrac{2}{3+2} = 8$(개)

이 단원에서 학습하는 비례식과 비례 배분은 지나치게 형식적 계산 방법에 의존하는 대신에 아이들이 직관적으로 개념을 파악할 수 있도록 지도할 필요가 있으며, 다양한 비례 추론 전략을 활용하여 비례식과 비례 배분에 대한 개념을 이해하고 비례 추론 능력을 기를 수 있도록 지도하는 것이 중요합니다.

심화 개념 지도법

□를 사용하는 문제 유형

방정식을 이용해야 풀리는 문제 유형들이 나옵니다. 중등 1학년 과정이 얼마 남지 않은 시점이기 때문에 미지수 □를 사용해서 푸는 방법을 알려 줍니다.

> **지도 예시**
>
> 《열려라 심화》 6-2. 36쪽
>
> 귤과 감을 합하여 10개를 사고 그 값으로 9300원을 냈습니다. 구입한 귤과 감의 개수의 비가 3:2이고, 가격의 비는 5:8입니다. 귤과 감의 가격은 각각 얼마입니까?

먼저 개수의 비를 이용해 귤과 감의 개수를 구합니다.

구입한 귤과 감의 개수의 비가 3:2이므로 귤은 6개, 감은 4개를 샀습니다. 이때 귤과 감의 가격의 비가 5:8이므로, 단위 가격을 □로 놓으면 비례식을 이용해 귤의 가격과 감의 가격을 수식으로 만들 수 있습니다. 귤의 가격은 5×□, 감의 가격은 8×□가 됩니다.

전체 과일 구입 가격이 9300원이므로, $6 \times 5 \times \square + 4 \times 8 \times \square = 9300$ 입니다. 식을 정리하면 $62 \times \square = 9300$이고, $\square = 150$입니다.

따라서 귤의 가격은 750원, 감의 가격은 1200원이 됩니다.

톱니바퀴와 비례식의 원리

두 톱니바퀴가 맞물려 돌아갈 때, 톱니의 수와 회전수는 반비례 관계에 있습니다. 결론적으로 맞물리는 톱니의 수가 많을수록 회전수는 줄어듭니다.

예를 들어 ㉮톱니바퀴는 톱니수가 30개이고, ㉯톱니바퀴는 톱니수가 20개입니다. 두 톱니가 1개씩 맞물려 움직이면, ㉮톱니바퀴는 30개의 톱니 중에 1개가 맞물려 움직였으므로 한 바퀴(360°)의 $\frac{1}{30}$ 만큼 회전한 셈이 되고, ㉯톱니바퀴는 20개의 톱니 중에 1개가 맞물려 움직였으므로 한 바퀴(360°)의 $\frac{1}{20}$ 만큼 회전한 셈이 됩니다.

이것을 표로 정리하면 다음과 같습니다.

㉮톱니바퀴	㉯톱니바퀴
$\frac{1}{30}$ 바퀴 회전	$\frac{1}{20}$ 바퀴 회전
$\frac{2}{30}$ 바퀴 회전	$\frac{2}{20}$ 바퀴 회전
$\frac{60}{30}$ 바퀴 회전=2바퀴 회전	$\frac{60}{20}$ 바퀴 회전=3바퀴 회전
$\frac{600}{30}$ 바퀴 회전=20바퀴 회전	$\frac{600}{20}$ 바퀴 회전=30바퀴 회전

결국 ㉮톱니바퀴가 20바퀴 회전할 때, ㉯톱니바퀴는 30바퀴 회전합니다. ㉮톱니수는 30개였고, ㉯톱니수는 20개였습니다. 즉, 톱니수가 많을수록 회전수는 줄어듭니다. 따라서 맞물려 돌아가는 톱니바퀴의 회전수는 $\dfrac{1}{(톱니수)}$ 에 비례합니다.

이를 정리하면 다음과 같은 관계식을 얻을 수 있습니다.

- ㉮톱니수 : ㉯톱니수 $= \dfrac{1}{㉮회전수} : \dfrac{1}{㉯회전수}$

- ㉮톱니수 : ㉯톱니수 = ㉯회전수 : ㉮회전수

- ㉮톱니수 × ㉮회전수 = ㉯톱니수 × ㉯회전수

 지도 예시

📖 《열려라 심화》 6-2. 32쪽

맞물려 돌아가는 두 톱니바퀴 ㉮와 ㉯가 있습니다. ㉮는 3분 동안 18바퀴를 돌고 ㉯는 4분 동안 32바퀴를 돕니다. ㉮의 톱니가 48개일 때, ㉯의 톱니는 몇 개입니까?

 정석 풀이

ㄴㄴㄴㄴㄴㄴㄴㄴㄴㄴㄴㄴ

㉮는 1분 동안 6바퀴를 돌고 ㉯는 1분 동안 8바퀴를 돕니다.

㉮톱니수 : ㉯톱니수 $= \dfrac{1}{㉮(회전수)} : \dfrac{1}{㉯(회전수)}$ 를 이용하면

$48:\square = \dfrac{1}{6} : \dfrac{1}{8} \rightarrow 48:\square = \dfrac{1}{6} \times 24 : \dfrac{1}{8} \times 24 \rightarrow 48:\square = 4:3$ 입니다.

따라서 $\square = 36$입니다.

서로 다른 집단에서의 비 통합하기

전항과 후항의 합을 동일한 크기(최소공배수)로 통일합니다.

《열려라 심화》 6-2. 34쪽

1반과 2반은 인원수가 같습니다. 1반의 남녀 학생의 비는 12:13이고, 2반의 남녀 학생의 비는 1:9입니다. 이때, 1반과 2반을 합친 전체 학생의 남녀 학생의 비를 구하시오.

어떤 반의 인원수가 30명인데, 남학생이 12명, 여학생이 18명이라면 남녀의 비는 12:18=2:3입니다. 이때 남녀 학생의 비 2:3에서 전항 2는 12의 약수이고, 후항 3은 18의 약수입니다. 따라서 전항과 후항의 합 5는 30의 약수입니다. 이 원리를 이용하면 각 반의 남녀 학생의 수는 남녀 학생의 비를 더한 값의 배수임을 알 수 있습니다.

1반과 2반의 남녀 학생의 비의 전항과 후항의 합은 각각 25와 10입니다. 25와 10의 최소공배수가 50이므로, 1반의 비에는 2를 곱하고, 2반의 비에는 5를 곱합니다. 그러면 1반의 남녀 학생의 비는 24:26이 되고, 2반의 남녀 학생의 비는 5:45가 됩니다. 1반과 2반의 인원수가 같으므로 전체 남녀 학생의 비는 (24+5):(26+45)=29:71이 됩니다.

1반과 2반의 인원수가 같으므로, 인원수를 □라고 놓고 비례 배분을 이용합니다.

1반의 남학생 수= $\square \times \dfrac{12}{12+13}$ = $\square \times \dfrac{12}{25}$

1반의 여학생 수= $\square \times \dfrac{13}{12+13}$ = $\square \times \dfrac{13}{25}$

2반의 남학생 수= $\square \times \dfrac{1}{1+9}$ = $\square \times \dfrac{1}{10}$

2반의 여학생 수= $\square \times \dfrac{9}{1+9}$ = $\square \times \dfrac{9}{10}$

전체 남학생 수= $\square \times \dfrac{12}{25}$ + $\square \times \dfrac{1}{10}$ = $\square \times \dfrac{29}{50}$

전체 여학생 수= $\square \times \dfrac{13}{25}$ + $\square \times \dfrac{9}{10}$ = $\square \times \dfrac{71}{50}$

전체 남녀 학생의 비= $\square \times \dfrac{29}{50}$: $\square \times \dfrac{71}{50}$ =29:71

6학년 2학기

교과서 개념 지도법

3학년 2학기 때 배운 원에 대해, 원의 둘레의 길이와 넓이를 구하는 공식을 유도하고 실제 구해 보는 활동을 합니다. 여러 원의 지름과 둘레를 직접 비교해 보며 원의 지름과 둘레가 '일정한 비율'을 가지고 있음을 귀납적으로 발견하도록 합니다. 이를 통해 원주율의 개념을 이해하고, 원주율을 이용하여 원주 및 지름을 구할 수 있도록 합니다. 수학은 첫 정의 또는 출발점에서 논리를 확장해 가는 학문이며 의미 없는 공식은 없습니다. 원의 넓이에서는 원을 분할하여 다른 도형(직사각형, 삼각형)으로 만들어 원의 넓이를 구하는 방법을 생각해 봅니다. 이때 아이들이 계산을 위해 사용하는 원주율 3, 3.1, 3.14가 정확한 값이아니라 근사값이라는 것을 확인시켜 줍니다.

원주율

수학자들은 원의 지름에 대한 원주(원의 둘레)의 비율이 일정하다는 사실을 찾아냈습니다. 그 일정한 비율을 원주율이라고 합니다.

$$(원주율)=(원주)\div(지름)=\frac{(원주)}{(지름)}$$

$(원주율)=\dfrac{(원주)}{(지름)}$ 가 일정하다는 것은. 지름이 2배가 되면 원주도 2배가 되고, 지름이 3배가 되면 원주도 3배가 된다는 것을 의미합니다. 이 일정한 비율은 기호로 π(파이)라고 쓰며, 실제 구하면 무한소수가 되기 때문에 근사값 3.14로 대체합니다.

또한 원주율이 일정하다는 사실로부터 원주(원의 둘레) 구하는 공식을 만들어 냈습니다. 문제에 따라 원주율은 3.14, 3.1, 3으로 주어지곤 합니다.

$$(원주)=(지름)\times(원주율)=(지름)\times3.14$$

그다음 원의 넓이를 구해 봅니다. 원을 아주 작게 잘라 그림과 같이 위아래로 엇갈려 이어 붙여 직사각형을 만듭니다. 직사각형의 가로의 길이는 반원의 둘레의 길이와 같고, 세로의 길이는 반지름과 일치합니다.

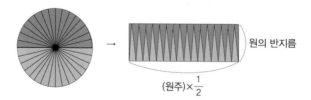

원의 반지름

$(원주)\times\dfrac{1}{2}$

$$(원의 넓이)=(원주)\times\frac{1}{2}\times(반지름)=(지름)\times(원주율)\times\frac{1}{2}\times(반지름)$$
$$=[(지름)\times\frac{1}{2}]\times(반지름)\times(원주율)=(반지름)\times(반지름)\times(원주율)$$

아이들이 그리 어려워하는 단원은 아닙니다. 또한 중등 1학년 2학기 원과 부채꼴 단원에서 원주율을 π로 계산하는 간단한 방법을 배우기 때문에, 너무 복잡한 계산에 매몰되지 않도록 합니다.

심화 개념 지도법

원이 지나간 자리

원이 지나간 자리는 직사각형과 부채꼴(원의 부분)의 형태를 띠고 있습니다. 직선에서 원이 지나간 자리는 반원 2개와 직사각형의 모양입니다. 직사각형의 가로는 원이 미끄러져 간 거리이고, 세로는 원의 지름과 같습니다.

직사각형은 가로의 길이는 다각형의 변의 길이와 같고, 세로의 길이는 원의 지름과 같습니다. 부채꼴은 다각형의 종류와 상관없이 중심각의 합이 360°가 됩니다. 따라서 다각형의 둘레를 원이 지나가면서 생긴 도형의 둘레의 길이는 (원의 지름을 반지름으로 하는 원의 둘레의 길이)+(다각형의 둘레의 길이)이고, 넓이는 (원의 지름을 반지름으로 하는 원의 넓이)+(지름)×(다각형의 둘레의 길이)입니다.

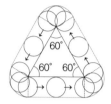 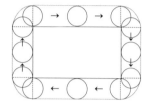

정삼각형에서는 각 꼭짓점에 중심각이 120°인 부채꼴이 3개가 만들어져 원을 이루고, 직사각형에서는 각 꼭짓점에 중심각이 90°인 부채꼴이 4개가 만들어져 원을 이룹니다.

《열려라 심화》 6-2. 48쪽

다음 그림과 같이 반지름이 2cm인 원이 한 변의 길이가 9cm인 정삼각형의 둘레를 한 바퀴 돌았습니다. 원이 지나가면서 생긴 도형의 넓이와 둘레의 길이를 각각 구하시오. (원주율=3)

원이 지나가면서 생긴 도형의 넓이는 반지름이 4cm인 원 1개의 넓이와 가로 세로가 각각 9cm, 4cm인 직사각형 3개의 넓이의 합과 같고, 둘레의 길이는 반지름이 4cm인 원주와 삼각형의 둘레의 길이의 합과 같습니다.

(도형의 넓이)$=4\times4\times3+9\times4\times3=156(cm^2)$

(도형의 둘레)$=4\times2\times3+9\times3=51(cm)$

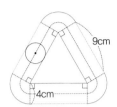

교과서 개념 지도법

6학년 1학기 과정에서 각기둥과 각뿔의 개념과 성질 및 전개도를 배웠다면, 이 단원에서는 원기둥의 구성 요소와 성질, 전개도 및 원뿔과 구의 구성 요소와 성질을 배웁니다.

원기둥, 원뿔, 구에 대한 개념은 이후 중등 1학년 2학기 입체도형의 성질에서 회전체와 입체도형의 겉넓이와 부피 학습과 직접적으로 연계되므로 아이가 원기둥, 원뿔, 구의 개념 및 성질과 원기둥의 전개도에 대한 정확한 이해를 바탕으로 원기둥, 원뿔, 구의 공통점과 차이점을 파악할 수 있도록 지도해야 합니다.

심화 개념 지도법

이 단원의 심화 개념은 특별한 것이 없어서 중등 과정에서 배우는 개념들을 초등 과정에서 공부한 내용만 가지고 확장해서 설명해 보겠습니다. 아이들에게는 배경지식으로 설명해도 무방합니다. 지식의 내용보다는 그것이 유도되고 만들어지는 과정을 생각해 볼 수 있게 지도하는 것이 중요합니다.

부채꼴의 넓이

부채꼴이란 그림과 같이 원의 중심으로부터 원을 피자 모양으로 자른 일부분을 뜻합니다. 부채꼴의 넓이를 원의 넓이 구하는 방법을 이용하여 유도해 보겠습니다. 아이에게 먼저 원의 넓이를 구하는 방법을 이용해서 부채꼴의 넓이를 구하는 방법을 찾아보라고 한 후, 설명해 주면 더욱 좋습니다.

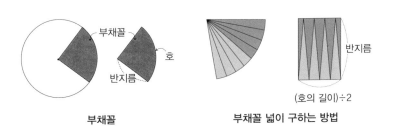

부채꼴

부채꼴 넓이 구하는 방법

부채꼴의 넓이는 원의 넓이를 구할 때와 마찬가지로 부채꼴을 아주 작게 잘라 그림과 같이 위 아래로 엇갈려 이어 붙여 직사각형을 만듭니다. 직사각형의 가로의 길이는 부채꼴의 호의 길이의 절반이고, 세로의 길이는 반지름과 일치합니다.

$$(부채꼴의 넓이)=(호의 길이)\div2\times(반지름)=\frac{1}{2}\times(호의 길이)\times(반지름)$$

원기둥의 부피

원기둥의 부피를 구하는 공식은 6학년 1학기 때 배운 각기둥의 부피 구하는 방법과 바로 전 단원에서 배운 원의 넓이 구하는 공식을 이용하면 유도할 수 있습니다. 밑면인 원을 아주 작은 부채꼴로 쪼개어 붙여 직사각형을 만들어, 직육면체 부피 구하는 공식을 이용합니다.

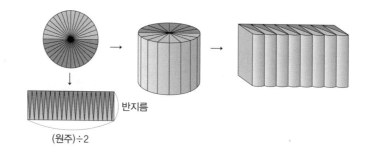

$$(원기둥의 부피)=(직육면체의 부피)=(가로)\times(세로)\times(높이)$$
$$=\{(원주)\div2\}\times(반지름)\times(높이)$$
$$=\{(지름)\times(원주율)\div2\}\times(반지름)\times(높이)$$
$$=\{(지름)\div2\times(원주율)\}\times(반지름)\times(높이)$$
$$=\{(반지름)\times(원주율)\}\times(반지름)\times(높이)$$
$$=\{(반지름)\times(반지름)\times(원주율)\}\times(높이)$$
$$=(원의 넓이)\times(높이)=(밑넓이)\times(높이)$$

수학 잘하는 아이를 만드는
초등수학 심화 공부법

초판 1 쇄 발행일 2022년 3월 15일
2판 7 쇄 발행일 2024년 3월 15일

지은이 류승재
펴낸이 金昇芝
편집 김도영, 노현주
디자인 별을 잡는 그물 양미정

펴낸곳 블루무스
출판등록 제2022-000085호
전화 070-4062-1908
팩스 02-6280-1908
주소 경기도 파주시 경의로 1114 에펠타워 406호

이메일 bluemoosebooks@naver.com
인스타그램 @bluemoose_books

ⓒ 류승재, 2022
ISBN 979-11-91426-35-9 03370

블루무스는 일상에서 새로운 시선을 발견해 현재를 더욱 가치 있게 만들고자 합니다.

· 저작권법에 의해 보호를 받는 저작물이므로 무단전재와 복제를 금합니다.
· 이 책의 일부 또는 전부를 이용하려면 저작권자와 블루무스의 동의를 얻어야 합니다.
· 책값은 뒤표지에 있습니다. 잘못된 책은 구입하신 곳에서 바꾸어 드립니다.